臨床心理学研究法 2
下山晴彦 編

プロセス研究の方法

岩壁 茂

新曜社

下山晴彦 編
臨床心理学研究法シリーズ
★印は既刊

- ★第1巻　心理学の実践的研究法を学ぶ　　下山晴彦・能智正博 編
- ★第2巻　プロセス研究の方法　　　　　　岩壁　茂 著
- 　第3巻　フィールドワークの方法　　　　谷口明子 著
- ★第4巻　アナログ研究の方法　　　　　　杉浦義典 著
- ★第5巻　調査研究の方法　　　　　　　　石丸径一郎 著
- 　第6巻　一事例実験とメタ分析の方法　　山田剛史 著
- ★第7巻　プログラム評価研究の方法　　　安田節之・渡辺直登 著
- 　第8巻　生物学的研究の方法　　　　　　松井三枝 著
  　　　　（神経心理学研究の方法）

臨床心理学研究法シリーズへの序文

　本シリーズは，臨床心理実践に関する研究法のシリーズとしては日本で初めてのものである。しかし，それだけでなく，心理学の研究法のシリーズとしても画期的な企画である。
　というのは，これまでの心理学の研究法に関する書籍では，量的研究の方法論に基づく科学的研究が正しいものとして位置づけられていたからである。近年，質的研究法が注目されてきているとはいえ，心理学研究をテーマとした書籍のほとんどは，量的研究を主流として位置づけている。進取の意欲がある少数のものが質的研究に多少の位置づけを与えているという程度である。実践的研究にいたっては，最後の付け足しとして加えられていればまだよい方で，ほとんどの書籍が取り上げていないというのが現状である。
　それに対して本シリーズでは，実践的研究を前面に出したという点で画期的である。しかも，他の心理学研究法と一線を画すのではなく，心理学研究の伝統である量的研究法と新しい質的研究法を同等に扱った上で，実践と研究との融合を目指すことが意図されている。この点で本シリーズは，真に画期的な企画といえるのである。

　このような意図に基づき，本シリーズを全8巻から構成するものとし，全体として臨床心理学をはじめとする実践的研究の方法と技法を網羅したものとした。第1巻は，実践的研究を実施するにあたっての基本的な方法論と技法を解説するとともに，実際の研究例を提示し，初心者が実践的研究を実施する際の手引書となるように配慮した。第1巻では，初心の読者が実践的研究とはどのようなものであるのかを理解できるだけでなく，実際に卒業論文や修士論文で臨床研究を計画し，実施するために必要な情報を提供するものとなっている。
　第2巻以下は，最新の研究法の解説となっている。第2巻では「プロセス研究の方法」，第3巻では「フィールドワークの方法」をテーマとして，質的研究法を中心に解説する。これら2巻で示されるのは，「実践を通しての研究」で利用できる方法である。
　第4巻では「アナログ研究の方法」，第5巻では「調査研究の方法」をテーマとして，量的研究法を中心に解説する。これら2巻では，主として実践活動

において介入の対象となる心理状態や心理障害を把握するための方法が示される。

第6巻では「一事例実験とメタ分析の方法」をテーマとして，第7巻では「プログラム評価研究の方法」をテーマとして効果研究の方法が解説される。これら2巻で示されるのは，「実践に関する研究」で利用できる方法である。

最後に第8巻において最近の発展が著しい「神経心理学研究の方法」を解説する。このなかには脳科学研究の方法も含まれている。近年では，生物−心理−社会モデルに基づく介入が広く行われるようになっており，医療の専門職や研究者と協働していくために神経心理学や脳科学の研究方法は必須の知識となっている。第8巻は，そのような協働研究のためにも役立つ内容となっている。

このように本シリーズおよび本書は，最新の動向を含めて実践的研究として発展しているさまざまな方法を紹介するものとなっている。残念ながら，日本の臨床心理学においては，これまで既存の学派の理論や技法を学ぶことに熱心で，実践的研究を発展させることについては非常に遅れていた。したがって，本シリーズが日本の臨床心理学の実践的研究の発展の基礎になればと願っている。

シリーズ編者　下山晴彦

はじめに

　本書は，大学・大学院の学生，そして臨床家が心理療法のプロセス研究を計画・実施するための手引きとして書かれました。現在，臨床心理学を専攻する学生の数が急激に増えています。その多くは，臨床家になることを目指し，研究に強い関心をもつ人は比較的少ないのが現状です。また，実際に研究と臨床を分けて考えて，2つは相容れないものだと思いこんでいることもあるようです。アカデミックな心理学において発展してきた研究方法は，心理療法を研究するのに不向きであり，心理療法のプロセスについて理解するには，1人のクライエントに焦点を当て，面接の流れをまとめる事例研究のみが有効だという考えは，残念ながらかなり広くもたれているようです。

　しかし，臨床活動そのものを研究することは可能であり，よりよい臨床家になるためのとても適した方法があるのです。それがプロセス研究です。プロセス研究は，心理療法におけるセラピストの介入とクライエントの変容プロセスを理解するとても有意義な活動であり，心理療法という営みに科学的な基盤を与えます。また，プロセス研究を計画・実施することは，自らの臨床活動をより厳密な目で見直し，普段はあまりはっきりとした形で言葉にすることがなかった臨床的経験則を明確な形で表すため，とても大きな臨床的学習にもつながります。

　心理療法プロセスの研究は，北アメリカやヨーロッパを中心として80年近く続いてきました。ここ十数年では質的研究をはじめとしてかなり多くの方法が開発されており，大きな発展を遂げています。ところが，プロセス研究はこれまで日本語でほとんど紹介されてきませんでした。心理療法に関わる理論書がこれほどまで多く出版されていることを考えると，これはとても不思議な事態です。

　1970年に，The Society for Psychotherapy Research（心理療法研究学会）という国際学会が創設され，現在では世界20カ国以上に1000人程度の会員が属しています。北アメリカでは，心理療法の実証的研究が重視されてきたため，1950年代から盛んにプロセス研究が行われてきました。しかし，そのようにプロセス研究が活発な北アメリカでも，プロセス研究法に関する教科書というのはありません。というのも，プロセス研究の方法は多様であり，1つの正し

いやり方というのがあるわけではなく，研究者がさまざまな臨床的問題に関してかなりばらばらに研究を行っているという事情があるからです。心理療法の理論アプローチが数多くあるのと同じように，多様で，創造的な研究法が発展してきました。そのためプロセス研究に関する専門書のほとんどは，異なる研究チームがどのようなテーマのもとに異なる方法を開発しているのか，ということを紹介するハンドブックです。

多様性と創造性に富むプロセス研究の特徴を一冊の入門書において包括的に扱うことはとても難しく，本書はそれを目的としていません。数十年にわたり成熟した研究プログラムを紹介しても，そのような研究のリソースの蓄積がないために，日本においてそれらの研究をそのまま行えるとは期待できないでしょう。現在の日本の臨床的研究の状況を理解し，それをさらに一歩発展させるのに役立ち，臨床家や大学院生が実施できる研究方法を紹介するほうが，より得策でしょう。

日本の臨床家は，事例の一回性を大事にし，量的に全体を捉えるよりも，「意味」の世界に関心をもっています。また，臨床活動に直接的に役立つような実践研究を特に重視し，事例研究や事例報告を熱心に進めてきました。しかし，担当事例という枠を超えた研究が少なく，そのためいくつかの例外（岩壁，2005；下山，1997）を除いて，研究方法もあまり開発されてきませんでした。そこで，本書では，少数の事例を重視しながらも，セラピストと研究者を切り離して臨床活動を検討する実践的研究の方法を紹介します。それは，セラピストの視点とクライエントの視点をインタビューや自由記述の質問紙によって明らかにする研究方法と，そして面接プロセスのトランスクリプトを丹念に分析してモデルを作る課題分析です。これらは，近年注目を浴びる質的研究方法を取り入れた「折衷的」研究法であり，臨床的有用性を重視しています。質的方法についての詳しい解説は，分かりやすくかなり包括的な良書が出版されているので，参考にしてください（マクレオッド，2007；能智・川野，2007；西條，2007；ウィリッグ，2007）。本書は，プロセス研究に特徴的な方法的問題について焦点を当てて解説していきます。

プロセス研究を行う上で懸念されるのが，セラピストとクライエントの治療関係のあいだに何らかの形で研究者が入ることです。心理療法では，プライバシーが非常に重要なために，そのプロセスを対象とするにはさまざまな配慮が必要です。また，そのようにプライバシーが重要な場面だからこそ，研究を成立させるための十分な協力者，またはサンプルを確保する方策について詳しく説明を加え，さまざまな限定がある小さなサンプルを最大限に活かしていくた

めの検討事項を挙げています。

　本書では，研究の実際例にかなりの紙面を割き，研究の背景，方法，結果の提示の仕方を要約し，検討しています。日本語のプロセス研究の例がほとんどないため，読者ができるだけ研究の全体像にふれることができるようにしたかったためです。また，研究を計画・実施する上でどのようなことに注意を向けて，意志決定するのかということについて知ってほしかったからです。

　卒業論文，修士論文などにおいてプロセス研究を行うことを計画している学生が実際にプロセス研究を計画し，それを実行できるように，できるだけ具体的に記述するように心がけました。本書がきっかけとなり，多くの臨床家がプロセス研究に対して関心をもち，本書に描かれた方法を発展させ，日本においてプロセス研究が広がっていくことを期待しております。

　　　　　　　　　　　　　　　　　　　　　　　　　　　　岩壁　茂

目　次

臨床心理学研究法シリーズへの序文　　i

はじめに　　iii

序　章　プロセス研究とは――プロセス研究と効果研究の歴史的概観と現在―― 3
 1　はじめに　　3
 2　日本における効果研究とプロセス研究の位置づけ　　4
 3　事例研究とその問題　　4
 4　効果研究とプロセス研究　　6
 5　まとめ　　16
 6　本書の目的と構成　　17
 📖　学習を深めるための参考文献　　18

第 1 章　心理療法における「科学」的研究とは――プロセス研究の基礎―― 21
 1　はじめに　　21
 2　心理療法における「科学」の問題　　22
 3　心理療法を科学的に研究する意義　　25
 4　プロセス研究における妥当性と信頼性　　26
 5　まとめ　　33
 📖　学習を深めるための参考文献　　33

第 2 章　プロセスの諸側面 ――――――――――――――――――35
 1　はじめに　　35
 2　プロセスを眺める視点　　36
 3　プロセスの諸側面　　38
 4　理論アプローチ　　42
 5　分析の単位　　45
 6　まとめ　　47
 📖　学習を深めるための参考文献　　48

第 3 章　プロセス研究のプロセス ――――――――――――――― 49
 1　はじめに　　49

2	研究の喜びと困難	50
3	リサーチクエスチョンを定める	50
4	研究計画を立てる ① ── データの取り方	55
5	研究計画を立てる ② ── データ分析法	64
6	研究計画書の作成	65
7	論文の執筆	66
8	研究結果の発表	66
9	研究の倫理	70
10	まとめ	71
	学習を深めるための参考文献	71

第4章　セラピストの視点からの研究 ─────────── 75

1	はじめに	75
2	セラピストに対するインタビュー調査の利点	76
3	研究の流れ	81
4	インタビューの留意点	88
5	まとめ	91
	学習を深めるための参考文献	91

第5章　セラピストの視点からの研究例 ───────── 95

1	はじめに	95
2	クライエントの主体性を助長する介入 ──グラウンデッドセオリー法	96
3	治療的行き詰まりの研究 ── 合議制質的研究法	103
4	2つの研究の比較	115
5	まとめ	116
	学習を深めるための参考文献	117

第6章　クライエントの視点を捉えるために ───── 119

1	はじめに	119
2	クライエントに話を聴くことの重要性	120
3	クライエントに話を聴くことの問題 ──2つの倫理的判断	125
4	クライエントとの接触 ──クライエントをどうやって集めるか	129
5	データ収集の仕方	133
6	データ分析	138

7　まとめ　138
　　　📖 学習を深めるための参考文献　139

第7章　クライエントの主観的体験の研究例 ── 141
　　　1　はじめに　141
　　　2　レニーの追従のグラウンデッドセオリー法による研究　142
　　　3　作業同盟が作られる過程　150
　　　4　クライエントの初回面接の体験　157
　　　5　クライエントへのインタビュー ── 総合評価　164
　　　6　まとめ　168
　　　📖 学習を深めるための参考文献　168

第8章　課題分析 ── 臨床家・研究者の視点からみたプロセス ── 171
　　　1　はじめに　171
　　　2　トランスクリプトを分析する困難　172
　　　3　課題分析　175
　　　4　まとめ　191
　　　📖 学習を深めるための参考文献　192

第9章　課題分析の例 ── 意味創造の課題 ── 193
　　　1　はじめに　193
　　　2　意味創造の課題の課題遂行モデル　194
　　　3　意味創造の出来事における変容プロセス
　　　　　── 意味創造課題の実証分析　202
　　　4　まとめ　209
　　　📖 学習を深めるための参考文献　209

第10章　終わりに ── プロセス研究を発展させるために ── 211
　　　1　はじめに　211
　　　2　プロセス研究の障壁　212
　　　3　プロセス研究の姿勢　214
　　　4　まとめ　217
　　　📖 学習を深めるための参考文献　218

引用文献 ── 219

人名索引 ── 231

事項索引 ── 234

コラム
1 マイケル・ランバート 19
2 科学者・研究者としての訓練──米国の例 33
3 体験過程スケール (Experiencing Scale) 43
4 トランスクリプトの作成 72
5 事例研究に対する関心の高まり 92
6 心理療法プロセスに影響を与えるクライエントの生活 169

装幀＝虎尾　隆

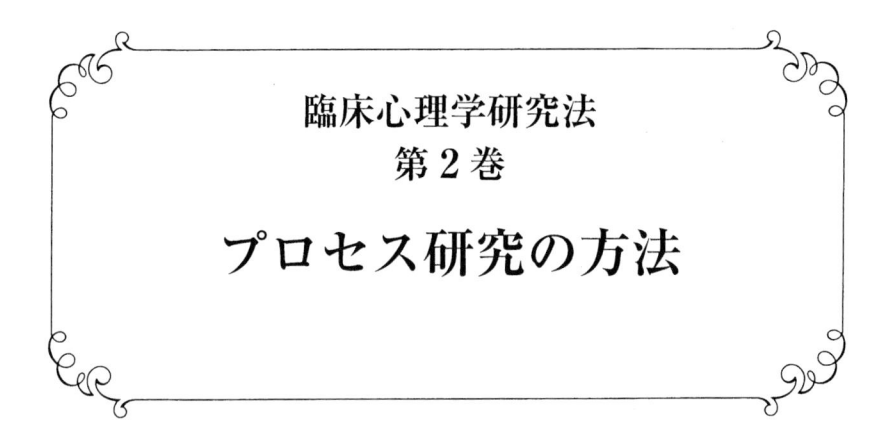

臨床心理学研究法
第2巻
プロセス研究の方法

序章

プロセス研究とは
―― プロセス研究と効果研究の歴史的概観と現在 ――

1 はじめに

　本書の目的は，日本の臨床家や心理療法を学ぶ学生が，プロセス研究の方法について学び，最終的に代表的な研究例にふれることによって，自らプロセス研究を計画・実施できるようになることである。心理療法の効果とプロセスに関する専門書や論文は，北アメリカとヨーロッパを中心にかなり数多く発表されてきたが，日本ではあまり紹介されてこなかった。

　本章では，まず日本の心理療法の研究の現状について考え，事例研究の意義と心理療法の研究として事例研究以外の研究が少ないことの問題についてふれる。そして，心理療法の効果とプロセスの研究とはどんな分野であるのかを説明し，それぞれの歴史的発展を振り返る。最後に，日本において必要とされるプロセス研究について考える。

重要概念

プロセス研究　心理療法とカウンセリングのプロセス（過程）において起こるクライエントとセラピストのやりとりの研究。主に「クライエントの変化を生み出す仕組みは何か」「面接では何が起こるのか」ということを扱う。

効果研究　心理療法・カウンセリングに効果があるか，また異なる理論アプローチの心理療法に効果の違いがあるか，など，心理療法の効果を測定する，よく実験統制された研究。

出来事アプローチ　面接において起こった，臨床的にみて重要と思われる「変化」と関わるやりとりに焦点を当てるプロセス研究のアプローチ。

メタ分析　複数の効果研究の結果を総合し，包括的に心理療法の効果についての判断を下すための研究。

2　日本における効果研究とプロセス研究の位置づけ

　カウンセリングや心理療法のどんなところに，効果が生まれる秘訣があるのだろうか。ただカウンセラーと話すことによっていじめや虐待といった過去の辛い記憶が辛いものでなくなる，またはうつや不安などが改善するということを不思議に思う人も少なくない。臨床家の多くは，フロイトやロジャースなど大家によって書かれた臨床の手引きを読んで，心理療法について学ぶ。確かに，心理療法のアプローチの創始者や大家とされる臨床家の著作を読むと，クライエントの話した内容の裏に潜む力動や意味などをつかむ鋭い洞察力に圧倒される。彼らの行う介入は，一種の錬金術であるかのように想像され，その魅力を発見したことが，臨床心理学の道へ進むきっかけとなることもある。
　臨床心理士の大学院修士課程に進むと，2年間の中でさまざまな心理療法理論を学んだあと，実習経験を積み，臨床家としてのスタートを切ることになる。筆者が驚かされるのは，過去数十年以上にわたり蓄積されてきた心理療法の効果とプロセスの研究知見についてほとんど知らずに，臨床現場に立つことになる学生が多いことである。一般的に心理療法の成功率はどれくらいなのか，心理療法によって状態が悪化することはどれくらいあるのか，どのような心理療法がどのような問題に対して効果的とされているのか，自身が学んだ介入法が他のアプローチと比較してどの程度効果的であるのか，などということに関して，ほとんど明確な答えを知らないまま実践に入ってしまう。

3　事例研究とその問題

　現在，日本における心理療法の研究の大半は，事例研究である。事例研究は，ふつう事例を担当したセラピストが，面接終了後にとった記録をもとに関心をもっている概念，または現象について考察したものである。事例研究は，臨床訓練において非常に重要な役割をもっているが，科学的研究としては，多くの問題があることがこれまで指摘されてきた（Greenberg, 1984）。まず，その記録は，セラピストの面接の記憶を頼りにしたプロセスノートに基づいており，本

当に面接で起こったことをセラピストがどれだけ思い出せたのかという保証はない。人間の記憶は，起こった出来事の客観的な記録ではなく，個人の主観によって歪められ，それが取り出されるときのその人の気分などの喚起の条件に影響を受ける。事例報告では，どのような基準に基づいてデータ収集・分析を行い，データを選択しているのかということに関する情報が不足している。

　臨床家の経験による判断や臨床的直観のみに心理療法に関する知見が委ねられることの問題は，認知心理学の研究によっても示されてきた。そのひとつは追認偏向（confirmation bias）である。人はふつう自分の信念や理論が正しいと証明するのに適した情報を選び，それが誤りであることを証明する情報を見逃しやすい。臨床家もこのような認知的傾向から免れることはできず，臨床家が自分の事例についての判断を任されている場合，自分の仮説を証明するのに適した情報を選んで判断する傾向がある（Dumont, 1993）。追認偏向はクライエントの診断や将来の行動の予測においても現れ，統計的モデルを使って診断や予測を行うほうが，臨床家の判断よりも正確であり，経験を積み重ねた臨床家でも初心者と同様にこの認知的偏りに影響を受けるという研究結果もある（Dawes, 1994）。臨床訓練において事例を研究し発表することは不可欠である。しかし，心理療法がどれだけ成功したのか，またどのような点が向上されるべきなのかといった重要な問題が，セラピストの主観に委ねられる。ドーズ（Dawes, 1994）は科学的な手続きを得た研究が少なくなれば，臨床家は自分の行う介入に対してより強い自信をもち，自分のアプローチや立場を擁護しやすくなると警告する。

　心理療法の効果とプロセスの研究は，ひとりの臨床家の視点から死角となる部分に光を当て，事例研究によって得られた臨床的知見に確固たる裏づけを与えるとともに，それを深め，心理療法プロセスの理解を促進することを目的とする。本書は，ただ単にクライエントとセラピストの行動を量的に測定する尺度を開発し，客観的な方法を用いることではなく，事例研究の知見から得られる臨床的理解を発展させ，臨床家の直感や経験を活かしながら，より系統的に面接プロセスについて理解する方法を紹介することを目的とする。

4 効果研究とプロセス研究

　心理療法における主要な実証的研究は，心理療法の効果研究とプロセス研究に大別できる。効果研究（outcome research）は，介入の前と後の症状の変化などより長期的な改善を判断するために使われ，「心理療法にどのくらいの効果があったか（介入を受けない対照群，薬物治療を受ける対照群と比較して）」「Aの理論アプローチとBのどちらが，一定のクライエント集団（診断名，人格特性など）への効果が高いか」などの問題を扱う。一方，プロセス研究（process research）は，「心理療法の開始から終結までに面接において起こること」についての研究と広く定義されるのが一般的である（Hill & Lambert, 2004）。面接中にみられるセラピストやクライエントの行動，やりとりのパターン，そしてこの二者の主観的な体験などであり，「どのようにして変容が起こったか」，「成功（または失敗）と関係したやりとりは何か」など，効果と変容のメカニズムを問う。

　効果とプロセスは独立した別の研究分野ではなく，相補的な関係にある。効果の研究においてただ「その心理療法の効果があった」と知るだけでなく，どんな介入ややりとりに効果があったかを知ることによって理解が深まる。一方，プロセスの研究では成功事例から得られた面接プロセスのデータなのか，それとも失敗事例なのかということによっても，現象に対する解釈が異なる。プロセスの意味づけは，それが取り出された治療的文脈の中ではじめて決められる。

　プロセスに対して「心理療法の開始から終結までに面接において起こること」という広い定義が与えられることに反対意見もある。パットン（Patton, 1982）は，セラピストは，プロセスという言葉をあまりにも自由に使いすぎるため，有意義な議論を妨げていると指摘した。たとえば，「介入初期のクライエントのプロセスが成果を生んだ」というような発言をする場合，クライエントの「行動」であるのか「認知プロセス」であるのか，具体的に何について扱っているのか分からないが，聞き手はなんとなく分かった気になってしまう。また，プロセスと成果との区別は，それほど明確にできるわけではないことも指摘された。たとえば，面接においてクライエントが洞察に達する，それまでに表したことがない感情を体験するなどということは面接プロセスに起こる現象であるが，もう一方で，介入の即時的な効果，または成果といえる。

4-1　心理療法研究の歴史 — 効果研究とプロセス研究の分離

　心理療法を理解するためには，その効果とプロセスの研究の両方が必要であるが，この二つの研究はそれぞれ独自の発展の道を進み，いくらか対立する関係をもつようになっていった。ここでは，効果研究とプロセス研究の歴史を振り返り，そのような現状がどのように起こったのかをみていきたい。心理療法の研究の歴史的変移を調べたオーリンスキーとラッセル（Orlinsky & Russell, 1994）を中心に，その他プロセス研究の変遷について解説している文献も参考にしながら振り返ってみたい（Goldfried, et al., 1990 ; Hill & Corbett, 1993 ; Orlinsky, et al., 2004）。

第1期（1927年～1954年）：科学的研究の役割の確立

　オーリンスキーとラッセルは，心理療法研究の第1期を1927年から1954年までとし，この時期の特徴を「科学的研究の役割の確立」と名付けた。1920年代の後半になると心理療法の成功率を検討する研究が発表されるようになり，量的な研究への関心が起こりはじめた。この時期の発展の最も重要な契機は，面接の録音が可能となったことであった。カール・ロジャーズは自身の行った面接の録音を試み，セラピストの共感などに対する評定尺度を使って，面接プロセスを量的に捉える研究をはじめた。そして，カウンセリング効果を質問紙，インタビューなどによって評定する大規模な研究プログラムに着手した。

　それ以外にも心理療法の研究グループが出現した。そのひとつは，心理療法の仕組みを社会心理学の視点から説明しようと試みたジェローム・フランクの研究グループであった。のちに彼は，心理療法には，理論アプローチにかかわらず共通の因子が働いているという考えを打ち出し（Frank & Frank, 1991），理論アプローチを超えて心理療法には共通の変容のメカニズムがあるとする共通因子アプローチの考え方に大きな影響を与えてきた。

　この時期に発表された論文の中でのちの効果研究に大きな影響を与えたのは，アイゼンク（Eysenck, 1952）による心理療法に対する批判論文である。不安神経症は，治療を受けなくとも時間の経過とともに改善し，自然治癒することが知られていたが，アイゼンクは，心理療法の効果をこの自然治癒から切り離して検証することが必要であると考え，24件の先行研究に報告された精神力動療法もしくは折衷療法を受けた事例の改善率を自ら設定した基準をもとに計算し，内科医による診察のみで，心理療法を受けずに自然治癒したと考えられる

対照群と比較した。その結果，2年間の心理療法による改善率は折衷療法で64％，精神分析的療法では44％であったのに対して，対照群ではそれらより高い71％であったのに加え，治療期間が長くなるほど改善率も下がったことが分かった。心理療法が不安神経症に逆効果であるという結論は広く引用され，当時の心理学界に大きな論争を引き起こし，心理療法に対する否定的な見方を広めた（Wampold, 2001）。しかし，当時の心理療法の実証的研究を進める者の多くは，彼の研究の妥当性を疑問視し，重大な方法論的問題を指摘した（Bergin, 1971; Luborsky, 1954）。治療群とされた患者に対して行われた心理療法に関する情報が少なかったこと，心理療法家の経験年数，資格など，心理療法の質に関する情報が欠如していたこと，1950年代は精神力動療法以外の心理療法（クライエント中心療法など）が起こりはじめた時期であり，何をもって「折衷」療法とするのかを判断するための情報がないことが指摘された。

　第1期の中心的な特徴は，密室の中で行われていた心理療法という営みに録音機を持ちこみ，客観的に記録するということにあった。精神分析においても，プライバシーが十分に守られないこと，そして，録音機がセラピストとクライエントのあいだに入り込むことによって，心理療法の本質が阻害されるのではないかという議論が活発になされた。カール・ロジャースらの研究をはじめとして，面接においてみられるセラピストとクライエントの活動に数値を与え評定する試みも企てられ，研究的視点を心理療法に取り入れることが課題となった。もう一方で，心理療法の効果を包括的に，かつ客観的に検討する必要性，そして方法論的課題も明らかになった。

第2期（1959年～1969年）：科学的厳密さの探求

　第2期では，2つの方向に心理療法の研究が発展していった。プロセス研究では，録音された面接におけるクライエントとセラピストのやりとりを客観的に評定するさまざまな方法が開発された。もう一方で，アイゼンクの批判に応えるように対照群を設定し，より実験的精度の高い効果研究が行われるようになった。この時期の効果とプロセスの研究に強く影響したのは，当時アカデミック心理学において主流となっていた論理実証主義の考え方であった。その考え方を忠実に実践した行動主義の心理学者は，観察できる現象のみを科学の対象とみなし，人の行動に焦点を当てたが，内省的に得られた知見や人の主観的体験は，研究対象として扱わなかった。

　このような風潮は，当時のプロセス研究にも大きな影響を与えた。この時期の研究者は，観察可能であり，分類が簡単な行動（発話の内容や声の質，文の

長さなど）を扱い，これらに評定を与え量的に分析し，クライエントとセラピストの主観的体験は扱わなかった。このような傾向は，クライエントの主観的体験を重視するクライエント中心療法の研究者でも変わらなかった。共感的理解，セラピストの自己一致などの測定尺度が開発されたが，このような尺度の評定はそれらを体験するクライエントではなく，面接に関わらない第三者が録音テープを聴くことによって行われた。また，膨大なデータを蓄積していくにしたがって，クライエントとセラピストのすべての発話を評定するのは時間的に困難であったので，研究者は面接のはじめ，中間，終わりから5分ずつの部分をサンプルとして抜き出し，その部分に評定を与え，平均値が分析に使われた。

効果研究では，心理学における実験の理想と考えられていた対照群と無作為化が重要視され，古典的な実験計画に基づき，グループ比較が行われた。効果研究によっては，質問紙と面接など異なる査定法を取り入れ，総合的に変化を検討する試みが行われた。しかし，面接ごとの変化を段階的に測定するという方法はとられずに，介入前後の変化を効果として捉えるのが中心であった。

しかし，このような方法的厳格さに対する批判もプロセス研究者から出された。その代表的なものは，キースラー（Kiesler, 1966）による「均一性の神話（uniformity myths）批判」であり，実際の臨床的な判断を無視して心理療法を単純化して捉えて，実験方法を用いることに向けられた。効果研究では，クライエント一人ひとりの人格的特徴や，問題の種類が十分に考慮されず，平均的なクライエントがどれくらい良くなるのかというふうに効果が測定されていた。また，セラピストの臨床家としての資質やコンピタンスも無視され，すべてのセラピストがあたかも同じ程度の効果を上げるかのように仮定されていた。そのため，効果研究もプロセス研究も，実際の臨床活動に対して影響力をもつことはなかった。

第3期（1970年～1983年）：拡大，分化，組織化

この時期には，それまでに蓄積されてきた研究結果のレビューが発表された。特に顕著なのは，*Handbook of Psychotherapy and Behavior Change* という心理療法の効果とプロセス研究の手引きが出版されたことであり，大規模なレビューと研究法の発展がまとめられている。

効果研究における顕著な発展はメタ分析である。アイゼンクによる心理療法のレビューにおける大きな問題は，研究者個人の判断によって対象とされる研究や基準となる対照群が選ばれたことであった。1977年に発表されたスミスとグラスのメタ分析を使った研究は客観性を高めることにより，アイゼンクの

方法的問題点の多くを改善した（Smith & Glass, 1977）。具体的には，心理療法の効果に関する論文を未発表研究も含めて見直し，① クライエントが感情または行動の問題をもち，② 心理療法を受けない対照群を設け，③ 専門家により心理的，または行動的介入が施されたすべての研究（教育的指導や薬物治療が併用された研究を除外）を対象とした。実験計画の精度に問題がある研究は，セラピストやクライエント群の特徴，クライエントの無作為割り当ての有無などといった実験計画の諸側面に評定を加え，それらの効果への影響を統計的に捉えた。また，心理療法の効果の大きさを介入群の平均値と対照群の平均値を対照群の標準偏差で割った「効果量（effect size）」として標準化することによって，客観的に比較した。

彼らの研究結果は，心理療法の正の効果を明確に示した。1977年に発表された研究では，375の先行研究から得た平均効果量は0.68であった。この数値は，社会科学において中から大の効果と考えられており，平均的な介入群のクライエントが対照群の75％よりも高得点を上げ，対照群の改善率が34％であるのに対して介入群では66％で，従属変数の分散の約10％が心理療法に帰されたことを意味する。1980年には475の先行研究が分析された（Smith et al., 1980）。この研究では，効果の測定に使われた質問紙の妥当性や信頼性についても評定が加えられ，心理療法の効果をより厳密に捉える工夫がなされた。その結果，前研究よりも大きな0.85という効果量が得られた。これは，平均的な介入群のクライエントは対照群の80％のクライエントよりも心理的に良い状態にあったことを意味する。そして，従属変数の分散の15％が心理療法の効果に帰され，対照群の改善率が30％であるのに対して，介入群では70％だったことになる。スミスらの研究は，心理療法の効果を示す重要なエビデンスとなり，メタ分析が効果の判断に重要な役割を果たすことになった。

この時期には異なるアプローチの心理療法の効果を比較する効果研究が数多く行われた。うつ，不安，対人的問題などの幅広い心理的問題に対して，際だって優れた効果を示したアプローチはなかった。ルボルスキーらは，不思議な国のアリスの中の「みんなが勝って賞をもらえる」というハンプティーダンプティーの一言から，この結果を「ドードー鳥宣告」と名付けた（Luborsky et al., 1975）。

このような結果を受けて研究者たちは，2つの方向へ向かうことになった。ある研究者らは，より厳密な研究法を用いれば，異なる心理療法の効果の違いが明らかになると考え，効果研究における比較の方法を発展させる方向へ進んだ。別の研究者たちは，異なる理論によっても同じ程度の効果があるというこ

とから，心理療法には共通の治療的因子が働いていると考え，さまざまな理論アプローチに共通する変容プロセスを調べる方向へ進んだ。そのため，プロセス研究では異なる理論アプローチの心理療法のプロセスを比較するための「汎理論」評定尺度が多く開発された。その代表的な尺度は，ヒル式セラピストの反応様式分類システム改訂版（Hill Counselor Verbal Response Mode System-Revised: HCVRMS-R）である。セラピストの反応の仕方を，最小限の励まし，反射，自己開示，解釈，直面化，情報提供，情報を求める，直接的指示とアドバイス，その他，の9つのカテゴリーに分類する（Friedlander, 1982）。この尺度を用いて，複数のアプローチの心理療法の介入が（たとえば行動療法とクライエント中心療法において）どのように異なるのかを調べる研究が多く行われた。

1970年に，心理療法の実証的研究を推奨する The Society for Psychotherapy Research という国際学会が設立された。異なる理論的視点から研究を進める者が意見を交換する場ができたことで，心理療法の実証的研究がひとつの分野として確立された時期でもあった。

第4期（1984年〜現在）：総括，脱標準化，批判，革新，論争

オーリンスキーらは，1984年から現在を第4期としている。1994年に発表された論文では，この時期を「統合，不満，再構成」と呼んでいたが，2004年の論文では上記のように，総括，脱標準化，批判，革新，論争という5つの単語を使って表現している（Orlinsky et al., 2004）。現在進行形で進んでいるだけにその描写が難しく，心理療法の研究が発展し，多様化していることがうかがえる。1980年代後半に入り，プロセスと効果に関する研究の数は急速に増えている。心理療法とカウンセリングに関する専門誌の数が増えただけでなく，プロセス研究に携わる研究者と学生も増えている。The Society for Psychotherapy Research の2000年以降の年次大会では，毎年300以上の論文およびポスター発表がある。

プロセス研究においては，論理実証主義的な偏向を省み，より臨床実践に役立つ研究方法を開発する試みが異なる研究者によって企てられた。その動きは「発見志向型研究（discovery oriented research）」と呼ばれる。発見志向型研究の諸方法がはじめて発表されたのは，1984年のグリーンバーグとライスによる『変化のパターン——心理療法プロセスの集約的分析』（*Patterns of change: Intensive analysis of psychotherapy process*, Rice & Greenberg, 1984b）である。それまで主流であった論理実証主義的プロセス研究の多くでは，一つひとつのクライエントとセラピストの発言に対して尺度を使った評定が与えられ，その

2つの尺度の関連を相関などの統計的手法を使って調べるのが主な分析法であった。ライスとグリーンバーグは，このように一つひとつの介入とそれに対するクライエントの反応の関連性を，それらが起こる文脈を無視して検討しても臨床的に意義のある答えが見つからないと批判し，一つひとつのやりとりではなく，「治療的に意義のある」課題という単位を基準として，その中で起こる事象を細かく描写することが大切だと考えた。そして，認知心理学で用いられていた課題分析の手法をプロセス研究に導入した。

エリオットは，心理療法のプロセスを理解するためには，そのプロセスに実際に参加したセラピストとクライエントに直接的に話を聴き，彼らが「大切だ」と思った「重要な変化の出来事」の理解からはじめるべきだと考えた (Elliott, 1984, 1985)。また，そのような出来事は，数が少ないために，一つひとつの出来事を細かに記述していくことこそ，心理療法のプロセスについての理解につながると考えた。また，マーラーは，心理療法の理論概念は曖昧であり，一つの概念をとっても様々な解釈が可能であり，研究結果は研究者が自らの理論アプローチの正当性を主張するために使われる傾向があったために，プロセスに関する新たな発見や進歩をもたらさなかったと批判した。そして，面接においてセラピストが出くわした興味深い出来事ややりとりに注目し，それらを細かく調べていくことによって，心理療法の効果的な実践について学ぶべきであると論じた (Mahrer, 1988)。

プロセス研究ではそれまで，クライエントとセラピストの発話を機械的に1つの分析単位として扱い，それらのあいだの関係を統計的に分析することが中心となっていたが，治療的にみて意味のある出来事，しかも少数の出来事を細かく分析することを奨励する彼らの見解によって，大きな転換期を迎えた。

質的研究も1990年ごろから増えはじめ，クライエントとセラピストの体験の質を明らかにすることを目的とする研究が，現象学的アプローチやグラウンデッドセオリーアプローチを使って行われた。1990年代に入ると包括的プロセス分析法 (Comprehensive Process Analysis: CPA, Elliott, et al., 1994)，合議制質的研究法 (Consensual Qualitative Research: CQR, Hill et al., 1997) というプロセス研究独自の質的方法も開発された。1994年には *Journal of Counseling Psychology* で，1999年には *Psychotherapy Research* という専門誌において，質的プロセス研究の特集が組まれた。2007年に開催された The Society of Psychotherapy Research の年次大会では320の発表があったが，そのうち質的研究は，60以上もあった。プロセス研究は多様になり，臨床的に役立つ知見を得るために，実践的な研究が増えつつある。もう一方で，個々の研究者・臨

床家がばらばらに自らの関心に基づいて研究を行っているために，領域全体としてどのような知見が蓄積されているのか，分かりにくくなっているのも事実である。

　第4期には，効果研究も著しい成長と変容を遂げた。まず，厳密な実験的統制のもとで行われた大規模な効果研究が完了してそれらの成果が発表されはじめた（オーリンスキーらが「総括」と呼ぶのはこれに対してである）。その代表的なものが，アメリカ国立精神衛生研究所が行ったうつに対する効果研究である。この研究では，認知行動療法，対人的力動療法，薬物治療，医師との診察（定期的な対人的接触）からなる対照群の比較が行われた（Elkin et al., 2004）。そのデータは複数の研究者により分析され，はじめて論文が発表されてから20年近く経った現在でも，データが再分析され，さまざまな議論が続いている。

4-2　効果研究の現在

　効果研究は，心理療法の効果を臨床家だけでなく，社会全体に対して示す方向にむかって発展している。特に，アメリカでは1980年代になると，心理療法と薬物による治療の比較研究が広く行われるようになった。ヨーロッパや北アメリカにおいて，医療費の増大が社会的問題となり，さまざまな医療サービスのコストを下げ効率化することが急務となった。心理療法も医療費で賄われていたため，それがより安価な薬物治療と比べて，どれだけ効果的なのか，またどの心理療法がより短期的に効果を上げることができるのか，などといった問題が非常に重要になり，効果研究に対する関心が集まった。

　現在の効果研究の主流は，厳密な実験的状況の下で短期的心理療法の効果を検証する「有効性研究（efficacy studies）」である。有効性研究の特徴は，大きく分けて3つある。まず，対象となるクライエントは，不安障害，大うつ，などDSM-VIの診断基準に沿って選ばれる。共存症（たとえば，うつに加えて人格障害，薬物依存，身体的な疾患がある）をもつクライエントは除外される。こうすることによって，効果研究の結果が直接，精神科医による薬物療法と関連づけられる。次に，クライエントは，無作為に介入群と対照群に割り当てられ，クライエントの問題の重篤度，性別，年齢などといった介入以外の変数の影響ができるだけ統制・排除される。最後に，介入マニュアルの使用である。有効性研究では，セラピストは標準化された介入マニュアルに沿って介入を行い，そのマニュアルからそれたかどうかということ（これを忠実性 adherence という）がチェックされる。

有効性研究の大多数は，介入を具体的に示しやすい短期的認知行動療法の効果を検討している。アメリカでは，このような厳密な手続きによって効果が検証された心理療法を「実証的支持を得た心理療法（Empirically Supported Treatments: ESTs)」として承認する制度がはじまっている。

効果研究の多くは，介入前と介入終了後（そしてフォローアップ時）に症状が改善したかどうかということだけでなく，定期的に作業同盟の状態や，クライエントの症状の改善度，また面接に対する印象などの質問紙を実施し，より段階的に効果を測定するようになってきた。しかし，プロセス自体を細かく調べることは少ない。というのも，効果研究においては介入マニュアルに厳密に従って介入がなされ，クライエントの変化も一定と仮定される傾向があるからである。効果研究は，数多くのクライエントとセラピストを巻き込んで数年かけて行われるため，実施にはかなりの資源が必要となることから，その多くは，米国国立精神衛生研究所（National Institute of Mental Health）が中心となり，複数の研究者が協力して行うかなり大規模な研究となっている。

4-3 プロセス研究

プロセス研究は，より小規模で実践的な研究が多く，理想とされる1つの研究法が発展するというよりも，異なる研究グループがそれぞれ関心をもつ臨床的な問題に合った研究方法や尺度を開発していくという道をたどった（表序-1）。効果研究が画一化，標準化の方向に進んでいるのに対して，プロセス研究は，多様化，多元化の方向へと発展している。たとえば，精神力動療法アプローチ

表序-1 効果研究とプロセス研究の比較

方法の諸側面	効果研究	プロセス研究
サンプル	均質（単一の心理障害）統制（無作為化）	不均質（多様，共存症）統制低い（実際の臨床現場）
研究母体	ＮＩＭＨが中心	大学・クリニック
デザイン	実験研究	記述研究・探索的研究
セラピスト	研究のために介入マニュアルに基づいた訓練を受ける	実践家が折衷的な介入を行う
理論アプローチ	認知行動療法	すべてのアプローチ，統合的アプローチ
情報が提供される対象・読者	政策者・医療・教育・福祉の他分野の専門家・臨床家・学生	臨床家・学生

の研究者は，クライエントの転移や不適応な対人パターンとその変化を捉えるための研究法を開発してきた。代表的な例は，ルボルスキーが考案した中核的対人葛藤の主題（Core Conflictual Relationship Themes: CCRT）という方法であり，クライエントの対人的欲求と期待，実際の行動パターンを面接のトランスクリプトをもとに抜き出し，その変化を捉える（Luborsky & Crits-Christoph, 1997）。また，クライエント中心療法では，クライエントの心理面接プロセスにおける主観的体験を捉える研究や（Rennie, 1992, 1994a, 1994b, 1994c），セラピストの共感をどう受け取っているのかを調べる研究が行われている（Klein & Elliott, 2006）。

　プロセス研究の知見が実際の臨床に役立つように，研究の臨床的関連性または妥当性（clinical relevance または clinical validity）を高める努力がなされている。リサーチクエスチョン選びから，サンプルの取り方，分析の仕方に臨床家の経験や直観が反映されるようにさまざまな試みがされている。クライエントの問題もそれほど均質になっているわけではなく，介入も厳密に定められた単一アプローチだけでなく，より一般的になりつつある折衷的・統合的アプローチも増えている。

4-4　プロセス研究と効果研究の分離

　プロセス研究は，心理療法に実証的基盤を与えようとする点で効果研究とその基本的な考え方は変わらない。しかし，この2つは，対立関係というような状態にある。プロセス研究者は，1つの研究方法を最も優れた科学的データとして推奨する現在の効果研究のあり方を厳しく批判している（Bohart et al., 1998; Elliott, 1998）。有効性研究では，マニュアルに基づいて介入することが要求されるが，実際の臨床では，そのように介入することは少ない。また，共存症をもち，複数の問題に悩んでいるクライエントや精神障害というほど重くない対人関係などの適応的問題を扱うクライエントまで幅広く対象としている。実際の臨床現場とかけ離れた条件において，心理療法の効果を証明する研究のみが心理療法の優劣を定めるような学問体制は危険であると指摘している。また，クライエント中心療法をはじめとした人間学派の臨床家は，心理療法を心理的障害の治療に限定するのは，心理療法を医学化し，人間的成長，自己理解といった重要な側面を軽視することになりかねないと危惧している（Bohart et al., 1998）。プロセス研究者の多くは，効果研究を進めること自体には反対していないが，1つの研究方法によって導かれた知見がより優れた実証基盤である

という立場，そしてそのような効果研究が心理療法をあたかも薬のように一定のやり方で与えられることが可能だとする見方を危惧している。実際のところ，効果研究のほとんどは短期的な認知行動療法を取り上げており，クライエント中心療法や精神力動療法は非常に少ない。プロセス研究では，統合的アプローチを含めて，かなりの数の心理療法アプローチが反映されている。

ここで注意したいのは，プロセス研究の多様性それ自体が良いものであると言っているわけではないということである。多様なアプローチがあり，心理療法のプロセスにさまざまな側面があるのに合わせて，それらをうまく捉えるために，多様な方法が必要であることは間違いない。しかし，プロセス研究においても，この「多様性」は乱立や混沌を意味することもある。たとえば，異なる研究者が，非常に似た尺度を開発して非常に似たトピックを扱い研究を進めながら，お互いの研究に言及することがないという事態も指摘されている（Hill et al., 1993）。そのため，蓄積されている知見がばらばらに存在し，全体としてどんなことを意味するのか捉えにくいという問題もある。

心理療法について理解するためには，プロセスと効果の双方を扱う必要がありながら，この2つの分野が時に対立してきたということは，心理療法の研究に社会政治的な側面があることを示している。プロセス研究は，臨床実践に役立つ知見を生み出すことに力を入れてきた。その知見は，自らの臨床的問題を研究によって解決しようとした研究者本人，そして他の臨床家に向けられている。もう一方で効果研究の知見に関心をもつのは，臨床家だけではない。その結果をもとに医療・教育・福祉などの領域において心理療法をどのように位置づけるのかということを決定する政策者にも関わっている。このため，効果研究では心理療法の効果を社会的に示し，特に医療領域においての有用性を強調することに重点がおかれてきたのである。薬物治療との比較がこれほどまでに重要であるのは，このような社会的な側面と強く関係しているためであるといえるだろう。

5 まとめ

プロセスと効果の研究は，心理療法の表裏をなすものであるが，それぞれに影響を与えながらも，異なる道のりを経て発展してきた。効果研究は，心理療法の有効性とコストについて，心理療法の担い手である臨床家だけでなく，政

策者や精神医学をはじめとした隣接領域の専門家に対しても示してきた。その中で，科学的な厳密さが求められ，介入マニュアルをはじめ，実験的統制を高める研究方法が発展してきた。プロセス研究でもアカデミックな心理学における客観性を重視した研究方法に影響を受けて，面接プロセスの現象を量的に捉える試みが行われた。しかし，このようなアプローチは，臨床家にとって有用な知見をもたらさなかった。そのため，臨床実践と密着した研究課題を取り上げ，臨床的関連性を高める出来事アプローチによる研究が起こった。

6　本書の目的と構成

　本書は，臨床実践と科学的研究の2つをつなげ，臨床家にとって有用であり，しかも科学的研究としての「厳密さ（rigor）」を備えたプロセス研究の方法と実際の研究例を紹介する。現在，日本では，事例研究が主体であり，臨床家は客観的に自身の介入の効果やプロセスについて検討する必要性を強く感じていない。また，臨床家にアカウンタビリティーを求める社会的風潮も薄い。そのような中で，臨床家や大学院生にプロセス研究に関心をもってもらうためには，それが臨床的に有用であり，研究を行うことが個人の臨床力を高めるのに役立つと知ってもらう必要がある。

　しかし，ただ単に面接において起こったことを分類し，量的にプロセスを捉える研究や大規模な効果研究は，現在の日本の実情に即していない。事例研究でカバーできない領域を補い，臨床家が実際に大きな負担を感じずに実施できる研究方法について紹介するのが適切である。そこで，本書では質的なインタビューを中心としてセラピストとクライエントの視点を理解する方法，そして，より細かくプロセスのモデルを作成する課題分析を紹介することにした。

　プロセス研究は，実際の臨床場面などからデータを集めるため，倫理的な難しさや，少ない数のサンプルから臨床的に役立つ情報を抜き出さねばならないという問題をかかえている。このような制約の中で，どうやってリサーチクエスチョンを立て，データ分析と収集を行うのか，ということやそのプロセスにおけるさまざまな決断のポイントについて解説するために，研究の具体例を詳細にわたって記述した。プロセス研究はあまり日本語で紹介されていないので，良質の研究にふれることも重要だと考えた。また，ある特定の理論アプローチに限定された研究方法や尺度よりも，研究者の理論アプローチにかかわらず用

いることができる方法を選んだ。

　第1章と第2章では，プロセス研究の基礎として，「科学」的研究の特徴，目的，問題点について解説し，心理療法プロセスを研究する切り口や視点について説明する。第3章では，プロセス研究のプロセスを，リサーチクエスチョンの立て方から論文執筆のコツまで，段階ごとに説明する。第4章から第9章までは，プロセス研究の実践として研究例とともに研究手続きを解説する。第4章では，セラピストに対するインタビューを中心に，セラピストの「視点」から心理療法プロセスの理解を深める方法について解説した。第5章ではその代表的な2例を解説し，2つの方法を比較した。第6章と第7章は，「クライエント」の視点と主観的体験に迫る方法と研究例を解説し，第8章は面接のトランスクリプトからクライエントの変容プロセスをモデル化する課題分析の方法を解説し，第9章では「意味創造」の課題の研究例を提示した。第10章では，臨床家がプロセス研究に取り組むことを阻む障壁について解説し，今後臨床家がプロセス研究を行う上で重要な4つの姿勢の次元をまとめた。数多くの章で「コラム」を設けて，最新のプロセス研究やプロセス研究と関わる重要なトピックを紹介した。また，各章に解説された内容についてさらに理解を深めるための文献と解題を加えたので，是非参考にしてほしい。

📖 学習を深めるための参考文献

『説得と治療 ── 心理療法の共通要因』
フランク，J.D.・フランク，J.B./杉原保史（訳）（2007）．金剛出版．
　異なる心理療法アプローチだけでなく，さまざまな民間療法にも共通する「治療的要因」について分析している。北アメリカでは長年にわたり広く読まれ，心理療法統合の発展にも影響を与えてきた。心理療法のプロセスのメカニズムに関する，とても貴重な見方を提示している。

『心理療法・失敗例の臨床研究 ── その予防と治療関係の立て直し方』
岩壁茂（2007）．金剛出版．
　心理療法の失敗に関する，効果研究とプロセス研究の知見のレビューが提示されている。特に作業同盟とクライエントの傷つき体験に関する研究結果が，詳細に提示されている。

Psychotherapy research: An international review of programmatic studies
Beutler, L. E., & Crago, M. (Eds.). (1991). Washington, DC: American Psychological Association.

北アメリカとヨーロッパにおいて発展している，30以上の研究プログラムを紹介している。長期間にわたり継続されてきた（そしておそらくかなりの研究補助金を受けている）大規模な研究から，比較的新しく小規模な研究プログラムまで，かなり幅広く紹介されている。プロセス研究の多様性について知るために役立つ。

コラム●1　マイケル・ランバート

　米国ユタ州ブリガムヤング大学のマイケル・ランバート（Michael Lambert）は，効果研究のメタ分析とレビューの第一人者であり，200以上の発表論文がある。彼が近年，The Society for Psychotherapy Research から貢献賞を受けた研究のひとつに，成果質問紙（OQ-45）を使ってドロップアウトを減らす効果研究がある（Lambert, 2007）。

　OQ-45は，毎回の面接の前後に5分から10分で実施できる質問紙で，症状の苦痛度（不安とうつの症状が中心），対人関係（家族と親密な関係が中心），社会的機能（職場，学校，家族役割における機能の質）という3つの領域の質問に分かれる。その特徴は，これまで集められた10,000人以上のデータをもとに，クライエントを「改善」「変化なし」「悪化」群のどれに入るか予測できることだ。

　ランバートらが行った研究のひとつでは，クライエントがカウンセリングセンターに来所すると，OQ-45が入ったパームパイロット（電子手帳）が渡される。クライエントが回答するとその結果がすぐにセラピストに送られる。もし，その点数が「改善見込みなし」群もしくは「悪化」群に入っていると赤信号がつく，という仕組みになっている。その場合，セラピストがクライエントのドロップアウトを防ぐための介入を行うと，状態が悪化するクライエントが，20％から8％と半数以下に減少した。また，面接開始後に，悪化群に入っていながら，最終的に臨床的変化を遂げるクライエントの割合は，セラピストに対するフィードバックがない群では22％であるのに対して，フィードバックが与えられ，その介入法が試みられる場合は45％であった。これらのことから，OQ-45の結果にもとづきセラピストに対して面接前にフィードバックを与える方法が，クライエントが心理療法で悪化するのを防ぐだけでなく，彼らが臨床的にみて有意な変化をもたらすのを促進するということが分かる。

　ランバートは，OQ-45を使ったドロップアウトの予測と臨床家による予測を比較してみた。550人のクライエントのうち，42人のドロップアウトがあった。40人の臨床家（訓練生と経験豊富な臨床家）は，そのうち3人（0.7％）のみしか当てることができなかった。もう一方で，統計的な予測では偽陽性も多くあったが，77％のドロップアウトを正確に当てた。

　電子手帳を使ってクライエントの状態を知り，すぐにそれを面接に活かすと

いうのは非常に興味深い発想である。5分から10分で回答できる簡単な質問紙がこれだけ有効に臨床に活用されるのである。本書において，いくつかの研究例を紹介するが，臨床家はクライエントの不満などといった「悪い」反応を言い当てることが苦手である。簡単な質問紙と比較して正確な「予測」ができないのは，臨床的な勘があてにならないから，というわけではない。簡単な質問紙でも重要な情報を効率的に集約することができ，臨床的に役立つのだ。心理療法の研究において「意味」を重視して現象を単純化して捉えることや，対人的な接触ではなく，より無味乾燥な簡単な質問紙を使うことに対するためらいや抵抗もみられるが，このような量的な方法も重要な役割をもっている。

第 1 章
心理療法における「科学」的研究とは
—— プロセス研究の基礎 ——

1 はじめに

　心理療法では直感的な理解や経験則が重視されてきた。それらは介入を行う上で不可欠な知識であるが，それがどれくらい正しいのか，ということについての明確な判断基準はない。また，どうやってそのような理解にたどりついたのか，という具体的な方法や手順が明らかにされることは少ない。一方で，科学的研究においては，データを得るための方法，そして得たデータがどれくらい正しいのかということについての，一貫した明確な基準が必要となる。本章では，ひとつの研究が，「科学的」であるための条件，そして科学的研究が必要である理由，研究から導かれた知見の正しさを判断するための基準について解説する。

重要概念

科学的方法　系統性，焦点化，統制・条件，批判的姿勢などによって構成される科学的研究の条件を満たした方法。必ずしも客観性が科学的方法の主要な特徴ではない。

臨床的妥当性　臨床的有用性，臨床的関連性ともいう。研究が臨床的にみて重要な問題をどの程度反映し，臨床的に役立つやり方でデータ収集・分析が行われているのかということに関する判断。

アカウンタビリティー（説明責任）　心理療法が効果があるのか，どのようにしてその効果が作り出されるのかを科学的な方法によって示す，心理療法家の職業的責任。

2 心理療法における「科学」の問題

　心理学において「科学」について考えるとき，論理実証主義と呼ばれる自然科学の定義が使われることが多かった。それは，主観を排除し，客観性を保つことによって対象となる現象を統制された条件のもとで調べ，データ集積・分析することを科学性とする。その主要な目的は予測と統制であり，データから得られた法則の普遍性，そして理論の単純さが強調され，観察された事実は理論から独立した普遍の事実として考えられた。しかし，このような自然科学のモデルは，近年，科学研究の社会政治的な側面を指摘する社会構成主義やジェンダー心理学により疑問視されるようになっている (Hoshmand, 1991)。

　現在，臨床心理学およびカウンセリング心理学の研究法の教科書では，科学的方法を「データを収集し，分析評価するための前提と規則」として，より広い定義を与えている (Barker et al., 1994 ; Hayes et al., 1999 ; Heppner et al., 1999)。重要視されるのは，研究者の考えや仮説を個人的な先入観や見方の偏りから離れたところで検証にかけるという点である。また，データ収集と分析の方法や手続きを明記することによって（これを質的心理学では「透明性」と呼ぶ），その研究方法と結果の評価を容易にし，関連する研究を相互比較し，積み上げ，問題共有を促進することが可能となる (Heppner et al., 1999)。

　上の科学的研究の定義に従えば，主観を可能な限り排除し，統制された条件下で現象を量的に把握し予測を行うのは，唯一の，または最も優れた科学的方法ではなく，数多くある方法のひとつとして捉えられる。また，現象を数値に置き換えずに言葉によって捉えるさまざまな質的方法も科学的方法として考えることができる。科学は，決して「客観性」と「普遍性」に縛られた知的作業ではない。1人の人間の判断による偏りを統制するため，データの収集・分析の方法を系統化し，明確化することによって，そこから得られる情報に関する評価や判断を円滑化することが最も重要な科学的研究の特徴であろう。

　科学的研究に対するこのような見方はプロセス研究において非常に重要である。プロセス研究では，統制を行うことが難しい実践の場でデータを集めることが多い。クライエントの主観的体験を理解する方法と心理療法の効果を捉える方法は大きく異なるが，どちらの方法も心理療法について理解を深めるために必要である。すべてのクライエントに当てはまる法則や普遍性を求めずとも，

ある特定の臨床場面や特定のクライエント群に有効であれば，それでも非常に重要な研究といえる。この点についてはのちに，「臨床的関連性」の節で詳しく説明する。

　ここでヘップナーら（Heppner et al., 1999）が定義する，カウンセリングおよび心理療法の領域における科学的研究方法に重要な特徴を紹介する。

① 系統性
　系統性とは，観察，記述，評定をある一定の規則や基準に従って行うことを意味する。このためには，観察や記述の方法が明確に示されて，どれだけその基準を満たしているのか調べることが必要である。一般的な量的研究では，信頼度の係数などによって示され，質的研究では，研究の手続きをできるだけ細かく報告することによって示される。

②焦点化
　焦点化とは，観察可能なすべてのことを記述するのではなく，重要な変数を選び，それらを記述する，またはそれらの因果関係を調べることを意味する。心理療法プロセスを研究するとき，できるかぎりその臨床的な意味を見落とさないように，いろいろな角度から記述したいと思うかもしれない。しかし，どんな研究においても大切な部分とそうでない部分を見分けて，現象の重要な側面を抜き出すという単純化の作業が必要とされる。

③ 統制・条件
　科学的研究においては，外部の変数の影響を統制し，変数の関係を浮きださせることが重要である。臨床の現場からデータを集める場合など，このような統制が行えない場合が多い。できるかぎりサンプルの特徴（セラピストとクライエントの属性），手続きについて具体的に報告することによって，論文の読者が方法について判断しやすいように努める。

④ 批判的探求
　科学的研究を行うことは，現在までに蓄積された知見では解決されない問題があり，それらを厳密な方法を用いてより細かく調べることが必要だという立場に必然的に身をおく点において，「批判的」な企てである。自らの理論的立場や仮説が正しいという立場から検証を行うのではなく，その真偽が最も厳密なやり方で検証される方法を選ぶことが，科学的研究者の姿勢である。

⑤ 他者性

科学的研究は，決して自分自身の知識の獲得や成長のみに向けられているのではなく，当該分野に対してどう貢献できるのかという点において評価される。研究は，個人の営みではなく，社会に開かれている。プロセス研究は，社会に貢献すること —— それは狭くは心理療法に携わる人たちに，そしてより広く心理療法を求めるクライエントと，社会全体の発展 —— を目標とする。研究が広く公開されるように論文をはじめ，さまざまな形で発表することは研究者の大切な仕事である。

⑥ 妥当性：真実性

研究の結果について「なぜそれが正しいのか」「それがどれくらいの確率で正しいのか」「それがどのような状況において正しいのか」ということを示さねばならない。量的研究では，「妥当性」，質的研究においては「信憑性」などによって示される。これらの概念については本章で解説する。

⑦ 限界

人間の知には限界がある。また，1つの研究において知ることができる範囲も限られている。卒業論文や修士論文の研究を計画するときに，研究によって検証できる仮説や問題の範囲の狭さに幻滅する学生もいる。しかし，このような限定や限界は，研究が積み上げられ，その分野に知見が蓄積する上で非常に重要である。もし，1つの研究においてあまりにも多くの問題を扱い，どこまで分かり，どこから分からないのかということがはっきりしなかったら，その研究と先行研究の関連についても不明確なままであろう。

限界に関してもうひとつ重要なのは，私たちの理解は，私たちの知覚と言葉によって限られているということである。どんなに科学技術が発展し，厳密な観察や記録が可能になったとしても，最終的にその結果を判断するのは人間であり，その結果は言葉にして伝えられる。ということは，私たちの理解も，人間の知覚と認知，そしてそれを伝えるための手段によって限定されていることになる。この意味において完全な客観性は存在しない。

まとめ

上に挙げた科学的研究の7つの特徴は，研究の目的や状況によって重みが異なるだろう。たとえば，厳密にある介入の効果を調べようとする場合，統制が

重要になってくる。しかし、そのような統制は臨床実践の現場からデータを集めるときには困難であり、そのような場合できるだけ系統的な記述を行い、研究の限界について明確に述べることが重要になる。

3　心理療法を科学的に研究する意義

　それでは心理療法の研究を科学的に行うことの目的にはどのようなものがあるだろうか。

① アカウンタビリティー
　心理療法やカウンセリングは、社会の福祉に貢献するべきであり、実際に役に立っている、または機能を果たしていることを示す客観的なエビデンスが必要である。また、そのサービスがその料金、またはコストに見合った効果をもつことを証明しなければならない。

② 現在行われている心理療法の効果と有害性
　心理療法における効果研究の重要な役割は、「どんな心理療法がどんな心理障害や問題に対してどのような条件において効果的なのか (Paul, 1967)」だけでなく、「どんな状況（クライエントの心理障害の種類や重篤度、人格特徴、セラピストのコンピテンスなど）において、心理療法を受けた結果として症状や問題が悪化するか」ということを調べることである。これまで、約5％〜15％のクライエントは、心理療法によって症状や問題が悪化し、約15％〜25％では問題の改善がみられないことが知られている（岩壁, 2007）。ある症状や問題に対して特に危険が高い介入方法、また問題が起こるきっかけなどを明らかにするのも、心理療法の効果とプロセスの研究の大切な役割である。

③ 新たな現象について理解する
　心理療法プロセスにおいて起こる現象は、決してすべて理論によって網羅されているわけではない。クライエントの怒りがセラピストに向けられる場面、クライエントが、洞察をはじめとして大きな変容を遂げた場面などの例を集め、それらがどのようにして起こったのか、そしてその後の面接プロセスにどのような影響を与えたのか調べることは重要である。

④ 心理療法の営みを密室から解放する

　心理療法・カウンセリングは，守秘義務の原則によって守られたプライベートな場で行われる。それを録音したり，録画したりして実際に何が行われているのか，ということを研究することによって，他の臨床家がどのような介入をするか知ることができる。また，個々の臨床家が経験とともに培ってきた知識を統合することによって，より充実した知識・データが蓄積される。当然，クライエントのプライバシーを尊重し，心理療法に支障が出ないように，データは慎重に扱われるべきである。

⑤ 臨床心理士個人の成長と学習

　臨床心理士の資格を取得することによって，その臨床家個人の学習は終わらない。心理療法について，心理障害について学び発見することは，人間を援助する仕事につくものにとって一生涯続く課題であり，ただ繰り返し同じ介入をするのではなく，常により効果的なサービスを目指すことが重要である。

　臨床家にとって，自身の考えをより厳密な方法を用いて調べることはとても重要な学習機会となる。また，本書を通じて読者に伝わるとよいが，プロセス研究を計画・実施するすべての段階において，介入理論をより明確に言い表し，そして面接プロセスを細かく調べる臨床的な作業が満ちている。

4　プロセス研究における妥当性と信頼性

　プロセス研究を計画する上で検討しなければならないのは，妥当性と信頼性の問題である。プロセス研究では，ケース数が少なく，クライエントの心理的問題の種類などに関しても統制が効かないような状況において質的データを集めることも多い。そのため，おそらく読者が慣れている一般的な質問紙調査とは異なる特別な問題について知っておく必要がある。

4-1　内的妥当性と外的妥当性

　内的妥当性とは，効果研究において特に重要となる妥当性であり，ある変数の効果を他の変数の効果から明確に切り離すことができるかどうかということ

と関わる。従属変数の変化が，独立変数以外の要因によってもたらされる可能性が少ないほど，内的妥当性が高くなる。たとえば，認知行動療法が，うつの症状にどの程度効果があるのかという問題を調べるとき，認知療法の介入による効果と，うつの重篤度，クライエントの年齢，対人的サポートの有無など，それ以外の変数の影響をどこまで明確に分けられるのか，というのが内的妥当性の問題である。内的妥当性を高めるためには，ふつう，サンプルを無作為化するか，このような協力者の属性を介入群と対照群でマッチさせるなど，異なる形の統制を行う。

　外的妥当性とは，一般化可能性ともいわれ，研究の知見がより広く当てはまるかどうかということに関わる。サンプル数が大きく多様であるほど，外的妥当性は高くなる。しかし，さまざまな変数の影響が排除できなくなるために，内的妥当性が低くなってしまう。上の例では，うつの慢性度や，重篤度などを幅広くとると，その研究結果は広く応用できるかもしれない。しかし，もう一方で，これらのうつと関わる変数の影響が入り込むために，認知療法自体の効果とこれらの効果を見分けにくくなる。

　外的妥当性も内的妥当性も，一般的には介入の効果の有無をグループデザインを使って調べる効果研究において特に重要と考えられるが，プロセス研究においては必ずしも最も重要な基準とはならない。まず，内的妥当性は，サンプルを各介入条件に割り当てる操作が可能なときに高められる。しかし多くのプロセス研究は記述的研究であり，どの介入がどんな影響を与えたかということに関して，明確な因果関係を打ち立てるのは困難である。外的妥当性は，研究結果が広く当てはまることを意味するが，心理療法では，ある方法がすべてのクライエントに同じように有効であるというような考え方はあまり現実的ではない。あるクライエントには適切な方法であっても，他のクライエントにはその方法がそのまま当てはまるわけではない。

4-2　臨床的妥当性

　プロセス研究において特に議論されている妥当性は，臨床的妥当性（clinical validity）（臨床的関連性（clinical relevance），臨床的有用性（clinical utility）ともいう）という概念である。それは，研究全体がどれくらい現場での臨床活動の実情を反映し，影響力をもちうるかという，研究の臨床的意義に関する判断基準である。臨床家にとっては，一事例研究，またはある面接の重要な一局面（たとえば，クライエントが洞察に達した5分から10分の場面）でも臨床的にと

ても役立つことがある。この場合，サンプルは最小限に小さいが，その事例研究を読んだ臨床家がその事例に関する適用範囲などについて最大限に判断できるようにクライエントのアセスメント結果や，個人史などについてできるだけ詳しい情報を提示する。

　臨床的妥当性では，臨床家が関心をもっている現象を扱っているか（リサーチクエスチョン），その現象をできるかぎり臨床家の視線や勘を活かしたやり方で捉えて分析しているか（データ収集と分析）ということが重要である。たとえば，セラピストが頷いた回数だったり，1回の発話順番に話す単語数などは，正確に測定できるだろう。しかしながら，正確に測定されたからといって，それらは臨床的にみて重要な現象とはいえない。臨床的に意義のある現象は，より複雑であり，分類の仕方や測定の仕方もより複雑になることが多い。表1-1に，

表1-1　臨床的妥当性のポイント

リサーチクエスチョン	1. 実際の臨床活動に役立つ問題が取り上げられているか（問題：データが集めやすいという理由で選ぶ） 2. 具体的であり明確な問題を取り上げているか（問題：漠然としていたり，あまりにもその現象が起こる状況などが特定されていない）
サンプル	1. 現場で扱う実際のクライエントとセラピストをどれくらい反映しているか（問題：悩みや心理的問題をもっていない大学生をクライエントにする・ほとんど訓練を受けていない大学院生をセラピストとする） 2. クライエントやセラピストの属性について明確にしているか（問題：理論アプローチ，経験年数などがばらばらだったり明らかにされていない）
データ収集	1. 臨床家がすくい上げるニュアンスや重要な情報を取りこぼさないか（問題：分類しやすい現象を選ぶ・操作定義が理論概念の複雑さを過度に単純化している）
データ分析	1. 変数のあいだに単純な因果関係を設定していないか（問題：解釈が増えると洞察が増えるという直線的関係を想定している）
結果のまとめ方・考察	1. 結果と実際の介入やクライエントの変容との関連づけがあるか（問題：実際の面接プロセスに関連づけて結果が提示されていない・具体例が想像しがたい） 2. どんな状況において結果が当てはまり，どんな状況で当てはまらないのか，限界について明確にしているか（問題：具体的な場面が示されていない） 3. 基礎的研究であるのにその結果を実際の臨床に拡大解釈していないか（問題：どんなクライエントにでも当てはまる一般法則が導き出され，セラピストのアプローチ，心理療法の段階などの条件が明示されていない）

臨床的妥当性を研究の計画と実施の段階においてどのように高めることができるか，ということについてまとめた。臨床家や大学院生が関心をもっていれば，それが必ずしもリサーチクエスチョンとして臨床的に意義がある研究課題となるわけではない。臨床的妥当性が高いリサーチクエスチョンでは，対象となる現象が起こる文脈がある程度限定されている。たとえば，「解釈はクライエントの洞察を引き起こすか」という疑問は，重要でありながら，臨床的妥当性が高いとはいえない。解釈といってもいろいろな解釈があり，心理療法初期と後期の解釈ではその重みが異なるだろう。また，クライエントとセラピストの治療関係の状態によっても，その意味は異なる。また解釈の質や内容（何についての解釈か），どんな心理療法においてか，ということも明確にしなければならない。現象の文脈に関する限定がない場合，臨床的にはあまり大きな意義をもたなくなってしまう。

4-3　理論的妥当性（構成概念妥当性）

理論的妥当性とは，研究において実際に測定されたり検証される概念の定義が，理論的な定義を反映している度合いである。心理療法の概念は，非常に複雑であり，それらを測定可能な操作定義へと変換することは難しい。もし，重要な理論的概念があまりにも単純化されてしまえば，それは，理論に影響を与えるほどの重要な知見とならない。もう一方で，もし理論的に複雑すぎる概念を研究において操作的に定義しようとすれば，さまざまな混乱が起こるのも予想できるだろう。たとえば，無意識という概念がそれにあたるかもしれない。心理療法の複雑な概念に基づいて研究をスタートさせるのではなく，面接のトランスクリプトにみられる「興味深い現象」に理論概念から離れて注目するほうが，プロセス研究の発展にとって重要であると考える研究者が多い（Goldfried & Wolfe, 1998; Mahrer, 1988）。

4-4　統計的結論妥当性

統計的結論妥当性は，統計的分析結果がどれくらい正しい推論に基づいているのか，つまり統計的検定とその解釈の妥当性を示す。たとえば，2つの群にみられる差や，2つの変数間の関係が，偶然によるものではなく，信頼に値するのかということが，この統計的結論妥当性である。

その問題としては，第一種の誤りと第二種の誤りが知られている。第一種の

誤りとは，2つの群に本当には差がないのに有意な差があったというふうに結論づけてしまうことである。たとえば，検定を何度も繰り返すとき，第一種の誤りを犯す危険性が高まる。もう一方で，第二種の誤りは，本当は有意な差があるのに，それをみつけられないことを指す。サンプル数が小さいとき，そして測定尺度の信頼度が低いために，誤差が大きく本当の値を捉えられないときに起こる。

　プロセス研究において統計的結論妥当性は，さまざまな場面において問題となりやすい。ふつう心理学の研究におけるサンプルの単位はひとりの被験者である。しかし，プロセス研究では時にクライエントの1回の発話を1つの単位として扱うこともある。この場合，その前後の発話も同じクライエントから抽出されているために，サンプル間の独立性が保たれなくなってしまう。1回の面接におけるひとりのクライエントの発話回数は50回から200回ぐらいであろう。統計的有意性は，サンプルの大きさによって左右されるために，発話回数が増えれば，当然有意の結果が出る可能性が高くなる。もし，数人のクライエントから同じようにデータが集められれば，サンプル数は肥大してしまう。だからといってクライエントひとりを単位として扱うと，より細かなプロセスに関する統計的検定ができなくなってしまう。

　出来事を1つの単位として扱う場合なども，事情は複雑である。たとえば，クライエントが2つの椅子の対話（第8章，172ページ参照）を行っているときは，そうでないときと比べて，洞察や気づきに達する頻度が高い，という仮説を検討するとしよう。10人のクライエントから2つの椅子の対話をやっているときとそうでないときのサンプルをとることができれば，繰り返しの分散分析やT検定を使うことができるかもしれない。しかし，すべてのクライエントから同じ数の出来事を集めることは難しく，厳密にこれらの条件を満たそうとすると，統計的検定はできなくなってしまう。

　この点についてデータをどのように扱うべきか，一定した見解は今のところない。研究者はいくつかの統計的指標を報告することによって，統計的結論妥当性を読者が判断するのを促進できる。たとえば，単に検定が有意であったかどうかを示すのではなく，有意であった2変数の関係の強さを示す指標を提示する。もし，分散分析によって2群の差を調べたとすれば，そのような指標として適切なのは効果量である。

　効果量は，2つの変数の関係の強さそのものを指す。メタ分析においては，異なる研究の結果を総合するために使われる共通の指標となっている。カイ二乗検定の場合は，マクニマーのvが相関関係の強さと同じ情報となる。カイ二

乗検定は，2つの変数のあいだに有意な関係があるかどうかだけを示すため，サンプルが大きければ有意な関係が示されるが，関係の強さ自体は，カイ二乗検定によって測定されない。マクニマーのvは，カイ二乗検定で調べられた名義尺度間の関係の強さを相関係数と同じく，－1から1の間の数値で示す。相関関係や回帰分析の場合は，r^2を報告するのもよいだろう。そうすることによって，ある変数によってどの程度の分散が説明されているのか，0から1までの数値でつかむことができる。

　プロセス研究では，統計的結論妥当性が脅かされやすい。その場合，統計的分析を諦めるのではなく，異なる指標を提示することによって，読者が結果の意義を判断できるようにするとよい。

4-5　信頼性

　信頼性とは，ある心理検査や尺度が，測定しようとする対象を，どれだけ正確に，安定して捉えられるのかということを意味する。物理的な距離や重さなどの測定は，比較的簡単であるが，心理学においては目で見ることができない内的な状態や，複数の要素からなる概念を測定するために，信頼度を複数の角度から検討する必要がある。

　プロセスをできるだけ客観的に描写・記述するために，多くの研究では，プロセス尺度を用いる。クライエントやセラピストの発言をカテゴリーに分類したり，数値を与えるのだが，その段階において，評定の客観性と信頼性を保つために複数の評定者が評定に取り組む。また，尺度によっては，複雑な判断を必要とするために，評定者が，あらかじめその尺度の概念と使い方に関して訓練を受ける。

　このようなプロセス尺度を使う場合，尺度を使う評定者がどれだけ一致した評定ができるのかということが，信頼性の指標となる。ふつう2名から4名ぐらいの評定者が1つの尺度を用いて評定することが多い。人数が多くなれば，それだけ安定度が高くなるが，評定は時間がかかる作業であるために，必ずしも人数を増やすのが得策とはいえない。評定者の選び方や評定プロセスについては，ヒルとランバートに詳しく解説されているので参考にしてほしい（Lambert & Hill, 2004）。

4-6 質的研究の「質」の判断

　本書で紹介するプロセス研究法は，インタビューを中心としてセラピストとクライエントから情報を集める方法と臨床家の仮説をモデル化していく課題分析であり，どちらも質的研究である。質的研究では，量的研究の妥当性や信頼性という基準とは異なる「質」の基準が使われる。表1-2に，スタイルズ（Stiles, 1993）が挙げた質的研究の評価次元の9つを挙げた。研究を計画・実施するときにこれらすべての側面に注意を向けることが大切であるが，どの次元が最も重要になるかは個々の研究によって異なるだろう。たとえば，クライエントの主観的見方を捉えることを目的とする研究では，分析結果をクライエントに戻し，フィードバックを得ることが非常に重要である。

表1-2　質的研究の評価次元

① **研究手続きの記述の明晰さと包括性**　研究手続きとその流れが十分に記述されており，読者がデータの「質」について判断できるか（たとえばインタビューの長さ，状況など）。

② **研究の文脈に関する十分な情報**　研究がどのような文化，社会，政治経済，歴史的状況において行われているのか，明確に限定しているか（質的研究は，普遍的な法則を求めているのではない）。

③ **データを十分に概念化できているか**　データを単純にモデル化するのではなく，その複雑さを十分に捉えているか。

④ **いくつかの可能なデータ解釈の仕方を系統的に検討しているか**　研究者がもっている仮説や先入観などを支持するためにデータ分析が行われているのではなく，他の競合する説明や解釈の仕方も十分に検討しているか，また先入観がデータ分析に偏りをもたらす危険性について検討しているか。

⑤ **研究者の内省**　インタビューアーとインタビューイーの関係性，データ分析における研究者の仮説などについて研究者が見直し，研究者としての関わりについて検討しているか。

⑥ **発表される引用などが体験的な真実性を伝えるか**　読者が共鳴できるように体験的に訴えかけるようなやり方で結果が表され，もう一方で，研究協力者の体験をそのまま伝えているか。

⑦ **トライアンギュレーション（証言の妥当性）**　異なる情報源から得たデータを比較し，その信憑性を調べているか。協力者に対して分析結果を見せ，彼らが自分の意見が十分反映されていると感じているか。

⑧ **触媒的妥当性**　研究結果を読んだ研究者，臨床家，政策者などを動かす力を研究がもっているか。

⑨ **反復性**　追試によってどの程度同じ結果が得られるか。

（注）Stiles（1993）を筆者が訳して要約した。

5 まとめ

プロセス研究の多くは，質的方法と量的方法を合わせて使う。その研究の質を判断する基準は，研究の目的と方法によってそのつど異なってくるため，研究者は自身の研究にとってどのような基準が最も重要であるのか，どのような基準を満たさないことが最も致命的な問題なのか，などを検討する。

📖 学習を深めるための参考文献

『心理学研究法入門 ── 調査・実験から実践まで』
南風原朝和・下山晴彦・市川伸一（編）（2001）．東京大学出版会．
　心理学における代表的な研究法のほか，科学的研究に関する基礎的な知識が分かりやすくまとめられている。量的方法だけでなく，質的方法についての解説もあり，包括的な教科書となっている。

『講座　臨床心理学（2）臨床心理学研究』
下山晴彦・丹野義彦（編）（2001）．東京大学出版会．
　臨床心理学の研究の歴史的発展や問題，臨床心理学における代表的な研究法だけでなく，研究倫理まで学習できる。

『心理学のための質的研究法入門 ── 創造的な探求に向けて』
ウィリッグ, C.／上淵寿・小松孝至・大家まゆみ（訳）（2003）．培風館．
　グラウンデッドセオリー法，現象学的分析，ケース研究，言説的分析など，心理学における質的研究の代表的な方法を解説している。巻末には，いくつかの研究例が提示され，質的研究のとても優れた入門書となっている。

コラム● 2　科学者・研究者としての訓練 ── 米国の例

　米国とカナダにおける大学院の臨床心理学訓練システムの多くは，「科学者 - 実践家」訓練モデルを基礎とする。「科学者 - 実践家」モデルは，別名ボウルダーモデル（Boulder Model）としても知られ，優れた実践は，科学としての心理学（psychological science），理論，研究，方法論，実証データに支え

られ (Peterson, 1997)，クリニカル・サイコロジスト（臨床心理士）は，科学者と臨床家の二足のわらじを履くことを意味する。しかし，このモデルでは，「科学者」と「実践家」が同格になっているわけではない。クリニカル・サイコロジストは，まず心理学者（＝科学者）であるのだ。そこには，臨床実践の土台として科学的または実証研究が横たわっており，臨床実践は基礎研究から導かれる応用分野だという考え方がある。これは，臨床実践は，基礎研究の下位に属するという，当時の学術心理学における一般的な見方を反映している。

1960年代になると，ボウルダーモデルに基づいた博士課程プログラムは実践家を養成するための教育を怠っているだけでなく，実践家の道を進むことを援助するより妨害していたという批判が数多く噴出した（Peterson, 1997）。理念上科学と実践の2つの柱がありながら，実際に訓練過程において強調されたのは実証研究であった。しかし，研究者の養成が必ずしもうまく機能していたわけではなかった。1962年には，学術的な職につく心理学者の数が学術的でない臨床の専門職につく心理学者の数を下回った（Tryon, 1963）。ケリーら（Kelly & Goldberg, 1959）の調査によると，クリニカル・サイコロジストの執筆論文数の最頻値は，0であった。研究と実践の2つの目標が，どちらも達成されないままになってしまったのだ。

ボウルダーモデルの問題に対する解決策として，実践家を養成するための専門職大学院を作る動きが1970年代から起こった。心理専門職大学プログラムは，「実践家‐研究者（practitioner-researcher）モデル」と呼ばれる。科学者‐実践家モデルとの違いは，実践家が前に出ていることと，科学者が研究者に変えられている点である。臨床実践における研究は必ずしも狭義の科学的枠組みに入らない探索的研究や実践的研究も含まれる。伝統的な実験計画法に基づいた統制度の高い実験研究ではなく，また基礎研究において得られた知見を実践へと応用するという，論理実証主義的科学に広くみられる研究と実践の関係でもない。1つの認識論のみに依拠するのではなく，知識を得る複数の手段を学び柔軟な認識論的立場に立ち，地域に根ざした臨床科学者（local clinical scientist, Trierweiler & Stricker, 1998）として反省的態度（reflective stance）を維持し，鍛錬され・統制された探求（Disciplined Inquiry, Peterson, 1995）を行う。臨床家による研究は，自らの行う実践において出くわす問題を解決する手段である。このように，心理学専門職大学院の訓練では，科学者‐実践家モデルとは異なる視点から研究と実践を捉えている。

実践に基づく研究を重視するプロセス研究と，実験統制が高い効果研究の知見を実践へと反映させることを重視する効果研究の違いも，この2つのモデルの違いを反映しているようである。

第 2 章

プロセスの諸側面

1 はじめに

　先に，プロセス研究とは「心理療法の開始から終結までのあいだに起こることの研究」であると，かなり広い定義を与えた。それでは，心理療法プロセスを研究する上でどんな視点や切り口があるだろうか。またどんな側面を研究できるのだろうか。本章ではプロセスの諸次元について包括的な分析を行ったエリオット (Elliott, 1991)，ヒルとランバート (Hill & Lambert, 2004)，そしてグリーンバーグ (Greenberg, 1991) の見解をもとに，プロセスの諸次元のとらえ方を紹介する（表2-1）。

重要概念

プロセスを眺める視点　　心理療法のプロセス研究は，セラピストの視点，クライエントの視点，第三者である研究者の視点から情報を集めることができる。この3つの視点から得られた情報は，必ずしも一致しない。

プロセスの諸側面　　面接プロセスは，プロセスの種類，テーマ・内容，やり方，質の4次元に分けられる。研究においてどの側面に関して調べるのか明確にすることが役立つ。

分析の単位　　プロセス研究では，1語，1文から，発話ターン，1面接など，さまざまな分析単位が使われてきた。近年では臨床的にみて1つの単位と考えられる「重要な出来事」を単位とすることも多い。

表2-1　心理療法プロセスの諸次元

プロセスを眺める視点
　　クライエント（スーパーバイジー）
　　セラピスト（スーパーバイザーも含む）
　　第三者（研究者・評定者）

研究の対象
　　クライエント（スーパーバイジー）
　　セラピスト（スーパーバイザーも含む）
　　クライエントとセラピストの関係（作業同盟，治療関係）
　　スーパーバイジーとスーパーバイザーの関係（作業同盟）

プロセスの諸側面
　　プロセスの種類（観察可能な行動・内的なプロセス）
　　テーマ・内容（何について話しているのか・主題）
　　やり方（スタイル）（ノンバーバル行動・言い方）
　　質（ある介入がどれだけ良くできているか・タイミングなどの総合判断）

理論アプローチ（研究者の依拠する理論学派）
　　精神力動療法，クライエント中心療法，認知行動療法など

分析の単位
　　1単語，1文などの文法的単位
　　発話ターン（クライエントとセラピストのお互いの発話で区切られる）
　　思考の単位（同じ意図をもって介入している）
　　出来事（課題，重要な出来事）
　　1面接
　　介入段階（前期，中期，後期，終結期）
　　心理療法全体

（注）Elliott（1991）; Greenberg（1991）; Hill & Lambert（2004）を参考に筆者が作成した。

2　プロセスを眺める視点

2-1　3つの視点

　プロセスの視点は，誰の立場からプロセスをみるのかということと関わる。プロセスは，クライエント，セラピスト，第三者である評定者，スーパーバイザーの視点からみることができる。セラピストとクライエントは面接に直接関わっているため，体験的な情報を集めるために役立つ。主観的体験について知るためには，面接終了後に質問紙に回答してもらったり，インタビューを行う

ことによってなされる。第三者である研究者の視点からの分析は，録音または録画したテープ，もしくは逐語データをもとにクライエントとセラピストの発話を評定者が尺度を用いて分類することが多い。このとき評定者間の一致度を量的に示すことによって，研究者の視点がどの程度信頼性をもっているのかうか示される。

この3つの視点を1つの研究に取り入れることは必要とされない。研究の目的によっては1つの視点をいくつかの異なる方法によって調べることになる。たとえば，クライエントが初回面接においてセラピストに対してもった印象を調べるにあたり，作業同盟に関する質問紙に答えてもらい，インタビューによってさらに情報を収集することもある。異なる方法を用いて同じ視点からのデータを集めることによって，研究結果全体の安定度を測定できる。これは，質的研究においてトライアンギュレーションと呼ばれる。また，セラピストとクライエントの視点のズレを調べることも重要である。たとえば，治療関係のさまざまな問題は，セラピストとクライエントとのあいだの見方のズレと関係している。2つ以上の視点からのデータを集めて比較することによって，そのような問題を作り出す原因となるズレが映し出されるだろう。

2-2 研究の対象

プロセス研究において研究対象になるのは，クライエント，セラピスト，セラピストとクライエントの組み合わせと治療関係である。クライエントという場合，個人，家族，カップル，グループなども含まれるが，本書では個人療法に的を絞る。プロセス研究の方法は，心理療法とカウンセリングだけでなく，スーパービジョンのプロセスにも応用できる。近年では，スーパービジョンにおけるスーパーバイザーとスーパーバイジーの体験に焦点を当てた研究も増えつつある。

1つの研究において，必ずしもクライエントとセラピストの双方の行動を調べる必要はない。ただし，クライエントに焦点を当てるとき，その体験がどのようなアプローチの介入を受けたときに起こったのか，その文脈について分からなければ，その研究から得られた知見がどのように活用できるのか，不明確なままになってしまう。

3 プロセスの諸側面

心理療法研究学会の会長を務め，プロセス研究の方法の開発に大きな貢献をしてきたロバート・エリオット（Elliott, 1991）は，心理療法プロセスの諸側面を，① プロセスの種類（観察可能な行動と内的プロセス），② テーマ・内容，③ やり方（スタイル），④ 質，の4次元に分けている。これらを測定する代表的な尺度を表2-2に示した。観察尺度は，トランスクリプトをもとにクライエントの発話一つひとつに評定や分類を与える。質問紙は，面接終了後に実施し，ある程度の長さ（5分以上）の面接場面，または面接の全般的印象について情報を収集するために使われる。

① プロセスの種類（観察可能な行動と内的プロセス）（type of process）

プロセス研究において扱うことができるプロセスの種類とは，観察可能な行動とより内的なプロセスに分けられる。セラピストでは，話された言葉から分類可能な介入とより内的な思考・体験，また，クライエントにおいては反応の仕方やより内的な体験である。セラピストの介入は，介入様式，反応の仕方（response mode）と呼ばれ，反射，自己開示，解釈，直面化，情報提供などといったカテゴリーに分類する尺度が数多く開発されてきた（Elliott et al., 1987）。

セラピストの内的プロセスとは，これらの反応を使うときの意図やセラピスト自身に面接中に起こる感情体験，認知操作である。セラピストがクライエントに質問をするとき，情報提供を求めているのではなく，ある出来事について考えさせる「直面化」を意図していたり，クライエントの反応の仕方を試して「防衛機制」について見立てているのかもしれない。同様に「反射」の反応も，いくつかの異なる意図のもとに行われている可能性がある。たとえば，クライエントが苦痛を伴う感情体験をしているときに「支持」を与え，さらに，感情体験を深め「カタルシス」を起こすという，2つの目的を達成しようと考えているかもしれない。

クライエントの行動も観察可能な行動と内的体験の両方を対象とすることができる。外的な行動を測定する尺度には，クライエント行動分類法（Client Behavior System: CBS, Hill, 1986, 1990）がある。この分類尺度は，クライエントの発話順番を抵抗，合意，要求，詳述などのカテゴリーに分類する。たとえば，

表2-2 プロセス尺度の代表例とその概要

観察尺度，理論的背景，尺度の概要

クライエントの声質評定尺度（The Vocal Quality Scale, Rice & Kerr, 1986）
　クライエント中心療法に基づくが，広く心理療法一般で使われる。訓練された評定者が，クライエントの声質を「内的焦点化」「外在化」「感情的」「抑制」の4つのカテゴリーに分類する。「内的焦点化」は，高い効果と関わっている。また，「内的焦点化」は，体験過程スケールの4以上を意味する。「やり方」の尺度。

体験過程スケール（The Experiencing Scale, Klein et al., 1986）
　クライエント中心療法に基づくが，広く心理療法一般で使われる。7件法尺度で訓練された評定者が，トランスクリプトと録音テープをもとにクライエントの体験過程の「深さ」を評定する。各段階に異なる定義が与えられている（コラム3参照）。感情体験の深さ，感情表出，感情的関わりの度合いの尺度として使われてきた。「やり方」の尺度。

クライエントの感情表出尺度（Strength of Feeling Scale: SFS, Iwakabe & Stalikas, 1995）
　統合的。クライエントの感情表出の強さを7件法で分類し，21の感情リストからその種類（怒り，悲しみなど）を選ぶ。評定には，録音テープが必須。「やり方」「内容」から感情の強さと分類を評定。

SASB（対人行動の構造分析システム Structural Analysis of Social Behavior, Benjamin, 1974）
　統合的・精神力動療法。訓練を受けた評定者が，クライエントとセラピストの行動を36の対人行動リストの1つに分類する。36の対人行動は，親和性-非親和性と自立-相互依存の2次元に沿って表される。対人行動のパターンだけでなく，クライエントの対象関係の特徴を捉えるためにも使われる。「観察可能な行動」と「やり方」

クライエントの「良い面接の瞬間分類法」（The Client Good Moment System, Mahrer, 1986）
　統合的。クライエントが面接中にみせる成果を12のカテゴリーに分類（名義尺度，あり・なしの評定）。洞察，セラピストに対する感情表出，自由で表現的なコミュニケーション，新たに学習した行動を試す，など幅広いカテゴリーがある。「観察可能な行動」と「やり方」

問題となる体験の同化尺度（Assimilation of Problematic Experience Sequence: APEC: Stiles, 2006）
　統合的。ある特定の問題体験，つまり苦痛を伴う記憶，脅威となるような陰性感情，破壊的な対人関係などをクライエントが認識し，それを捉え直し，理解し，最終的に解決する7つの段階の変化を捉える。評定尺度としても使うことができるが，質的分析においても使われる。

質問紙

バンダービルト大学心理療法プロセス尺度（Vanderbilt Psychotherapy Scale, Suh et al., 1986）
　精神力動療法。60問の質問があり，8件法で訓練を受けた評定者が用いる。クライエントの探索，セラピストの探索，クライエントの心理的苦痛，クライエントの参与の程度，クライエントの敵意，クライエントの依存性，セラピストの温かさと友好性，セラピストの否定的態度の尺度が含まれ，ポジティブなプロセスとネガティブなプロセスの両方を捉える（クライエント・セラピスト並行版もある）。

作業同盟評定尺度（The Working Alliance Inventory：WAI, Horvath & Greenberg, 1989）
　統合的。36問を7件法で評定。クライエントとセラピストは面接終了後すぐに評定する。訓練はいらない。エドワード・ボーディンの理論（Bordin, 1979）に基づき，

表2-2 プロセス尺度の代表例とその概要（つづき）

感情的絆，治療目標の合意，治療課題の合意の3つの下位尺度がある。最も広く使われている作業同盟の尺度。短縮版（12問）も開発されている。

援助同盟評定尺度（The Helping Alliance Questionnaire: HAQ, Luborsky et al., 1986）
　精神力動療法理論が背景にあるが，異なるアプローチにも適用。19問を5件法で評定。訓練はいらない。感情的関わりと協力作業の2つの下位尺度から構成される。クライエント版とセラピスト版がある。

面接のインパクト尺度（Session Impact Scale: SIS, Elliott & Wexler, 1994）
　統合的アプローチ。10の質問からなり，5件法でクライエントが評定。課題のインパクトと治療関係のインパクトの下位尺度がある。面接終了後にクライエントが評定する。

役立った面接の側面に関する質問紙（Helpful Aspects of Therapy: HAT, Llewelyn, 1988）
　クライエントが面接終了後に回答する自由記述式の質問紙。「面接で何が最も役立ったか，その出来事が面接のいつあったのか」を役立った度合い（9件法）で回答する。この回答をもとに，短縮版のIPRインタビューである短縮版構造化想起法（Brief Structured Review）を行う。

クライエントがセラピストに対して不満を述べたり，不適切な要求をする場合，「抵抗」というカテゴリーが当てはめられる。

　もう一方でクライエントの内的プロセスでは，主観的体験の質に焦点が当てられることが多い。クライエントが面接プロセスやセラピストについてどう感じているのか知るために，インタビューや質問紙が用いられる（詳しくは，第6・7章で説明する）。

② テーマ・内容（theme / content）

　テーマ・内容は，対人問題，母子関係，職業選択など，クライエントとセラピストが話す主題である。主題についての分析は，特に精神分析的心理療法において重視されてきた。たとえば，クライエントがエディプスコンプレックスと関連する事柄（両親との関係や性的な内容）について扱っているのか，それとも避けているのかということは過去に検討された。もう一方で，クライエント中心療法では，特定のテーマが重要とはされない。近年ではあるテーマについてクライエントが扱っている部分のみを取り出し，その部分に対して尺度評定をしたり，質的に分析する工夫も行われている（Stiles, 1999）。たとえば，クライエントによっては，人前で極度にあがってしまうくせには治療的焦点が当てられ改善がみられるが，より根深い両親との確執についてはあまり成果が上がっておらず，変化がみられないということもあるだろう。この2つのテーマは別々に分析したほうが変化のプロセスがはっきりみえるというのが，テーマ

別に分析を行う理由である。

③ やり方 (style)

やり方の次元は、セラピストが介入をするときの声の質、トーン、ジェスチャー、表情、そして相手に対してみせる感情、など非言語的コミュニケーションのさまざまな側面である。テーマや内容が「what（何を・何について）」に関わるのに対して、やり方は、「how（どうやって・どんなふうに）」ということに関わる。やり方について研究する場合、面接の録音テープや録画ビデオが必要となる。セラピストの温かさなどについて評定する場合、第三者である評定者が声の質や介入の仕方、または表情やセラピストの姿勢などから評定することもできる。しかし、第三者の評定が必ずしもクライエント本人が受けた印象と一致しているわけではなく、それをどのようにクライエントやセラピストが体験したかということのほうが重要になる場合もある。

やり方の次元は、セラピストやクライエントの感情的やりとりを直接的に伝えるために、クライエントの感情体験や瞬時にして起こる感情的やりとりを研究するときに非常に重要である。クライエントの声の質からクライエントがどのように自身の体験と関わっているのか評定する「クライエントの声質分類尺度（The Client Vocal Quality Scale）」(Rice & Kerr, 1986) という尺度や、セラピストの非言語メッセージの分類法なども開発されている。セラピストの非言語的な側面について扱った研究は少なくない（たとえば、Hill et al., 1992a, 1992b, 1993）。

④ 質 (quality)

質とは、1つの介入がどれだけうまく行われたかという判断である。それは、複数の要素が複雑にからまっているため、何が質と関わるのかという点は明確ではない。質の判断には、上に挙げた3つの次元が関係しているだろう。それは、介入の選択とその意図の適切さ（たとえば、クライエントが矛盾していることを言って行き詰まっているので直面化することが必要であるのに、どうやって伝えてよいか分からず、ただ言い換えをしてその機会を逸した）、テーマと内容（クライエントが最も伝えたいことから離れてしまった）、やり方、またはセラピストの非言語的コミュニケーションの仕方（クライエントの気持ちを反射するときに自信がないため、目を合わせないで言ってしまった）などの総合的な判断であり、セラピストのコンピタンスと深く関わる。これらに加えて、タイミングと1つの介入がどれくらい効果的な表現になっているかという

点も，質の判断に関係している。たとえば，セラピストの解釈がいくら正しくても，クライエントの思考回路とは全く異なっていたり，感情的にピンとくることがなければ，クライエントにとって治療的意味を全くもたないかもしれない。セラピストとの治療関係も確立されていないときにクライエントの問題の起源に関する解釈が伝えられる場合は，その解釈がいくら正しくても，クライエントにとっては批判や攻撃としか聞こえないかもしれない。また，正しい解釈でも，それがクライエントの体験の仕方にフィットしないような言い回しが使われる場合，その表現がくどかったり長すぎたりする場合，最も重要な部分がクライエントに通じない。同じ内容でもその表現によってクライエントに責められた，理解された，共感されたと，異なった体験を引き起こすだろう。

「質」の判断は，クライエント，セラピスト，第三者の評定者に面接の録音テープ，または録画テープを聴かせて評定させることによってできる。ただし，3つの視点からみた質は一致しないことが多い。「この介入はどれくらいうまくできていますか」という質問に対して尺度を使って評定させても，その質問の意味づけは回答者によって異なるために質に対する評定の単純な比較がどれだけ意味のある比較になるか疑わしい。クライエントは自分にとってどれだけ役立ったかという視点から評定するかもしれないし，どれだけ感情的に快・不快だったのかという次元から判断するかもしれない。もう一方で，セラピストや第三者による評定は，臨床経験のレベル，理論アプローチによって異なる。質の評定には，上に挙げたように総合的な判断がなされるため，より具体的に判断の軸を示すことが必要だ。

4 理論アプローチ

研究者は，ふつう1つの理論アプローチに立っている。研究者の理論アプローチはリサーチクエスチョンの選択，尺度，分析法の選び方，結果の解釈に影響を与える。異なる理論アプローチのプロセスを測定し，比較するための汎理論的な尺度も多くある。先に紹介したCBSやHCVRM-Rも汎理論尺度とされている。「汎理論」ということは，理論アプローチの影響を受けないという意味ではない。異なる理論の心理療法を比較できるという立場は，異なるアプローチの共通する要素やアプローチ固有の要素を捉えることができると考える統合的な立場である。

尺度を使った研究では，尺度が開発された理論背景や，その尺度がどのようにして先行研究において使われてきたのかということも知ることが必要である。たとえば，体験過程スケールは，もともとクライエント中心療法においてクライエントがどの程度自分自身の感情体験の意味を自己にひきつけて探索し，受容しているのかという度合いを調べるために開発されたが（コラム 3），クライエントが面接で語る内容にどれだけ感情的に深く関わっているのか（emotional involvement），感情体験の深まり（depth of emotional experience），感情表出（emotional expression）などの指標としても使われてきた。そして，認知行動療法，精神力動療法などでも，その平均値が高いほど心理療法全体の効果も高いことが実証的に示されてきた（Klein et al., 1986）。

　尺度評定を行う評定者の理論アプローチを考慮する場合もある。これは評定にどの程度の推測が必要とされるかということとも関係している。たとえば，クライエントの非言語的行動を評定し分類する場合などは，評定者の理論アプローチにかかわらず同じような評定が得られるかもしれない。もう一方で，クライエントの転移感情や防衛などより抽象的な理論概念と関わるために，評定をするために理論的知識や臨床経験が必要となる場合，評定者の理論アプローチをどの程度均質的にするかということにより，評定の合意率だけでなく概念の意味も変わってくる。

コラム●3　体験過程スケール（Experiencing Scale）

　感情体験の深さを測定する尺度として最も頻繁に使われてきたのは，体験過程スケール（略称で EXP）である。EXP は，ロジャースのクライエントが実際の面接において通過する「建設的な人格変容」の達成へと向かう変容プロセスを評定するための尺度である（Klein et al., 1986）。その全過程は 7 段階に分けられ，1 段階から進むにつれて，クライエントは体験から疎遠な位置から体験を受け入れる位置へと移動すると考えられた。体験過程スケールの平均値が高いほど，セラピストの理論アプローチにかかわらず心理療法の効果が高いことが知られている。平均値は，クライエント中心療法や精神力動療法のクライエントのほうが，認知行動アプローチのクライエントより高い（平均は 3 点台前半である）。以下に 7 段階を示した。

　第 1 段階：① 個人は自己について語らない。② さまざまな気持ちやそれらの主観的意味は認識されず，また所有されない（自分のものとして収められな

い)。③ 親密で率直な対人関係は，脅威であるとか，苦痛であると知覚される。

　第2段階：① 話す内容が自分にとって重要であることはっきり認めるが，感情的な関わりは意識されない。② 自己・感情表出がより自由に生じはじめるが，問題は自己の外部にあると知覚され，気持ちは所有されない。③ 個人はまだ主観的体験に接触しておらず，自己矛盾があってもそれに気づいていないことがある。④ 葛藤や問題がこの段階で認識されていることもあるが，それらは自己の外部にあると認識される。

　第3段階：① 状況，気持ち，またそれに関わる主観的意味がより自由に表現されるが，それらは過去のものとして話され，そして，しばしば悪いとか許せないものとしてみられる。② 体験における矛盾，そして問題が自分の中から起こっていることを認識しはじめる。③ 個人が選択することは，しばしば効力のないこととみなされる。

　第4段階：① 個人は感情とその意味を現在起こっているものとして，また所有されているものとして描写する。しかし，より激しい感情はそれが起こっている時点で体験されず，ただ言葉で描写されるにとどまる。② この段階では体験における矛盾がよりはっきりと気づかれ，個人はそれに対する関心を言葉にする。個人は問題を自分のものとして収めはじめ，体験と自己の不一致を認識し，また他者に対する感情を自ら進んで表出する。

　第5段階：① 数多くの感情が今体験されているものとして，自由に表現される。② それらの感情は自分のものとして収められ，また自己受容される。③ 以前否定されていた感情は体験されるが，やはりここでもまだ恐れられている。

　第6段階：① 感情が即時的に体験され，受け入れられて完了するまで流れる。② 個人は完全に体験を受け入れることができ，それを，意味の明確なレファラント（準拠点）として，そして，より適切な選択をするために用いる。③ 内的なコミュニケーションは解放され，妨害されない。

　第7段階：① 個人は新たな感情を即時的にそして豊かに体験する。② 個人は，自分自身の内的過程に対しての信頼を発展させ，それを体験することが行動の明確な指標となる。③ 自己システムは解放され柔軟性に富み，新しい体験から得られる情報に対して開かれている。

5　分析の単位

5-1　マイクロプロセス

　質問紙を使った研究における分析の単位は，決まって1人の被験者である。もう一方で，時間的な流れの中での変化を扱うことが多いプロセス研究では，それよりも小さい単位が使われる。瞬時ごとの変化を捉えるために，1単語，1文，相手の発話で前後が区切られた発話順番（speaking turn），思考の単位（thought unit）が使われる。これらは，面接プロセスを細かくみていくことから，マイクロプロセスと呼ばれる。

　1単語，1文，発話順番などを対象とする場合，その単位の設定は比較的簡単であり，面接のトランスクリプトから判断できる。思考単位は，クライエントとセラピストが録画ビデオ，または録音テープを振り返りながら，自身の意図していた介入や反応がどこからはじまりどこで終わるのか指定する単位である。特に尺度による評定が中心となる研究では，発話順番を1つの単位として使う場合が多い。たとえば，さきほど紹介したセラピストの反応形態の尺度は，発話順番に1つの評定を与える。ただし，1つの発話順番に2つ以上の反応形態が使われている場合もある。たとえば，セラピストの「それではずっとお父さんのことで苦しい思いをしてきたのですね。思春期に父親との関係が悪くなりがっかりする人はとても多いようです」という発言の前半は，「反射」にあたるが，後半は，一般的な思春期の体験に関する専門的な情報の提供である。このような場合は，どちらがセラピストの最も意図するところなのか，または大切な介入なのかという基準を設けて，最終的に1つの評定を与える場合が多い。そのあとに行う統計的分析をやりやすくするためである。

5-2　より大きな単位

　もう一方で，より大きな単位としては，5分，10分など，研究者が任意に決める時間の単位，出来事，一面接，治療段階，心理療法全体がある。出来事とは，1980年中頃に用いられるようになった「意味の単位」であり，重要なやりとりを理論的に定めるか，または参加者に区切らせる。

意味の単位を設定するために，これまでいくつかの方法が考案されている（Elliott, 1984）。第8・9章で説明するが，グリーンバーグは，課題分析の方法を考案した（Greenberg, 1984）。課題とは，あるクライエントの発言が指標となってはじまる一連の介入を指し，明確なはじまりと終わりの指標がある。グリーンバーグは，ゲシュタルト療法とクライエント中心療法を統合した心理療法を開発する際に，2つの椅子の対話や空の椅子との対話の技法のプロセスをこの方法によって調べた。

　たとえば，2つの椅子の対話では，クライエントが何らかの自己分離を体験する発言（例：「もう止めたいっていう気持ちと絶対に止めちゃだめだっていう気持ちが自分の中にある」）を示す発言が課題のはじまりを示す指標であり，そこからこの気持ちの葛藤が解決したことを示す指標（例：安堵感，新たな統合された見方の表れ）までを1つの「課題」の単位とした（Greenberg, 1984）。一方エリオットは，面接の参加者であるクライエントとセラピストに面接終了後に質問紙とインタビューを実施し，自分にとって最も役立った場面がどこからはじまりどこで終わるのか，同定してもらい，「重要な出来事（significant events）」の単位と考えた（Elliott, 1984）。

　発話順番やそれよりも細かい1単語や1文を単位にすると，臨床的にあまり有用ではない知見しか得られないという批判も出ている（Elliott & Anderson, 1994; Greenberg, 1986; Marmar, 1990）。セラピストとクライエントの発話順番に評定を与え，どのような介入が，洞察，探索などの臨床的に価値のあるクライエントの反応を喚起しているのか，統計的に調べる研究が過去に多くみられた。そのような研究では，個々の反応が起こる文脈が無視されており，そこから得られる知見は，「クライエントとセラピストが置かれた状況にかかわらず，セラピストが解釈すると何％の確率でクライエントの洞察が起こる」というような，実際の臨床におけるセラピストの考え方，または介入の仕方とはほど遠い情報となってしまうというのである。

　現象によっては，数回以上の面接の分析が必要となるケースもある。たとえば，転移について研究するとき，1回の面接における出来事の分析ではなく，心理療法全体を通しての変化についてみていく必要があるだろう。

　ヒルとオーグレイディー（Hill & O'Grady, 1985）が，セラピストが1回の発話順番においてどのくらいの時間話しているかその平均を測定したところ，約1分であった。ホーバスら（Horvath et al., 1990）は，面接終了後にセラピストに面接のビデオを見せ，自身の介入意図が変わった時点を指摘してもらったところ，約6分から8分が1つの単位となった。

1回の面接全体に評定を与えるのは，非常に時間がかかる作業であるために，面接の一部に評定を与えるだけでも全体に評定を与えるのと同じ結果が得られるのかという点に関しても，検討されてきた。たとえば，キースラーら（Kiesler et al., 1967）は，無作為に取り出した2分，4分，8分，16分の面接の一部に対して，先述の体験過程スケールを使ってクライエントの発話順番を評定したところ，平均値は，評定箇所が長いほど高くなる傾向がみられた。もう一方で，ワイズら（Weiss et al., 1988）は，セラピストとクライエントの行動チェックリスト（Therapist and Patient Action Checklists）を使って，面接全体に対する評定と面接の前半に対する評定得点を比較したところ，有意な差はみられなかった。尺度を面接の一部のみに使うことによって評定作業を簡易化することはプロセス研究者にとっては興味深いトピックである。しかし，面接の一部から全体を判断するということは，面接のどこが重要な場面なのかという臨床的判断を使わないため，大切な場面を見落とす可能性もある。

　研究において分析の単位を選ぶとき，研究者はまず何よりもその単位が臨床的にどのような意味をもっているのか，検討することが必要である。マイクロプロセスを研究する場合，単位が細かすぎるために，それらを分析することによって臨床的意義が薄れないかどうかということを考慮しなければならない。また，マクロプロセスを研究するときには，一方で評定の労力と時間を減らしながら，面接全体の印象がつかめるように，面接から取り出す部分の長さを設定する。

6　まとめ

　本章では，プロセスを分解し，どんな角度や視点（セラピスト，クライエント，調査者）からどこに（内的プロセス・行動，テーマ，やり方，質）焦点を当てることができるのかについて説明した。また，研究者の理論的立場が研究にどのように影響するのか，プロセス研究の単位の問題にふれた。読者は，まず自分がどんな理論的立場に身を置き，プロセスのどんな側面を調べたいのか考えるとよいだろう。

📖 学習を深めるための参考文献

Five dimensions of therapy process.

Elliott, R.（1991）．*Psychotherapy Research, 1,* 92-103.

　本章で紹介したエリオットのセラピープロセスの概念モデルであり，観察の視点，焦点が当てられる対象，プロセスの諸側面，単位，段階・流れという5つの次元について説明している。これらの次元について知ることはプロセス研究を計画実施する上で必須であるが，臨床的にも役立つだろう。

Research on the process of change.

Greenberg, L. S.（1991）．*Psychotherapy Research, 1,* 3-16.

　グリーンバーグは，心理療法の効果と個々の発話ターンのあいだをつなぐ鍵となる中間的な単位として重要な出来事を提案している。エリオットの5次元モデルと比較することによって，より理解が深まるだろう。

第3章

プロセス研究のプロセス

1 はじめに

　本章では，プロセス研究を計画・実施し，その結果をまとめて発表するまでの流れを紹介する。その中で，クライエント中心療法と精神力動療法におけるクライエント体験を比較する研究の立案と実施の例を挙げた。本章に提示した表を，チェックリストとして読者が使うことができるようにした。プロセス研究を進める上で研究者が出くわす問題について述べ，リサーチクエスチョンの立て方，データ収集，データ分析法，結果のまとめ方，論文執筆において心がけることについてまとめた。

重要なターム

リサーチクエスチョン　　研究においてデータを収集・分析することによって答えようとする問題である。何をどこからどこまで明らかにするのか具体的であり，その条件が明確でなければならない。

注釈入りの文献目録　　読んだ論文の要約と研究者が行おうとする研究との関連性についてのコメントをまとめた，文献リスト。

研究プロセス　　問題意識をより具体的で限定的なリサーチクエスチョンに変換し，データ収集と分析，論文執筆とその発表までを含む作業プロセス。多様な作業をこなす力が求められる。

2　研究の喜びと困難

　プロセス研究を進める中で研究者はさまざまな喜びを体験するだろう。面接のテープを繰り返し聴いているうちに，それまでは全く気づかなかったクライエントの変容の一側面とセラピストの介入の関係が明らかになったり，セラピストの一度ずつの介入のやり方や質に関して，さまざまな評価ができるようになるだろう。プロセス研究を行うプロセスにはさまざまな発見があり，セラピストとクライエントのやりとりをみる目がそれまでにないような形で養われる。

　もう一方で，プロセス研究は時間と労力を要する。大学院を修了し，臨床家として働きはじめるとかなり忙しく，プライベートな時間を使ってでも研究を続けたい，と強く願っていながら，実際のところ，仕事のあとや週末にはもうぐったりして研究どころではないという落胆を味わった人も少なくないはずだ。大学院のように研究をすることが必須とされず，研究指導などのサポートがなく，研究が仕事の一部として組み入れられていない場合は，臨床家が研究を継続するのが難しい。

　表3-1に，プロセス研究を進める上で起こりやすい問題を研究の段階ごとに示した。プロセス研究に必要な作業は時間がかかり，ひとりでできないことも多い。他の共同研究者とのスケジュール調整となるとまた困難度が増す。これまでにもふれてきたようにプロセス研究では，扱うデータの性質によってデータ収集に困難がつきまとう場合が多い。そのためしっかりと練った研究の見通しを立てることが重要である。最終的に研究を行った体験が後悔や失敗感に終わらないようにするには，本章に示された各段階での作業に，じっくりと時間をかけて取り組むことが必要である。

3　リサーチクエスチョンを定める

　研究はリサーチクエスチョンを立てるところからはじまる。おそらく読者は，自身が行った面接から起こった疑問や，理論的文献などを読んでいて，そこに具体的に論じられていない現象に関する疑問をもったことがあるだろう。どち

表3-1　プロセス研究を進めるプロセスで起こる問題

段階	よくある問題
準備	自分の研究と関連のある研究論文を見落としていた。 自分の研究と関係する尺度の存在を見落としていた。 いくつかのデータ収集の方法から最終的な方法を選ぶのに，なかなか決心がつかない。 データ収集を許可してくれるセラピスト，クライエント，または機関のめどが立たない。
データ収集	データが予定の半分も集まらなかった（協力者から断られた，回収率が低かった。雪だるま式で協力者を集めたかったが，誰も紹介してもらえなかった）。 質問紙（尺度）でデータを集めたら欠損値がたくさんあった。 研究協力の承諾書を作っていなかった（または，協力者に渡すのを忘れた）。 インタビューの録音に失敗した（音が小さかった，電池が途中で切れた，録音機を忘れた）。 尺度を使う評定者の訓練に時間がかかった。 評定者間の信頼度が低かった（そしていくら訓練しても評定者間合意率が上がらなかった）。 インタビューのトランスクリプト作りに予想の数倍の時間がかかった。 データ収集が終了するまで予定よりも数倍も時間がかかった。 協力者から倫理面に関して苦情が出た。 データファイルを誤って消してしまった。
データ分析	計画していた分析の仕方がデータとフィットしていなかった。 質的分析に時間がかかった。 分析中がデータが足りないことに気づいた。 分析に協力してくれるはずであったクラスメートが参加できなくなった（または途中で都合により時間がとれなくなった）。
執筆	分析結果がリサーチクエスチョンに答えていなかった。 結果に基づいた考察が書けず，推測になったり，結果の繰り返しになってしまった。 十分な推敲をしないまま提出となった。
終わってから	自分の研究は，失敗だったと感じる。
数年経ってから	後悔 できれば忘れたいと思う。

らも問題意識として重要であるが，このような疑問がすぐに適切なリサーチクエスチョンとなるわけではない。問題意識や臨床的な経験をリサーチクエスチョンに変換するには，どんな理論の視点から，どんな文脈において，何を調べたいのか，という点についてより明確にし，先行研究や理論と関連づけることが必要である。

　卒業論文の課題では，学生が個人的な関心をそのまま論文のテーマとして取

表3-2 リサーチクエスチョンを決めるプロセス

	研究段階	検討事項	具体例
1	出発点（疑問意識）	自分がもっている関心や問題意識を疑問文としてまとめる。	「精神力動療法の効果とクライエント中心療法の効果の違いはどんなところから起こるのだろうか」
2	内容と背景を表す	その疑問をより具体的に言葉にして表す。自分が理解している理論的背景やこれまでの議論、自身がもっている臨床仮説を表す。	「クライエント中心療法では、共感的理解や無条件の肯定が重要だとされるが、精神力動療法では、解釈や洞察が重要なプロセスといわれている。では実際にこの2つのセラピーに違いがあるだろうか」
3	文献にあたる	先行研究・理論文献・臨床文献・事例記述・面接テープにあたり、自分の関心をより具体的にし、何がどこまで分かっていて、どのような点が明らかにされていないのか、どのような視点が役立つのか、ということを明らかにする。	「理論的には2つのセラピーは異なるが、共通因子アプローチによると共通のプロセスが働いているという。理論では異なる2つのセラピーを、実際の面接プロセスではどんな違いがあるだろうか」「効果研究によるとアプローチ間の効果の差は少ない。しかし、クライエントの体験の質は異なるのではないだろうか」
4	対象とされるセラピーを具体化する	対象とされるアプローチにどのような限定を与えることによって問題を最も効果的に調べることができるか。	「セラピスト本人が、クライエント中心療法と精神力動療法アプローチをとると主張するだけでなく、実際の介入がそれらのセラピーの介入法と一致していることが確認されなければならない」「特に中期の面接プロセスでは違いがはっきりするのではないか」
5	対象とされるクライエント、または心理的問題を具体化する	どんなクライエント群に絞るとこの問題を最も適切に検討できるか。	「対人問題や適応問題から起こるうつ、不安の問題などをもつ成人のクライエントに対して、この2つの心理療法アプローチが最も広く使われている」
6	視点を定める	プロセスをクライエント、セラピスト、評定者のどの立場から眺めるか。	「セラピストの視点では理論をなぞっているだけになってしまうので、クライエントの視点から捉えることによって変容プロセスがよりはっきりみえる」
7	プロセスの側面を明らかにする	どんな側面（プロセスの種類、内容、やり方、質など）に焦点を当てるのがよいか。	「セラピストが実際にしたことや介入（プロセスの種類）、雰囲気などクライエントからみたセラピスト（やり方）（質）」に焦点を当てる。
8	方法を具体化する	このリサーチクエスチョンは、インタビューや自由記述、尺度による評定のどれによって最も適切に調べられるだろうか。	「クライエントがどのような体験をしたのかインタビューをすることによって、クライエントからみた「治療的効果」を最もうまく捉えられるだろう」
9	分析方法を明らかにする	どんな分析方法がこのデータを分析するのに最も適しているか。	「クライエントの視点からセラピーをみるが、内的体験よりどんなことが起こったか調べるほうが、2つのセラピーについて比較しやすいだろう。そこで重要事項分析法を使うことにする」

表3-2　リサーチクエスチョンを決めるプロセス（つづき）

	研究段階	検討事項	具体例
10	リサーチクエスチョンを定める	リサーチクエスチョン・仮説を明確に述べる。より具体的な焦点，または下位のリサーチクエスチョンについて述べる。	「クライエントの視点からみると，クライエント中心療法と精神力動療法の役立ったプロセスはどう異なるのだろうか。特に，面接において行われた治療的作業，セラピストの介入と姿勢の2つの側面においての違いを調べる」
11	研究論文の仮タイトルを決める	リサーチクエスチョンをより簡潔に論文タイトルとしてまとめる。中心概念を定める。	「クライエントの視点からみたクライエント中心療法と精神力動療法のプロセスについて——重要事項分析法アプローチ」

り上げたいと希望することが多い。自分自身，または家族や友人の心理的悩み，自身のセラピー体験に関することなどを研究対象とすることで，研究者の動機付けを高めるだけでなく，その問題を経験した者としての知識を活かすこともできるかもしれない。そして，その結果を関連領域の発展のためだけでなく，個人としての成長に直接役立てることができると感じるかもしれない。しかし，このようなトピックを選ぶと研究から感情的な距離をとり，自分とは異なる他者の体験を理解することが難しくなることがある。また，他者からの研究に対するフィードバックが自分自身を否定したり批判するように感じられ，研究自体が苦痛な体験となり，研究対象そのものを見つめられない危険性もある。もう一方で，自身の個人的な体験から離れたトピックを設定する場合，研究を遂行する動機付けが高まらなかったり，そのトピックに関する洞察が起こらなかったりということもある。

　大学院に進み研究者を目指す学生にとって，関心領域を同定して，リサーチクエスチョンを選択することは，ただ単に1回きりの研究課題の設定ではなく，これからもしかすると数年，いや数十年かけて扱っていくトピックを選ぶことにもなるので，研究者としてのキャリアの第一歩としての意味もある。表3-2に，リサーチクエスチョンの発展プロセスを示した。各段階を経るごとにリサーチクエスチョンは，より明確で具体的になり，それが扱う範囲が限定され，研究の焦点が明らかになっていく。

　リサーチクエスチョンにどのようにして答えるのかを定めるプロセスにもいくつかの段階があり，研究をどのように進めるのか，それらの段階ごとに決断していくことになる。表3-3に段階ごとの検討事項を具体例とともに提示した。ここでは，最適なデータの取り方とデータ分析の仕方を決めるのが中心的作業となる。

表3-3　研究計画を立てるプロセス

	研究段階	検討事項	具体例
1	全体的アプローチを決める	質的研究，量的研究，グループ比較，少数の事例記述などを決定する。	クライエントからみた面接プロセスを調べるので，質的研究を行い，クライエント中心療法と精神力動療法で比較を行う。
2	サンプルの取り方を決める	どのような機関や臨床家，またはクライエントなどの協力者を募集するのか，洗い出し，実現可能性が高いルートを挙げる。必要に応じて，2，3のバックアッププランも立てる。	クライエントに直接アプローチをするのは難しいので，クライエント中心療法と精神力動療法をそれぞれ実践する大学教員が大学の相談センターで行っているケースを紹介してもらう承諾を得た。それぞれのアプローチの教員2人ずつ選び，それぞれからひとりずつのクライエントに協力依頼をしてもらうことにした。どのクライエントも数ヶ月以上カウンセリングを継続していることを条件とした。そして，研究参加の心理的悪影響が少ないと考えられるクライエントに依頼をすることにした。 4人のクライエントを確保したいのであれば，念のためバックアッププランとしてもう2人のクライエントからも協力を得るほうがよいとのアドバイスを受けた。
3	データの集め方を決める	どのような手法によってデータを集めるのか検討して決める。（インタビュー，質問紙，面接の録音，またはそれらの組み合わせ）	クライエントに直接会ってインタビューをすることにした。大学の相談センターに来所し，面接が終わったあとに，時間をとってもらうことにした。インタビューは，2つのアプローチを比較するために，回答をある程度統制する必要があるので，半構造化面接を用いることに決めた。
4	適切な分析方法の候補をいくつか挙げて，どの方法が最も適切であるか決める	可能なデータ分析の方法を挙げ，リサーチクエスチョンに答えるための利点や欠点をサンプルの特徴と照らし合わせて検討する。	グラウンデッドセオリー法，合議制質的方法，重要事項分析法，KJ法を比べて，どの方法が最も適切であるのか検討した。実際にセラピストがしたことの特徴を調べるので重要事項分析法が適切であるが，研究者が1人で分類を行うよりも数人の分析者を入れることによってより十分にデータを検討できると考えたので，合議制質的方法のように複数の分析者がデータ分析に取りかかることにした。
5	予備調査の必要性とやり方を決める	インタビュー項目，インタビューの進行について検討する。どのような予備調査をいつ，誰を対象として行うのか決定する。	クライエントへのインタビューは慎重を要するために，予備調査を計画した。セラピー体験がある友人2名にインタビューを行い，録音したテープを振り返ることにした。また質問項目を研究スーパーバイザーやクライエントを提供してくれるセラピストに見せてフィードバックを求めた。データ分析も行い，実際に自分が知りたい内容が得られているのかチェックした。インタビューイーが質問に対して感じた侵入度も評定してもらった。

表3-3 研究計画を立てるプロセス（つづき）

	研究段階	検討事項	具体例
6	倫理的な配慮，問題について検討する	研究を実施する上で起こりうる倫理的問題を洗い出し，それらを予防する対策，もし問題が起こったときの対応について考える。もし，倫理的問題が起こりそうなとき，リサーチクエスチョンやサンプルを一部変更する必要がある。研究協力同意書・録音同意書を作成する。	インタビューがクライエントに与えるかもしれない悪影響について書き出した。そして，それらがどんな状況で起こるかもしれないか想定した。臨床心理士会の倫理規定，大学の研究に関する倫理規定を精読し，自分の研究ではどのような問題が起こりうるのか調べた。また，問題が起こったときの対応についても調べた。クライエントは，セラピストとも慣れており，同じセラピストと今後もカウンセリングを続けていくため，インタビューはそれほど悪影響はないと確認された。
7	研究目的，リサーチクエスチョン，方法の一貫性・整合性を調べる	研究の全体的な目的，研究者の理論的視点，リサーチクエスチョン，方法の諸側面に一貫性があるのか，ということを調べて，他の研究者，または研究スーパーバイザーに確かめてもらう。	研究計画書を執筆し，研究スーパーバイザーおよび同じ研究室のメンバーに読んでもらった。グループ比較は，量的分析のほうが適切ではないかとの指摘を受けた。しかし，クライエントの見方を拾い上げることが本研究の目的であるため，質的方法を保持することにした。
8	研究作業のタイムテーブルを作成する	データ収集，分析，執筆，校正などの実現可能な時間的枠組みを具体的に示す。必要に応じて，必要な備品や消耗品（ICレコーダー，印刷紙など）などを準備する。	データ収集と分析の期間を決めた。インタビューの予定がずれ込んでも論文提出までに余裕があるようにスケジュールを組んだ。
9	研究のスーパーバイザー，機関の承認を得る	研究計画書を提出し，コメントを得る。研究計画を実行する最終確認をし，承認を受ける。	心理相談センターにおいて研究についての説明会を行い，研究に対する理解を得た。

4 研究計画を立てる ① ── データの取り方

4-1 データの形態とその種類

　プロセス研究を行う上での最も大きなハードルは，データを集めることであろう。どんなに興味深く臨床的に有用なリサーチクエスチョンを思いついても，それに答えるために必要なデータが入手できなければ，リサーチクエスチョンを設定し直さなければならない。また，実際の臨床現場において行われた面接を対象とする場合，データの質と量という点でさまざまな制約があるだろう。

表3-4 プロセス・データの形態と種類

データの形態	データの種類	分析法と分析対象
実際の面接テープ	デモンストレーション	課題分析・尺度を用いた評定（セラピスト）
	すでに終結した過去の面接テープ	尺度を用いた評定・尺度を用いた評定（クライエント・セラピスト）
	新たに録音する	尺度を用いた評定・尺度を用いた評定（クライエント・セラピスト）
アーカイブ	面接のプロセスノート	質的分析・内容分析
	過去に刊行された事例研究・事例報告	質的分析・内容分析・事例のメタ分析
クライエントとセラピストの視点	インタビュー	質的分析・内容分析
	自由記述質問紙	質的分析・内容分析
	面接前後に実施する質問紙	統計処理・クライエントのバックグラウンド情報として
より完全なデータ	他の研究者のデータ・アーカイブ	質的分析・量的分析
	アナログ研究	質的分析・量的分析

　データが多様であるプロセス研究では，さまざまな形の研究が可能であり，自分の研究とぴったりあったデータの種類を，現実的な制約の中で選択する。どのようなデータを集めるのかということによって，可能な分析方法も定まってくる。ここでは，代表的なデータの種類とそれらを収集するやり方，そしてそれらを使うのに適したリサーチクエスチョンについて解説する。

4-2 実際の面接テープ

　面接のテープを対象とする場合，分析は尺度を使ってクライエントとセラピストの発話に評定を与えるのが主な方法である。近年では，すべての発話に評定を与えるのではなく，ある特定の治療課題に取り組んでいる場面のみを選び出してから評定を与えるべきだという考え方が強い（Greenberg, 1986a, 1986b）。実際の面接テープには，① デモンストレーション，② すでに終了した過去の面接テープ，③ 新たに録音するテープがある。

① デモンストレーション

　最も入手しやすい面接データは，おそらくデモンストレーションビデオや

DVDである。最も古いものでは,「グロリアと3人のセラピスト」がある。アメリカ心理学会から刊行されている心理療法ビデオシリーズは,これまで約40巻が日本語字幕付きで発表されている。「グロリアと3人のセラピスト」は,1人のクライエントに対して3つの異なるアプローチのセラピーが行われるという非常に興味深い設定であり,セラピストの介入や介入の焦点付けの違いがこれまでプロセス研究の対象となってきた(Stalikas & Fitzpatrick, 1995)。デモンストレーションビデオは,① 実際のクライエントを使ったもの,② 俳優に即興でクライエント役を演じさせたもの,③ ほとんどすべてのやりとりが脚本として準備され,それに沿って実際の面接が再現されたもの,④ ワークショップや訓練の場で実際のクライエントとのライブロールプレイを録画したもの,などがある。

　このようなデモンストレーションの多くは,1回限りの面接であるため,心理療法全体の流れや変化などをつかむことはできない。また,カメラ数台と撮影クルーがみているという特異な状況で行われているのも,実際の面接とは状況が異なる。多くのデモンストレーションは,英語で行われたものに日本語の字幕をつけている。字幕は,文字数に制限があり,クライエントとセラピストの発話の内容の要約が入っているが,正確に2人の発言を再現しているわけではない。これらの制約がありながらも,デモンストレーションということでセラピストは自らが代表する理論アプローチに忠実に介入してくれるため,マスターセラピストとされる臨床家の介入の仕方について学ぶためにとても良い題材である。また,異なる研究者が同じデータを共有し,異なる手法を用いて分析し,研究方法自体を比較することもできる。筆者は,このようなデモンストレーションについて関心がある臨床家や学生が分析を試みることができるように,トランスクリプトを完全な形で訳出し,訳書に提示した(VandenBos et al., 1993)。

② すでに終結したケースの実際の面接の録音

　研究者によっては,すでに終結したケースの面接の録音テープを入手できるかもしれない。当然,研究に使うことの承諾がクライエント自身から得られていることが必須である。このようなテープは,臨床現場で集めたものであるために,査定に関するデータや個人史なども残されているかもしれない。もう一方で,面接の進み方やアプローチに関しても研究者が統制することができないために,研究者が探しているようなやりとりが見つかるという保証はない。また,ケースの数も少ないために,一事例分析や,数回の面接の内容を分析する

ことになるかもしれない。

③ 新たに自分で集める

研究をはじめるにあたって新たに面接の録画や録音を開始し，データを集めることは，おそらく方法的選択肢を最も多くもてるやり方である。第 8・9 章で紹介する課題分析のように，セラピストがある一定のやり方で介入することによって，調べたいクライエントの変化が最も明確に現れるような条件を設定することができる。他の臨床家にも協力してもらえれば，データを集める速度は増す。ただし，来談するクライエントすべてからデータを集められるわけではないので，必ずしも思うようなペースでデータ数が集まらないかもしれない。

4-3 アーカイブデータ

アーカイブデータとは，すでに終了した心理療法に関する記述・文字データであり，セラピストの視点からまとめられているものがほとんどである。セラピストが面接の記録として残した ① プロセスノート，② さまざまな形で刊行されている事例研究や事例報告である。

① プロセスノート

セラピストのプロセスノートは，セラピストが面接終了後にクライエントとのやりとりや面接の印象，クライエントの問題に関する仮説，今後の介入計画などについてまとめたノートである。訓練中のセラピストは，時に面接のやりとりを再現してトランスクリプトを作るようにスーパーバイザーから指示される。しかし，多くのセラピストが自分自身の面接の録音テープや録画テープから発見するように，セラピストの記憶に残らないことは多くあり，記憶のみから正確なトランスクリプトを作成するのは無理である。

面接を行ったあと，ほとんどのセラピストがこのようなプロセスノートをとっているため，プロセスノートの入手可能性は最も高い。しかし，プロセスノートに記載されるのは，セラピストが注意を払ったこと，記憶できたことであり，その長さ，詳細さ，正確さもセラピストによって大きく異なるため，複数のセラピストからの情報を比較することは難しい。プロセスノートは，クライエントの視点や感じ方，実際に何が面接で起こったのか，ということを知るには不十分であり，それが最も反映しているのはセラピストが面接中に注意を払ったことである (Lepper & Riding, 2006)。

② 出版されている研究結果や事例研究と事例報告

　専門誌，大学相談センター紀要，専門書などに発表されている事例研究や事例報告も，プロセス研究の対象として活用できる。これらには，心理療法プロセスの全貌が描かれており，特に長期療法などの流れを捉えるのに役立つ。しかし，プロセスノートと同じように，事例研究や事例報告ではセラピストが情報を取捨選択しており，そのやり方には，十分な系統性や一貫した規則性があるとはいいがたい。

　近年エビデンスベーストアプローチや実証的支持を受けた心理治療 (Empirically Supported Treatments: ESTs) が話題になっている。これらの「実証的支持」の重要なひとつは効果研究のメタ分析であり，それは，発表された効果研究の結果を集計して，全体的な傾向を捉える試みである。このような「メタ分析」の考え方は決して心理療法の効果のみだけでなく，より広くプロセス研究に対しても適用することができる。その方法のひとつが事例のメタ分析である（岩壁，2005）。事例のメタ分析とは，ある基準において似たケースがどのような進行をするのか（つまり，どのような重要なやりとりが起こるのか），質的に分析する方法である。たとえば，不登校の中学生に対して，訓練生が長期的な関わりを行うとき，どのようなプロセスで面接が進んでいくのか，ということを発表された類似ケースをいくつか選んで，共通プロセスを抜き出す。事例研究や報告はさまざまな専門誌や紀要などに散在しているため，それらが共通して示すこと，中心的なプロセスとそれぞれの事例の特殊性の区別がつきにくい。また，心理療法の専門書の多くは，経験豊富な臨床家の視点から論じられているために，初心者やそれほど経験が豊富ではない臨床家がどのような面接作業を行い，どのような点において苦労したり，困難を感じているのか，というイメージがつかみにくい。事例のメタ分析は，より広く臨床実践を捉えることを可能にする。しかし，情報はセラピストの目というフィルターを通しており，論文としての形式にも制限を受けているため，そこから導かれた結果を直接的に収集したデータと比較することによって検証する必要がある。

4-4　クライエントとセラピストの視点

　心理療法の参与観察者であるクライエントとセラピストから情報を集めるには，① インタビュー，② 自由記述質問紙，③ 選択による回答式の質問紙という3つの方法がある。

① インタビューデータ

　プロセス研究において最近 10 年間で質的研究が増え，セラピストやクライエントにインタビューを実施して，それぞれの体験の性質を明らかにする研究が目立つようになってきた。セラピストへのインタビューによる質的研究については，第 4 ・ 5 章で，クライエントの主観的体験の研究は，第 6 ・ 7 章において詳しく説明する。

　インタビューデータの利点は，クライエントの言葉にされない内的体験やセラピストの意図や仮説を作る認知過程など，本人に尋ねることによってしか到達できないデータを得ることができる点である。インタビューデータは，グラウンデッドセオリーなどの質的方法を用いて分析されるか，もしくは，あらかじめ決められた分類方法によって分けられる。前者の質的方法を用いて分類法を定めたあとに，その分類法に基づいて得られたデータを量的に処理することもある。

　インタビューデータは，「面接において何が起こったのか」ということよりも，面接において起こったことをどのように体験したのか」ということを伝える。該当する面接の場面の実際の録音データがない，もしくはその入手が困難なとき，インタビューデータを頼りに，面接で実際に起こったことの暫定的なモデルを作ることもある。

　クライエントとセラピストの体験は，個人独自の時間軸に沿って語られる。面接のある局面について非常に細かに述べられるかもしれないが，どの場面のやりとりとつながっているのか，そこで何が起こったのか（何をセラピストがどんな表情で話したのか，など）といったこととの，つながりが不明確である。この点は，質問紙によって集められたデータと似ている。このため，インタビューデータもほかのプロセスデータ（たとえば，面接自体の録音テープ）と組み合わせて使われる。たとえば，クライエントやセラピストが，面接のビデオやテープを再生しては，一時停止し，その場面において感じたことを語る IPR 法を使った面接（第 7 ・ 8 章）では，より具体的にどの場面において，どんなセラピストの介入（またはクライエントの発言）に続いてある反応が起こったかという点も明らかにされる。

② 自由記述データ

　インタビューデータと並んでセラピストとクライエントの主観的な見方を知るために，自由記述式の質問紙がよく使われる。面接体験に関するインタビュ

ーは個人的な体験であるため，カウンセリングと同じようにプライバシーが守られる場所において行う必要がある。もし，電話で行うのであれば，インタビュー協力者がひとりでいる時間などをみつけなければならない。インタビューと比較して，自由記述は，協力者が都合の良いときいつでも回答でき，多くの協力者からデータを集めることが可能である。しかし，回答時の状況を統制できないため，回答の長さにばらつきが大きくなり，ある回答者からはかなり細かな記述が得られても，他の回答者からは，数語，数行の回答しか得られず，分析の段階で困難にぶつかることもある。

③ 面接後の質問紙

プロセス研究によっては，面接自体の分析ではなく，面接のさまざまな側面に関して，面接後にセラピストとクライエントに質問紙に回答してもらうことによって，プロセスについて調べることがある。面接終了後に実施する質問紙によるデータの採集は比較的簡単で，50分の面接に関するクライエントやセラピストの見方を5分か10分程度の時間で集められるという利点がある。たとえば，クライエントとセラピストの治療関係に対する見方を測定する援助同盟質問紙（The Helping Alliance Questionnaire: HAQ: Luborsky et al., 1986）は，セラピストとクライエントが面接終了後すぐに回答する。質問数が少なく，回答には5分ぐらいしかかからないため，クライエントに大きな負担をかけることはない（表3-5）。また，クライエントの面接に対する主観的な体験を知るために使われる面接評価の質問紙（Session Evaluation Questionnaire: SE: Stiles et al., 1994）は，21組の形容詞の組（リラックスした－緊張した）のどちらに面接での体験が近いのか，7件法で評定させる（葛西, 2006）。

これらの質問紙は，面接の全体的な印象（マクロプロセス）について尋ねたものであり，クライエントの印象や感じ方が面接のどの場面から起こっているのか（マイクロプロセス），ということは分からない。たとえば，あるクライエントが，面接が役立った程度を7件法で，4と評定したとき，クライエントは，面接全体が「平均的」であったと感じているのか，それともとても良い場面ととても悪い場面があり，両方が相殺され，中間点になったのか分からない。上記のHAQであれば，作業同盟の評定がとても高かった面接は，全体的に感情的なつながりが強くあったのか，それともクライエントが感情を表した特定の場面でつながりがよく感じられたのかということが同定できない。

質問紙から得られたプロセスデータは，研究者が興味をもつ変数を測定し，そのままデータ分析の対象とされるためだけでなく，以下の2つのやり方で補

表3-5 援助同盟質問紙の一部

援助同盟質問紙 —— クライエント版
(Helping Alliance Questionnaire, Patient Version)

教示 以下は，人がもうひとりの人間（セラピスト）に対してもつ感じ方，もしくは振る舞い方です。あなたのセラピストとの関係について注意深く考えて，どのくらい合意するかまたは反対かという点から一つずつの項目に印をつけてください。すべての項目に答えてください。

	全くそう思わない	そう思わない	あまりそう思わない	少しそう思う	そう思う	全くそう思う
1. セラピストに頼れると感じる	1	2	3	4	5	6
2. セラピストは，私を理解していると感じる	1	2	3	4	5	6
3. セラピストは私が目標を達成することを願っていると感じる	1	2	3	4	5	6
4. 時にセラピストの判断を疑う	1	2	3	4	5	6
5. セラピストと一緒に共同作業に取り組んでいると感じる	1	2	3	4	5	6
6. 私の問題の本質に関して2人は似通った考えをもっていると思う	1	2	3	4	5	6
7. 私に対するセラピストの見方をだいたい尊重できる	1	2	3	4	5	6

（注）援助同盟質問紙は，質問数が合計19あり，クライエントとセラピストの並行版がある。
(Luborsky et al., 1986)

助的に使われる。1つめは，効果研究において，段階的な成果や変化を調べるために使われ，最終的な成果とこれらの質問紙から得られたデータの相関が調べられる場合である。先ほども述べたが近年の効果研究では，介入前と介入後に変化があったのかということだけでなく，介入前・中・後期にどのような変化の軌跡を描いたのかということにも研究者の関心が及んでいる。面接後に実施が簡単であり，信頼度や妥当性が検証されている質問紙は，治療段階ごとの変化を調べるための非常に有用な道具となっている。

次に，分析対象となる面接の位置づけを明らかにし，ある特定の面接を抽出するために使われる。どんな面接なのか（セラピストまたはクライエントが役立ったと評価した面接，作業同盟に亀裂が入った面接，クライエントとセラピストの意見が割れた面接など）ということによって，その面接の見方が異なる。また，特にクライエントの評価が高かった面接を分析対象としたい場合，このような質問紙の結果をみるだけで，すぐに選び出すことができるだろう。

プロセス研究や効果研究では，一般的に3つか4つぐらいの質問紙からなるバッテリーが，2回か3回の面接に一度の間隔で使われることが多い。よく使

われる質問紙は，作業同盟に関する質問紙（WAI, HAQ），面接の印象や成果に関する質問紙（SEQ, SIS），うつ（たとえば，Beck Depression Inventory: BDI ベックうつ病自己評価尺度）や不安などの症状に関する質問紙である。質問紙の数と頻度は，多ければ多いほど，研究者としては厳密な検討ができるのでより優れたデータ採集の方法のように思えるが，クライエントやセラピストに負担になったり，あまりにも評定の回数が多いので，クライエントがよく考えないで回答してしまうという危険もある。

4-5　より完全なデータを得るために

① 研究アーカイブからのデータ取得

　自分自身でプロセスデータを集めるのには，非常に時間がかかるし，個々の臨床家にあたっていても，さまざまな面で不備の少ないデータを集めるのは難しいという場合，すでに大きなデータバンクをもっている研究者と連絡をとるのもよいだろう。この場合，主に海外の研究者と交渉することになり，実際のデータの受け渡しなどを考えると，海外に何度か出向いていく金銭的資源も外国語力も必要である（データはすべて外国語であるので，分析も外国語となる）。また，リサーチクエスチョンもデータを所有する研究者と話し合う中で決められるという制約もある。

　このようにみていくと，多くの条件を満たすことが要求される難しい企てのように感じるかもしれないが，データをこのようにしてシェアさせてもらうことの恩恵は非常に大きい。そのような大きなデータバンクがあるということは，すでに完了した研究成果もあるはずである。したがって，自分の研究をそれらの成果に積み上げることができる。また，そのデータバンクがある研究チームのメンバーと交流し，意見交換ができることも大きな利点である。すでに完了した尺度評定データなども入手できるために，研究の幅が広がるだろう。卒業論文や修士論文などで研究を考える学生にとって，研究というと個人のプロジェクトという印象が強いかもしれない。しかし，多くの研究者にとって研究とは，知的にも，作業の面でも，他の学生や研究者（そして，研究に参加してくれるクライエントやセラピスト）との共同作業であり，交流することからお互いの理解を深め合うことができる。

② アナログ研究

　プロセス研究において，ゼロからデータを集めるときの代表的な方法は，ア

ナログ研究であろう。アナログ研究では，ボランティアの学生などにクライエントとして協力してもらい，ある一定のやり方に従って1回から数回の面接を行い，そのプロセスを調べる。アナログ研究は，ある程度研究者が自由に面接の設定を操作できるので，仮説の検証もできる。また，面接の録音だけでなく，面接終了後に参加者にインタビューを行ったり質問紙を実施し，多角度からデータを集めることができる。もう一方で，ある特定の介入の仕方を実践してもらうのであれば，セラピストにあらかじめ，その面接方法をトレーニングして，そのとおりに介入できているのかチェックすることも可能である。

数回の面接においてかなり深い個人的な内容までふれるべきか，また，統制群に割り当てられた協力者に何か害を与えないかという倫理的な側面にも注意を向ける必要がある。アナログ研究の弱い点は，実際の臨床の状況とはかなりかけ離れている点である。面接は数回しか実施しないことから，治療初期のカウンセリング過程やインテーク，初回面接などの状況を理解するために役立つだろうが，より長期的な療法においてみられると考えられる転移や人格変容などといった現象を扱うのには適していない。

5　研究計画を立てる②　——　データ分析法

データ分析方法は，データをとったあとで決めるのではなく，リサーチクエスチョン，データの種類とデータ収集の仕方を定める時点で決める必要がある。ある分析方法がどんな研究状況においても優れているというわけではなく，リサーチクエスチョンとデータの性質に最も適した分析法を選ぶことが重要である。表3-1でみたように，卒業論文や修士論文研究に取り組む学生が苦労してデータを集め，いざ分析しようと試みると，データと分析方法が合わない，または適切な分析方法が見つからないということが頻繁に起こる。また，分析する時間が足りず，集まったデータの大部分を分析対象からはずすという事態が起こることもある。量的研究ではデータをコンピュータのファイルに入力したあと，統計分析のソフトを使って比較的短時間で分析が終了する。もう一方で，質的研究では，録音データをトランスクリプトに文字起こしする作業に手間がかかるだけでなく，そのトランスクリプトを何度も読み直し，カテゴリー化し直す作業が要求される。そのため，論文執筆の時間がなくなり，十分に結果の考察ができないこともある。

プロセス研究では，心理学において発展してきた統計法やさまざまな質的分析法を用いる。本書ではこれらの手続きに関して説明は加えないので，データ分析について詳しく知りたい読者は，章末の参考文献を参照してほしい。データ分析の手順に関しては，リサーチクエスチョンとの関連から第5・7・9章で実際の研究例を挙げて説明する。

6　研究計画書の作成

　研究計画の最終段階は，研究計画書を書き上げ，それを発表し，研究実施の承認を得ることである。機関によっては，研究構想の発表会で研究計画を発表し，研究指導の教員や倫理委員会の承認を得ることが必要となる。研究スーパーバイザーや他の研究者の意見を検討することによって見落としていた実施に関する問題がよくみえてくる。フィードバックを取り入れて計画を修正することも，スケジュールの一部として加えておく。研究計画書の見出しを表3-6に提示した。

表3-6　研究計画書の見出し

	見出し
1	要約
2	問題と目的（小見出しをつける）
3	リサーチクエスチョン・仮説
4	研究デザイン
5	サンプル・協力者（属性，選定，または除外の基準）
6	倫理的配慮
7	データ収集の手続き
8	データ分析の手続き
9	結果報告の仕方
10	予想される結果
11	予想される研究の貢献（理論・研究・臨床・訓練への含み）
12	現在の問題・課題点
13	文献リスト
14	タイムテーブル・費用・備品とその管理
15	研究協力同意書・インタビュー質問リスト，インタビュースケジュール，尺度の実物の添付

7　論文の執筆

　素晴らしい研究結果が出たとしても，それを論文としてまとめて発表しなければ，その分野に貢献できない。研究者に必要な資質は研究を計画・実行する構想力・創造性・行動力だけでなく，論文としてまとめ上げる筆力も含まれる。論文を執筆する中で批判的な読者を想定し，研究の「穴」を指摘されるのではないかと思い，不安が高まることがある。自身の研究の良さ，潜在的貢献をみつけるのは比較的難しく，逆に問題点は山となるほど思い浮かんでくることがある。自分自身の研究に対する極端に否定的な見方は残念ながら非常に一般的で，優秀な修士論文研究の多くが，専門誌に発表されないまま，本人の自宅と一大学の図書館に眠ることになる最も大きな理由である。

　このような否定的な見方が強いと，執筆作業に苦痛を感じ，執筆中に孤立し，ひとりで思い悩んだりすることが多くなる。表3-7にまとめたように，自己批判をうまくコントロールし，自分の執筆方法をみつけ，他者のフィードバックにオープンになることによって，執筆作業はよりポジティブなものとなる。

　論文執筆は，リサーチクエスチョンを考える段階からはじまっている。研究を進める中で必ず続けるのは，関連する先行文献を詳読することである。論文を一度読んでも方法などについてはすぐに忘れてしまうだろう。そこで，注釈入りの文献目録（annotated bibliography）を作るとよい。論文を読むごとに，その内容を簡単に要約し，自分の計画する研究にどのような示唆があるのかまとめる。このように批判的にそして自分の研究と関連づけて先行文献を詳読し，それをまとめることによって論文執筆に必要な視点を養うこともできる。表3-8に注釈付きの文献目録の一例を提示した。

8　研究結果の発表

　研究結果は，① 大学において行われる卒業論文・修士論文発表会，② 研究者や臨床家の有志が行う勉強会，③ 病院，クリニック，各種相談所で行われる定期的な研究会，④ 臨床心理学・心理療法関連の学会の専門誌，⑤ 臨床心理

表3-7　論文執筆の苦痛とトラブルを少しでも軽減するための対策

先行研究や文献の使い方
1. 先行研究を読んだら注釈入り文献目録を作成する。
2. 発表された論文の書き方を参考にする。自分の研究と似た研究デザインを使った論文の論の進め方，見出しなどを参考にする。このような論文は何度も読み返す。
3. 同じ研究法を用いた2つか3つの論文の執筆の仕方を比較する。問題と目的，方法の各パート，結果，表や図，考察の節ごとに見直して，自分が良いと思う部分，その理由について考える。

いろいろな執筆法を試す・自分の執筆法をみつける
1. 毎日少しずつでも執筆する習慣をつける。毎日執筆時間を作る。自分のリズムをみつける。
2. とりあえず書いてみる。自分の考えを検閲せず，自己批判的にならず，そのまま文字に表す作業に慣れる。
3. 自分の執筆法をみつける。全体の流れを図にして表す，見出しのみを並べてみる，コンピュータに直接タイプする，ノートを作るなど，取りかかりやすい方法を試してみる。
4. 他の人と執筆の仕方の情報を交換し，異なったやり方を試してみる。自分のやり方に関してのフィードバックを求める。
5. 他の人に自分の論文のアイデアを説明することによって，自分の考えていることをより明確につかむ。ゼミや勉強会などといった機会を利用する。
6. ある節，または章でつかえたら，その部分はしばらくおいておき，他のもっと取りかかりやすい部分から手をつける。
7. 自分が書いたものを批判的にみるのではなく，「うまく論が展開された部分」「簡潔にうまく表現できた部分」「伝えたいニュアンスが表現できた部分」など，ポジティブな側面を探す。よく書けたとき，その満足感に浸る。
8. 論文が仕上がったときの達成感をイメージする。

フィードバックにオープンになる
1. 自分の論文を見せることにオープンになる。どんなことを恐れているのか，論文を見せることの「不安」と現実に起こりうる他者の反応を比べてみる。
2. 書きかけ状態にある論文を他の人たちに見せる。一番困っていること，書けない部分を隠すのではなく，その部分に関してアドバイスを求める。
3. 他の人たちに対してポジティブなフィードバックを与える。
4. 論文の内容や執筆作業について話し合うことを楽しむ。執筆作業の楽しみと苦しみを共有する。

何度も書き直すことに慣れ，それを楽しむ
1. 何度も書き直すこと，校正することによって論文はどんどん良くなることを忘れない。一流の研究者でも何度も論文を校正する。
2. 大きく内容を削除したり，構成を変える場合，古いバージョンに別のファイル名をつけてとっておく。そして，どちらが良いか比較できるようにする。
3. 自分が書いたものを繰り返し読んでみる。もし，読んでも頭に入ってこないという「飽和」に達したら，他の人のフィードバックを求める。
4. 「飽和」に達したら，うまく気分転換をする。運動したり，友人にあったりと論文のことを忘れ，もう一度新鮮な気持ちで論文執筆と校正に戻れるようにする（そのためには余裕がある計画を！）。

表3-8　注釈入りの文献目録の例

200X年XX月YY日

Worthen, V., & McNeill, B. W. (1996). A phenomenological investigation of "good" supervision events. *Journal of Counseling Psychology, 43,* 25-34.

要約
本研究は，スーパーバイジーの視点からみた「良い」スーパービジョン体験について現象学的アプローチからの分析を行った。臨床心理学専攻の大学院博士後期課程に在籍する学生8人に対して「良い」スーパービジョン体験についての1時間のインタビューを行い，そのトランスクリプトに対して質的分析をした結果，良いスーパービジョン体験の意味構造が明らかになった。それは4つの時間的に進行する段階で表された。① ベースラインとしての実存的不安（自信のぐらつき，表だって評価されることに対する嫌悪，過去に役立たなかったスーパービジョン体験をもつ，治療的プロセスを効果的に促進できず幻滅を感じるなど），② 場面設定（普段できていることが乱され，不安が起こること，自分がセラピストとして不適格だと感じる），③ 良いスーパービジョン体験の意味（スーパービジョン関係を共感的，非審判的，肯定的と体験する，自己防衛が緩み，スーパーバイザーの意見に対する受容性が高まる，自身の先入観や思いこみを見直す，など），④ 良いスーパービジョン体験の成果（自信の高まり，専門家としてのアイデンティティの成長，概念化と介入の力の向上など）である。スーパーバイザーとの関係の質が，すべてのスーパーバイジーにとって非常に重要であった。

コメント
この研究は，少ない数の協力者を対象としていながら，良いスーパービジョン体験の質を見事に明らかにしている。このような研究では，ふつうグラウンデッドセオリー法や合議制質的研究法が使われることが多いが，現象学的アプローチが使われていた。論文を読んだ段階では，グラウンデッドセオリー法と具体的にどう違っているのかよく分からなかった。45分〜60分という短いインタビューを8人という少ない協力者に行うだけでこれだけ面白い結果が出ているので，分析方法についてもう一度詳しく読みたい。また，多くの引用を使っており，協力者の声がよく伝わってくるのもこの研究の特徴である。良いスーパービジョン体験の意味を良い面接体験と置き換えれば，自分が計画している研究の方法もより明確になるだろう。

キーワード
現象学アプローチ，スーパービジョン，インタビュー，良い体験，協力者8人

（注）コメントとキーワードは，「クライエント中心療法と精神力動療法のクライエント体験の違い」という研究を計画しているという前提で入れた。研究自体のキーワードではなく，研究者の関心からみた本論文のキーワードである。

表3-9 プロセス研究が多く掲載されている専門誌とその出版社,および関連学術団体

タイトル	出版社	学会
Psychotherapy Research	Routledge	Society for Psychotherapy Research (SPR)
Journal of Counseling Psychology	APA	Division 17 (Counseling Psychology)
Journal of Psychotherapy Integration	APA	The Society for the Exploration of Psychotherapy Integration (SEPI)
Psychotherapy: Theory/Research/Pratice/Training	APA	Division 29 (Psychotherapy)
Journal of Clinical Psychology	Wiley	None
Journal of Consulting and Clinical Psychology	APA	
Counselling Psychology Quarterly	Routledge	
Counselling and Psychotherapy Research	Routledge	The British Association for Counselling and Psychotherapy
Journal of Psychotherapy: Research and Practice	American Psychiatric Association	American Psychiatric Association
心理臨床学研究	誠信書房	日本心理臨床学会
カウンセリング学研究		日本カウンセリング学会

学・心理療法関連の学会の年次大会,⑥ 専門書,⑦ 一般書など,さまざまな機会を通して発表できる。学会によって重視される基準が異なるため,論文を投稿する場合,または年次大会での発表に応募する場合など,その学会において求められることを知る必要がある。表3-9にプロセス研究の論文が比較的多くみられる専門誌と関連学会を一覧表として挙げた。たとえば,心理療法統合を考える会(SEPI)は,心理療法統合のあり方,異なるアプローチの異同についての研究を奨励する学会である。心理療法研究学会(SPR)は,心理療法の実証的研究とその方法論的発展を重視しているため,この2つのどちらに投稿するかによって論文の視点が異なる。

　多くの研究者はまず研究が終わった段階かある程度の結果が出たところで,学会の年次大会で発表し,他の研究者のフィードバックを得て研究論文に仕上げていく。大会での発表となると図や表を整理し,どの結果が最も重要であるのか順序づけることによって,莫大なデータによりすっきりとした枠組みを与えることもできる。パワーポイントなどの発表用ソフトを用いることによってアイデアの整理と再構成が促進される。もう一方で,パワーポイントに結果をまとめたからといって,それで発表として十分なわけではない。最終的にそれを伝えるのは発表者自身の言葉であり,聞き手とのコミュニケーションの質が研究自体の良さを理解してもらうための鍵となる。

9　研究の倫理

プロセス研究を行う上での倫理的配慮はカウンセリング・心理療法の倫理とほぼ同じである。プロセス研究は，クライエントのプライバシーに関わる内容を扱い，時に進行中の心理療法に影響を与えるような状況においてもデータを収集するため，研究の倫理的な側面について十分に検討する必要がある。研究者は以下の4点を考える必要がある。

① 研究がクライエントのウェルビーイングを向上させること，そして社会的に有用になること（研究の知見が心理療法の理解に結びついていること）
② 協力者に害がないこと（クライエントやセラピストが心理的苦痛を受けない。またそうなったときの対応を十分に検討する）
③ 協力者の研究参加，参加辞退の意志を尊重すること（もし研究協力を辞退したいとき，いつでもそうすることができる）
④ 協力者を公正で不公平がないやり方で扱うこと（あるクライエントに全く効果がないやり方で長期にわたり接しない）

プロセス研究を行う上で起こる倫理的なジレンマを，表3-10に示した。ク

表3-10　プロセス研究の倫理的ジレンマ

1. ある介入法の効果を調べるとき，協力者を2つの群に分けて1つの群には最も効果的な介入を行い，もう一方の群には，有効でないと分かっているやり方で接する
2. 人格障害，投薬中という理由でクライエントの研究参加を拒否する
3. クライエントやセラピストに心理療法が進行中に情報を提供してもらうことによってプライバシーに何らかの問題が生じる
4. インタビューや質問紙へ回答することで心理的苦痛が生じる
5. セラピストが録音されることを意識しすぎてクライエントに対して普段行っている有効な介入ができなくなる
6. 過去の録音テープをクライエントからの承諾がないまま研究に使う
7. 研究仮説を検証するために，クライエントにぴったりと合っていない介入を試す
8. 安全性が十分に確認されていない新しい介入を試す

ライエントから情報を集めるときに検討するべき倫理的事項については，第6章で解説した．

10　まとめ

　本章では，プロセス研究を計画・実施するプロセスを計画段階から結果の発表まで順を追ってみてきた．そのプロセスには，かなり多様な作業が含まれていた．それらをもう一度挙げると，かなり漠然とした問題意識を具体化・明確化する概念化の作業，先行研究の問題点をみつける批判的視点をとること，適切な研究方法を選択すること，現実的に実施可能なタイムスケジュールを立てること，他者のフィードバックにオープンになること，自分の研究に対して過度に批判的になったり，否定的な側面ばかりを見過ぎないこと，自分の個人的関心を維持しながらもう一方で感情的な距離をとり動機付けと柔軟な視点を維持すること，などである．研究活動をはじめるにあたり，これらの資質を養い，高めていくのは，研究自体を成功させるのと同じく重要である．

　次章からはじまるセクションでは，セラピストの視点，クライエントの視点，トランスクリプトの分析（研究者の視点）という3つの視点からのプロセス研究の，具体的な方法について学ぶ．

📖 学習を深めるための参考文献

Methodological issues in studying psychotherapy processes and outcomes.
Hill, C. E., & Lambert, M. J. (2004). In M. J. Lambert (Ed.), *Bergin & Garfield's Handbook of psychotherapy and behavior change.* (5th Ed.), pp.84-138. New York: Wiley.
　プロセス研究を実施する上での検討事項が詳細にわたり解説されている．特にプロセス尺度を用いた評定を行う上での評定者の選び方，評定プロセスなどについて詳しく説明している．効果研究の方法論についても詳しい．

『動きながら識る，関わりながら考える —— 心理学における質的研究の実践』
伊藤哲司・田中共子・能智正博（共編）（2005）．ナカニシヤ出版.
　日常生活の中から問題意識をどのように発展させるのか，そして単に先行研究の文献を知的にまとめるだけでなく，実践的活動においての気づきや疑問をどう

やって研究へと発展させていくのか,というように研究の活動を広く捉えている点で,プロセス研究について考えるためにもとても役立つ。

『初心者のための臨床心理学研究実践マニュアル』
津川律子・遠藤裕乃（2004）．金剛出版．
　実践家が研究をはじめる上での心得を先行研究論文の読み方,論文作成法まで分かりやすく解説している。研究のすべての段階に関して,たくさんの例を挙げて解説しており,とても親切な入門書である。

> **コラム● 4　トランスクリプトの作成**
>
> 　プロセス研究を行うために必要になるのが,面接のトランスクリプトである。声質評定尺度（Vocal Quality Scale）のように,クライエントの発話の声の調子に対して評定する場合でも,トランスクリプトがなくては,評定がどの部分に対してなのか分からないために,他の評定者と話し合うときなど非常に不便なばかりか,評定が漠然とした印象をもとになされてしまう危険もある。
> 　グラウンデッドセオリー法を用いる研究においては,語りの内容やそれがもつ意味に焦点が向けられるため,インタビューで話された内容のみをそのまま起こすことで十分であることが多い。もう一方で,ナラティブ研究では,協力者の語りの構造を抜き出すために,沈黙の秒数といった,非常に細かな語りの特徴まで表示する。
> 　トランスクリプトの作成において最低限必要なのは,クライエントとセラピストの発言を明確に分け,それぞれの発言に番号を振ることである。この番号の振り方に注意が必要なときがある。たとえば,セラピストの「ええ」「うん」などといった最小限の励ましや,キーワードの繰り返しなどが１つの発話ターンなのか,それともクライエントの発話ターンの中に組み入れ,１つの発話ターンとしてはみないかという判断が必要である。下に例を挙げる。
>
> 　Th1：そうすると,１週間ずっとそのことで気分が晴れなかったのですね。
> 　Cl1：昨日彼と会ったときに,もう笑顔を作ることさえできませんでした。（T：「うん」）あのことをずっと考えていてもどうしても彼に対して言えないので,一緒にいるのが苦痛でした。なんとか気持ちを入れ替えて,１時間ぐらいは楽しいふりをしてすごそうと何度も自分に言い聞かせたんです。（T：「言い聞かせた」）でやっぱりだめでした（声が小さくなる）。早く帰りたかったし,苛立つ気持ちを抑えるのにやっとだった。最終的に友達と約束があるからって嘘をついて帰りました。（ため息をつく）

Th2：彼と一緒にいられなかった。嘘をつくほどそこから逃げ出したかった。
　　　（C：視線を床に落とす）

　括弧の中にセラピストのあいづちを入れ，クライエントの語りが途中で切れないようにしている。次の（T：「言い聞かせた」）という発言も，このようにクライエントの発言の一部として入れたままであるが，これは，クライエントの発言の一部を繰り返し，追跡する最小限の励ましとして扱うことも可能である。このような場合は，実際に研究者がテープを聴きながら，最も適切な扱いを決定する。上のように（T：「言い聞かせた」）をクライエントの発言に埋め込むときは，「でやっぱりだめでした…」という言葉がその前の部分からつながっており，セラピストの介入に答えるというよりも，自分のそれまでの話を続けるという性質が強いときである。「（T：言い聞かせた）」という発言とクライエントの発言が重なっていたり，あまり間が空いていなかったり，クライエントがセラピストの発言に対して考えたり，一呼吸おいたりする様子がないことからもそのような判断ができるだろう。
　非言語的側面の情報も，トランスクリプトに入れる。このような情報には，沈黙の長さ（秒数），ため息，声の抑揚（ボリュームが高くなる，速くなる，声が震える，怒鳴る），話し方の特質（吐き捨てるように，皮肉った言い方で）などを組み込むことになる。クライエントとセラピストの笑い，せきばらい，声が震える感じ，声にならない涙など，感情的やりとりを伝える多くの情報は，やりとりの性質や治療関係の状態を理解するのに役立つ。書き方によっては誤った印象を与えることもあるので，トランスクリプト作成のときにどの程度まで細かく記述するのか，またはどのような表現を使うのかなど，トランスクリプト作成用のコード表を準備して，一貫したやり方を決めるとよい。

第4章
セラピストの視点からの研究

1　はじめに

　大学院において臨床心理学の勉強をはじめた学生は，ケースカンファレンスなどで異なる教員のコメントがかなり食い違っており，誰の意見が正しいのだろうか，と困惑したことがあるだろう。実際に，精神力動療法，クライエント中心療法，認知療法などでは，ある面接場面でどんな介入をするべきか，ということについてかなり意見が矛盾する。逆に，異なる理論アプローチの臨床家が，かなり似通ったアドバイスをする場面もあるだろう。そのような状況に接すると，実際の面接場面では，臨床家は同じようなフォーミュレーションにたどりつき，明確に理論に言い表わされていない，共通の臨床的考え方や経験則などが多くあることに気づかされる。

　臨床家が面接場面においてどのようなことを重要であると捉え，介入計画や方策を立てていくのかというのは大変興味深い問いである。特に，臨床心理学の勉強をはじめたばかりの初心者にとっては，臨床の実際の姿を知る上で非常に貴重な情報源となる。このような情報は，セラピストを対象として行うインタビュー調査や自由記述の質問紙によって，効果的に集めることが可能である。セラピストに対するインタビューと自由記述を使った研究は，心理療法プロセスに直接評定を与えたり，クライエントから情報を集める研究と比較して，データの収集という点から最も実行しやすく，さまざまな臨床的問題に対して広く対応できる探索的な研究となる。また，臨床家に質問することからはじめることによって臨床的概念を単純化しすぎたり，臨床家にとって重要な問題を掬いそこねたりすることが少なくなるという利点もある。つまり，臨床的妥当性を確保したプロセス研究をスタートできる。そこで，本章では，セラピストにインタビューすることによって適切に答えられる研究問題について実際の研究例を挙げながら解説し，その手順や留意点などについて解説したい。

> **重要概念**
>
> **臨床的経験則（clinical heuristics）** 臨床家が経験から導いた臨床理論であり，さまざまな臨床状況における判断に使われる。理論的命題として明文化されることがないため，セラピストに対するインタビュー研究によって明らかにすることができる。

2 セラピストに対するインタビュー調査の利点

2-1 セラピストにインタビューすることの利点

　セラピストにインタビューすることの利点は，他のデータ収集の方法と比較して，データが集めやすく，臨床的な妥当性が確保されやすいという点である。以下により具体的に説明したい。

① 倫理的問題が少なく研究協力を得やすい
　クライエントに対してインタビューを行う場合は，倫理的に検討する事項がとても多くなる。面接を担当するセラピストに了承を得ることが必要であるし，クライエントに害を及ぼさないように配慮が必要となる。実際に，研究に参加してくれるクライエントを集めるのはかなり困難である。心理療法プロセスの尺度を使ったり，面接のテープ，またはトランスクリプトの分析を中心にした研究も，同じような倫理的問題がある。それらと比較すると，セラピストに対するインタビューと自由記述の質問紙は比較的実施しやすい。まず，相対的にみて要求度の低い研究への協力に関してセラピストは比較的好意的である。

② セラピストの面接プロセスに対する高い洞察力と広い経験
　セラピストは，ふつう1日に数人のクライエントを相手にしている。そこで，彼らの経験について直接話を聞くことによって，セラピーのさまざまな側面について知ることができる。クライエントは，心理療法の経験があるといっても，1週間に1度の面接を長くて数年しただけであり，クライエント自身の主観的経験を知る上では重要であるが，面接の進行や介入についてはセラピストほど

数多くみていない。また，セラピストは，説明すること，語ること，描写する能力にとても優れている。実際に参加してくれるとき，自身の考えや体験について分かりやすく，詳しく説明してくれるために，その結果を整理しやすい。

③ 面接を超えた出来事の全容について知る

セラピストに対するインタビューによって，1回の面接の中で完結しない，長期的なプロセスや変化についても扱える。たとえば，転移・逆転移は，1度の面接において起こるわけではなく，面接を重ねていく上で発展していく現象である。そうなると，面接の一場面を取り出して分析しても，それが発展し，解決されるまでの流れをつかむことは難しい。セラピストはより大きな時間的枠組みにおいて起こる現象の全貌をみている。

ただし，このように時間的に広がった現象についてセラピストが語るとき，必ずしも実際の時間軸が反映されているわけではなく，セラピスト個人の判断によってさまざまなやりとりが省略されていることを忘れてはならない。そのため，何度もの面接にまたがって起こった時間的に幅がある現象が語られる場合，それが起こった実際のプロセスとのズレが大きくなると予想される。セラピストから集めた情報をもとにした研究は，プロセスについて理解するためのあくまでも探索的な一段階であり，その結果を面接の実際のデータと照らし合わせて，より厳密なモデルを作っていくことが重要である。

2-2 セラピストへのインタビューと自由記述はどんなときに適切か

セラピストに対してインタビューを行うのは，以下の3つの場面で特に効果的である。

① 新たな理論や方向性について知る

セラピストに対するインタビューの目的の一つは，心理療法において新しい領域や理論的応用について権威とされる臨床家に対してインタビューを行い，今後進むと予想される方向などについて知ることである。アカデミックな心理学において開発された理論やモデルが心理療法実践にどのような含みをもつのか，またその考え方をどのようにして取り入れればよいかということは，経験豊富な専門家に尋ねることによって効果的に知ることができる。

たとえば，ブートリら（Boutri et al., 2005）は，アカデミックな心理学において注目されつつあったバーバラ・フレデリクソンの陽性感情の理論

(Fredrickson, 1998) が心理療法プロセスにおいてどのように応用できるのか，ということについて知るために，プロセス研究において感情体験や感情表出に関する研究を行っている臨床家にデルファイポールを行った。デルファイポールとは，複数の専門家から集めた意見をまとめ，その結果をもう一度専門家に検討してもらい，最終的な見解に到達するための方法であり，さまざまな戦略や計画を立てるために使われる。協力した研究者や臨床家は，心理療法のプロセスのどんな場面において陽性感情がみられるのか，陽性感情が心理療法プロセスにおいてどのような役割を果たしているのか，具体的な例を挙げて回答するように求められた。研究者が回答を質的に分析したあと，もう一度協力者に戻してフィードバックを求めた。協力者は，総合された答えを読み，自分がそのまとめた意見にどの程度合意するのか，付け加えることがあるのかなどさらに検討した。その結果を研究者がまとめて，最終的に陽性感情に続く認知的変化を測定するための尺度を開発した。

② 理論では十分に扱われていないが臨床的にみて重要な介入の仕方について調べる

　セラピストへのインタビューと自由記述が有効な領域のひとつは，心理療法の理論には十分解説されていないが，臨床的にみて重要な介入の仕方である。たとえば，クライエントが急に怒りをセラピストに向けて表したとき，またはある洞察に達したあと，それを一般化して，理解を広げていく場面である。臨床的にみて重要な介入の手法を「臨床的経験則（clinical heuristics）」と呼ぶ。臨床家がある特定の場面においてどのように介入するのかということについて，権威とされるような臨床家に話を聞き，介入の留意点やステップを明らかにすることにより，一人ひとりの臨床家に経験として宿っている知見が外在化され，それを訓練や教育に役立てることができる。

　その例として，ウィリアムズとレビットによる主体性を促進する介入が挙げられる（Williams & Levitt, 2007）。クライエントが積極的に自身の問題の解決に取り組む姿勢をとれるようになることは広く心理療法において重要なプロセスだと考えられている。しかし，主体性が高まるような介入というのは，一般的に心理療法理論には規定されていない。そこで，心理療法研究と実践の権威とされる14人に対して電話でインタビューを行い，どのように主体性を定義して，どのような介入を行っているのか，ということを調べた。

③ 広く使われているガイドラインや重要なポイントについて知る

　心理療法の介入の仕方やとらえ方で広く用いられ，学派やアプローチにかかわらず「合意」されている一般的なやり方や考え方について知る。たとえば，初回面接において注目すること，終結の仕方などには学派を超えて共通する介入の仕方や大切なポイントがあるだろう。セラピストに対するインタビューでは，ある臨床場面において，どのような手法が一般的に用いられているのかということを明らかにし，その手法を用いる上で，セラピストが着目するクライエントの行動の指標を具体化して示すことができる。

　たとえば，フロントマンとクンケル（Frontman & Kunkel, 1994）は，自由記述式の質問紙を訓練中の大学院生および経験豊富なセラピストに郵送し，成功した初回面接について記述してもらった。彼らは，120部の質問紙を送付し，69名から回答を得ている。権威とされる臨床家に対して行う場合，比較的少ない人数を対象として，その問題に答えるのに最適な臨床家を選ぶことが重要になるが，広く用いられる手法や体験について調べるときには，より多くの臨床家に参加してもらう。

④ 理論的文献や臨床的文献が矛盾しているとき

　心理療法の効果的なプロセスに関して，異なる理論アプローチは意見が矛盾していることが多い。クライエントの感情表出の促進などはその良い例である。クライエント中心療法では，クライエントが面接中に感情体験を深め，その個人的意味について探索することが求められる。もう一方で，認知行動療法では，面接中にクライエントが強い感情を表したり，体験したりすることは特に重要とは考えられていない。それでは，クライエントが面接中に涙を流したり，以前は気づいていなかった怒りの感情を表したときに，それぞれのセラピストはどのように対応するのか，セラピストに尋ね，2つの理論アプローチの立場からそのような場面がどのように扱われているのか調べることができる。インタビューでセラピストに尋ねることによって，理論的な立場の相違が実際の臨床場面にどれだけ反映されているのか，または，共通して行われているが，明確に理論化されていないような介入の仕方があるのか，ということについて調べることができる。このような研究は，理論統合的な研究ともいえる。

⑤ セラピストの体験と理論の接点について調べる

　セラピストへのインタビューや自由記述式の回答が有効に使われる研究領域のひとつは，介入を理解するために，技法や概念の側面だけでなく，体験的な

側面について知る必要がある領域である。クライエントが，面接を中断したいと申し出た，強い怒りや不満を表した（陰性転移とも考えられる），治療的行き詰まりになった，などといった場面を多くの臨床家は体験しているが，それらの場面への対処法について理解するためには，クライエントに対してどう介入するのかという点だけでなく，このような困難な状況に遭遇することから起こるストレスや混乱に対処するというセラピストの内面で行われる作業も同じように重要である。たとえば，逆転移は，クライエントに対して行動として表される部分よりも，セラピストの内的体験として進行する部分が大きい。クライエントに対する感情がどのようにして起こり，それをどのように理解し，クライエントとの作業への悪影響を抑えていったのかという流れを知ることが役立つだろう。

セラピストは，このような体験についてあまり語らないために，初心者がこれらの状況に遭遇したときに何を指標としてよいのか分からずに混乱が大きくなることもあるだろう。個々の臨床家がこのような状況をどのように体験しているのか，ということについて知ることは，それだけでも役立つ情報であり，多くの臨床家にとって自身の体験を肯定されることにもなる。その例としては，逆転移（Hayes et al., 1998），治療的行き詰まり（Hill et al., 1996），クライエントがセラピストに怒りを向ける場面（Hill et al., 2003）などがある。

上に挙げた5つの状況は，独立しているというよりも重なっている。たとえば，ヒルら（Hill et al., 1996）の治療的行き詰まりの研究は，セラピストの体験と理論の接点（⑤）だけでなく，理論で十分に扱われていない介入場面（②）でもある。また，この研究では，異なる理論アプローチのセラピストが研究に参加していることから，理論アプローチによるセラピストの体験の違いがあるのか，（④）という問いに対しても，何らかの答えを与えてくれるだろう。セラピストに対してインタビューや自由記述を行うのは，臨床に根ざした研究を行うための出発的となり，面接の録音があまり行われていない日本では，最も実施しやすいプロセス研究のアプローチでもある。

3　研究の流れ

表4-1に，セラピストに対するインタビューや自由記述の研究の全体的な流れを示した。

表4-1　インタビューから分析まで

準備段階
インタビューの質問の作成（質問領域と具体的に聞きたいことの整理） 　　パイロットインタビューの実施 　　インタビューに関するインタビュー（インタビューイーによるインタビューの評価） 　　　　インタビューイーは，話しやすかったか 　　　　侵入的と感じられるところはなかったか 　　　　不明確な質問や表現はなかったか 　　　　録音，プライバシーに関して分かりやすく明確な説明があったか
データの分析 　　研究問題に答えるための情報が実際に集められているか 　　得られた情報がある程度具体的になっているか 　　回答は一般論や社会的に望ましい回答になっていないか
インタビュー質問の見直し 　　より具体的に質問するときのキーワード 　　質問の言い回し
再パイロットインタビューの実施（2名以上） 　　修正したことによる改善がみられるか 　　本調査をするための準備はできたか
本調査実施
データ収集段階 　　インタビューの実施 　　テープの視聴 　　トランスクリプトの作成
データ分析段階
インタビュー自体の見直し
次のインタビューへ（同じプロセスの繰り返し）

3-1　どうやってデータを集めるのか

① インタビューの準備

　セラピストに対してインタビューを行う手順は，一般的なインタビュー研究に共通する手順と大きく異ならない。次章で扱うクライエントのインタビューもほぼ同じ手続きで行うことになるが，クライエントへのインタビューでは配慮することが異なる。

　インタビューをするためには，まずインタビュー・プロトコールを作成するところからはじまる。プロトコールには，ただ質問の項目だけを並べるのではなく，インタビューイーであるセラピストと会う前の準備と確認事項にはじまり，プライバシーや録音，分析結果がどのように公表されるのか，謝礼の支払いなどの説明の仕方も明確にしておく。また，インタビューに先駆けて準備する書類や道具（録音機）のチェックリストを作るとよい。

　インタビュー・プロトコールの作り方には，いろいろなやり方がある。最も一般的なのは，質問を順番に並べたものである。質問は，できるだけ具体的に実際に話すそのままの言葉にして書き留めるとよいだろう。聞きたい内容についてできるだけ具体的に洗い出すことによって，インタビューで大切なことを聞き逃すことが少なくなる。また，データをとってみたあとで，最も知りたいことに関する情報が足りないというような事態が避けられる。

　筆者が，研究指導をやっているときによく遭遇するのは，インタビューをしてみたものの，あとで録音テープを聴いてトランスクリプトに起こして読み直してみると，はじめはよく聞けた，良いインタビューだったと思っていたのに，研究問題に関連した内容はわずか数行の回答しかなかったという事態である。インタビューをしているあいだは，インタビューイーが快く回答してくれることに安堵感を覚え，実際にインタビューの内容も良かったという勘違いを起こしやすい。

　表4-2は，筆者が心理療法における「失敗場面」に関するインタビューをセラピストに対して行うために作成したガイドである。このインタビューでは，どのような面接の場面を失敗だとみているのか，そしてそれはどのような文脈において起こり，失敗はセラピストにどのような影響を与えるのか，という3点に焦点を当てている。このインタビューのやり方で特に配慮していることは，内的体験（どんな感情をもつか，自分にどんなことを話しかけるか）とプロセス（クライエントのどのような表情や発言に面接がうまくいっていない「サイン」「指標」をみてとったか）の両面についてセラピストに語ってもらうこと

表4-2 「失敗」場面に関するインタビュー計画 —— 知りたい事柄と具体的な質問

領域	知りたい事柄	注意点	具体的な質問
失敗の文脈	治療関係	全体的な雰囲気	「治療関係の主な特徴について教えてください」
		具体的な指標	「実際にクライエントのどんな行動や様子からそれが感じられましたか」「クライエントに対してどんな印象をもっていましたか」
		特徴的な出来事・やりとり	「お二人の治療関係ややりとりの性質について印象に残っていることを教えてください」
	進行状況	解決した問題	「すでに得られていた成果などはありますか」「クライエントの症状や問題で改善されていたことはありますか」
		扱っていた問題・トピック	「どんなことについて話していましたか」
	直前の様子		「そのときセラピストはなんと言いましたか」「クライエントはどんな様子でしたか」
失敗の出来事	失敗と関連する出来事の全般的な流れ	全体の流れ	「その出来事がどんな流れで起こったのか，実際のやりとりの様子を，順をおって教えてください」
		具体的な発言	「そのときあなたはクライエントになんて言いましたか」「クライエントはそれに対してどんな反応をしましたか。できるかぎり正確に教えていただけますか」
		感情的な体験・内的プロセス	「そのときあなたはどんなことを感じたり，考えたりしましたか」
		非言語的やりとり	「クライエントの表情や身体の動きで覚えていることはありますか」
失敗の余波	同じ面接内での直後のやりとり	全体的な雰囲気	「そのやりとりが終わったあと，お二人のあいだの様子についてお聞かせください」
		クライエントの様子	「クライエントはそのときどんな様子でしたか」
		セラピストの体験	「そのときどんなことを感じたり考えたりしましたか」
		介入・意図	「そのときどんなことをクライエントに言いましたか」
	面接が終わったあとのセラピストの体験	自己ケア内省	「面接のあとどんなことを考えましたか」「何かそのためにやったことがありましたか」「ご自身の生活への影響はありましたか」「クライエントに関してどんなことを想像しましたか」
	次回の面接の様子	際だったやりとり	「最も際だっていたことなどがあれば教えてください」「そのころのやりとりで思い出せるものはありますか」「そのころの典型的なやりとりはどんな感じでしたか」

表4-2　「失敗」場面に関するインタビュー計画 —— 知りたい事柄と具体的な質問 (つづき)

領域	知りたい事柄	注意点	具体的な質問
	それ以降の様子	クライエントの様子	「クライエントのどんな様子や発言から「失敗」の影響について分かりましたか。」
		クライエントの発言	「クライエントはどんなことを言いましたか」「そのどんなところから自分の失敗が分かりましたか」
		セラピストの反応	「そのあとにどんなふうに反応しましたか」「どんなふうに感じましたか」「どんなことに気をつけましたか・注意を向けましたか」
終結・中断時・フォローアップに関する情報		どのように心理療法が終結したか	「終結中断はどちらが持ち出しましたか」「どちらがはじめにその話題を持ち出しましたか」
		そのときの様子・雰囲気はどうだったか	「そのとき面接はどんな雰囲気でしたか」「緊張がありましたか」「終結について話し合ったあと雰囲気は変わりましたか」
		その後のクライエントに関する情報	「その後のクライエントとの接触はありましたか」「何かクライエントについて得た情報はありますか」
		その後のセラピスト自身への影響	「そのことについて現在ではどんなときにどんなふうに考えたりしますか」
		介入作業への影響	「その経験から他のクライエントと接するときなどに注意深くなった，など変わった点について教えてください」

である。インタビューにおいてセラピストが知覚した出来事の突出した側面について思い出してもらうことによって，そのときの体験の記憶をより鮮明に喚起することも目論んでいる。

　インタビューの質問項目は，研究者が聞いてみたい質問を列挙するのではなく，質問の領域と見出しを明らかにするほうが，何をどこまで聞けばよいのかということを頭で整理しやすい。表4-2の例では，失敗と関連する出来事に関してその文脈，実際のやりとり，その後の影響という領域を設定し，その3つの領域と知りたい事柄を想定し，最後に具体的な質問の言い回しを入れている。具体的な質問の言い回しのみを考えても，実際のインタビューの状況においてその言い回しを機械的に使うことは少ない。インタビューに慣れていない場合，自分が言わなければいけない質問がはっきりしており，それをそのまま言えば自分の役割は果たせると思うほうが，気分が楽かもしれない。しかし，インタビューの流れの中で大切なのは，何を聴きたいかということと，インタビューイーが話すのをどうやったら促進できるかということである。

② **自由記述**

　自由記述の質問紙には，いろいろな作り方がある。研究者は，いくつかの質問紙を作り，それぞれの利点と欠点を比較するとよい。注意すべき点は以下の3点である。

　まず，大切なのは，予備調査を行うことである。質問に不明確なところはないかどうか他の研究者・指導教員などにチェックしてもらったあと，実際に質問紙を数人に配布し，本調査と同じように回答してもらう。インタビューとは異なり自由記述の場合，質問が分からなければ回答者が質問の意図について尋ねることはできず，無回答になってしまうこともある。

　次に，質問をできるだけ具体的にする。それは上に述べたインタビューにおける注意と似ている。ただ「できるだけ具体的に記述してください」と述べるだけでは，教示が十分に「具体的」であるとはいえない。もし上のように「失敗」と関わるやりとりについて調べるとすれば，「失敗と関わる行き詰まりの出来事はどのようなものでしたか。できるだけ具体的に，どのようにはじまりどのように解決したのか，その流れを描写してください。それをあなたはどのように体験しましたか」「行き詰まりの状態を示す特徴的なやりとり，または治療関係の状態について描写してください」という質問に加えて，「どのような要因がその行き詰まりに寄与したと思いますか（個人的要因，対人的要因，クライエントの要因，臨床の現場などの制約）」など，異なる質問項目を作り，具体的に回答しやすくなるよう工夫する。

　自由記述の回答に影響を与える要素としては，字数の指定である。字数を指定することによって必ずしも回答の長さが保証されるわけではないが，どのくらい長い回答を期待されているのか，回答者にとっては分かりやすい。回答の長さは，1つの回答に割り当てられた紙面の大きさによっても決められる。数行しか書けないスペースを提示すればあまり長い答えは戻ってこないだろう。1つの質問に対して1ページ以上の紙面が与えられていれば，協力者は回答意欲をそがれるかもしれない。

　近年は，手書きではなく，コンピュータを使っての回答を期待する研究者も多い。コンピュータでタイプしたほうが，回答量は多くなるし，編集が簡単にできるために，回答者も楽なのではないかと思うだろう。ただし，回答用紙を送付せずに，協力者がコンピュータでタイプをして回答し，メールで添付ファイルとして送ることを研究者がはじめから依頼することに関しては，情報の管理という点から，そして回答者の経済的負担という点から望ましくない。協力

者であるセラピストに対して，クライエントとの体験について具体的に尋ねるのであれば，返信切手をつけた封筒を同封し，郵送でやりとりするほうが，さまざまな面において安全である。また回答用紙には，氏名の記入は避けて記号を用いる。

3-2 自由記述とインタビューの併用と協力者への配慮

まず自由記述の情報を集めて，そのあとでその回答についてさらに掘り下げるためにインタビューを行いたいと考える読者もいるだろう。質的研究では，異なるやり方によって集めたデータが同じ結果を示すかどうか検討することをトライアンギュレーションと呼び，研究結果の信憑性の一指標とする。

質的研究では，分析が終わり次第それが協力者の意見を十分に反映しているのか，誤った解釈がないかということを確認するために，その結果を協力者に一度戻し，彼らのフィードバックを自由記述で受け取ることも多い。これは，一種の自由記述によるデータ収集である。異なるやり方でデータをとり，分析の結果を一度協力者に戻して，それを刺激にしてもう一度インタビューや自由記述の質問紙を行うのは，デルファイポールの手法でもある。2回以上協力者からデータをとり，分厚い記述を得ることが望ましいからといっても，協力者の時間と労力の負担が大きくなりすぎないように配慮するとともに，1回のデータ収集にしか協力してくれない協力者も出てくること（協力者のドロップアウト）も予測して協力者数を定めるとよい。

3-3 データの分析方法の選択

インタビューや自由記述の質問紙から集めたデータは，トランスクリプトであり，質的方法を用いて分析する。研究者は，リサーチクエスチョンに答えるためにはどんなデータ分析方法が最も適切なのか，自身が採集したデータの特徴を活かすためには，どの分析方法を使えばよいのか検討して，データ分析法を選択する。本書は，質的データ分析の手法について詳しく解説しないので，関心がある読者は以下の入門書をあたってほしい（木下，2003; 能智，2006; やまだ，2007）。最も広く使われているグラウンデッドセオリー法は，質的データから理論概念を生成する方法であり，文章のデータをテーマ・内容の特徴から意味の単位に区切り，そこに内容を要約するコードまたはラベルをつけ，それらの共通性から概念を引き出す方法である。グラウンデッドセオリー法には，さ

まざまなアプローチがあり，データ分析の手続きなどやり方が異なる（Dey, 1999）。

　内容分析は，データからカテゴリーや概念を生成するのではなく，あらかじめ研究者が準備したカテゴリーや基準に従って，質的なデータを分類する方法である。あらかじめカテゴリーを準備することによって，分析に要する時間はかなり短縮される。しかし，データを研究者の概念枠の中に入れることによって，質的研究において重視される「協力者（クライエントやセラピスト）」の見方がうまくくみ上げられないかもしれない。内容分析では，忠実に設定された基準に沿って分類が行われているのかどうかチェックするために，複数の評定者を用いて合意率を統計的に調べる必要がある。

　近年，プロセス研究において合議制質的研究法が広く使われるようになってきた（Consensual Qualitative Reseach: CQR; Hill et al., 1997）。この方法は，数名のメンバーからなるリサーチチームを作り，すべての分析段階においてメンバーの話し合いによって最終的な概念名などを決定していくやり方である。リサーチチームを作ることの利点は，大きく分けて3つある。1つは，質的分析が1人の研究者の見方に偏らないという点である。プロセス研究では，研究者の理論アプローチによってデータの解釈が大きく異なることもあるため，合議を取り入れることによってこのような偏りを統制できる。次に，データ分析のプロセスを効率化する点である。合議制質的研究法では，複数の研究者が，分担を決めながら分析に取りかかることで，より多くのデータを短い時間で分析することが可能となる。最後に，リサーチチームのメンバーは定期的に集まり，データについて話し合う中で，お互いの意見を交換し臨床知見を深める学習機会が与えられることである。

3-4　セラピストへのインタビューに続いて

　本書において強調したいのは，研究は1つの論文を執筆することによって終わるのではなく研究プログラムを発展させていくことが重要であるということだ。「その研究の結果を受けて次にどんなことを明らかにするのが望ましいか」「どんな方法を用いることによってその結果をさらに発展させることができるか」「最終的にはどんな知見が集積され，どんな理論やモデルを作成することができるだろうか」などと考えて，次にどんなステップに進むかということについて検討するとよい。セラピストの視点からの質的研究の結果に基づいて質問紙を開発して，より多くのセラピストからの情報を集めることもできる。ま

た，クライエントの視点から同じトピックについてのデータを集め，セラピストの見方と比較することもできる。セラピストから集めた情報は，セラピストの体験を通してみたプロセスについてであるが，それは実際に面接において起こったことであるという確証はない。そのために，このような結果が，実際のプロセスにおいてどのようにみられるのかという検証を行うことも必要になる。第8・9章で解説する課題分析を用いた研究もその一つの方法である。

4　インタビューの留意点

　セラピストは，プロセス研究の非常に重要な情報源であり，協力者である。それに加えて，研究のさまざまな段階において臨床家の意見を取り入れることは研究から得られた知見の臨床的妥当性を確保する上でとても重要な役割を果たす。しかし，セラピストへのインタビューによって得られたデータが研究にとって最大限に生かされるためには，以下の3点について，インタビュー時に気をつける必要がある。

① 専門的知識と体験
　セラピストは，インタビューにおいてたくさん語ってくれるのだが，時に自身の具体的な体験や考えよりも，理論的な議論や理論的に正しい「答え」を話すことがある。自分自身が行った心理療法の具体的な例や感じ方ではなく，一般的に認められている理論的概念や，「望ましい」「あるべき」姿について語ってしまうのである。これは，インタビューされる臨床家が比較的経験が豊富であり，指導者的立場にある場合や，インタビューアーが大学院生など比較的初心者である場合に起こりやすい。もしインタビューされるセラピストの答えが「一般論」や「理想論」になってしまう場合，できるだけ具体的な例を思い起こしてもらい，そのような例に基づいて語ってもらうとよいだろう。たとえば，セラピストに対してクライエントの感情表出の喚起の仕方について話してもらっているとき，「具体的にどんな点に注目しますか」「クライエントがどのような表情や動きを見せたときに感情が起こってきたと分かりますか。いくつか指標を挙げていただけますか」など，「観察可能で頼りとなる指標」を挙げてもらうとよい。
　また，インタビューに先立って，いくつかの具体的なケースを準備してもら

うのもよいだろう。もし，可能であれば，面接のプロセスノートをもってきてもらい，記憶を刺激する。ただし，プロセスノートを読む時間がかかるために，インタビューが長くなってしまう可能性がある。セラピストの多くは，クライエントとの面接のあいだにこのようなインタビューに協力しているかもしれない。もし，プロセスノートを見直すようなことをインタビュー中に行うのであれば，そのための時間もあらかじめ配分しておく必要がある。またインタビューにかかる時間は，あらかじめ知らせておく必要がある。いくらセラピストが熱心に話してくれるからといって，時間をオーバーすることは研究参加の契約からの逸脱にもなってしまう。

②「概念」の使用について

セラピストに対するインタビュー・自由記述の質問紙を実施する上で検討するべき点は，扱う理論概念を協力者に対して伝えるかどうかという点である。たとえば，「逆転移」について研究するとき，「クライエントに対して個人的な感情をもってしまったために，クライエントに接するのが困難になったり，客観性を失いセラピストとしての作業に支障が出た経験」「これまでに担当した中で最も気持ちを揺り動かされて困難だったクライエントとの体験」について教えてほしいというように，より具体的で，1つの理論アプローチに限定されないやり方で導入することも可能である。

「逆転移」という用語を使うことによって，インタビューイーに対して扱っていることが何であるのか直接的に伝わるが，それが理論的な含みを喚起するために体験から離れたり，もしくは，セラピスト個人としての体験よりも理論に沿った体験の再構成になってしまうこともありうる。また臨床家によっては非常にネガティブな印象をもったり，理論的な議論に注意が向き，実際の体験的側面がみえにくくなることがある。

「逆転移」という抽象的な理論用語が意味する対象が異なっていることもある。精神分析や精神力動療法における逆転移という概念の使い方は多様である。もう一方で，そのような理論概念を使わない場合，より直接的にセラピストの体験へと近づくことができるかもしれないが，研究の目的や意図が隠され，研究協力の同意をしていない事柄について調べられていたと対象者が感じることがないように配慮しなければならない。

③クライエントに対する守秘義務

もしあるクライエントについて話したら，そのクライエントへの守秘義務の

違反になるのではないかという懸念から，特定のクライエントとのやりとりの例を挙げて話すことをためらうセラピストもいるかもしれない。研究において，セラピストがあるクライエントとの面接について話すからといって，クライエントから許可を得る必要は特にない。このようなプロセス研究においてクライエント個人を特定するような情報は求められず，このような研究の焦点はセラピストの視点からみた面接プロセス，またはセラピスト自身の体験であることがその第一の理由である。しかし，それでもクライエントの情報に関して守秘を徹底することの重要性に変わりはない。このような守秘義務を徹底するために研究者ができることは，いくつかある。まず研究に先立ち，協力者にどの程度具体的な情報提供が要求されるのかという点に了承を得る。次に，インタビューのトランスクリプトからセラピスト個人を特定する情報だけでなく，クライエント個人を特定するような情報が消去されているかをセラピストに確認してもらうことである。もしセラピストの個人的な情報が消去されていれば，クライエントが同定されることもほとんどない。最後に，発表論文を投稿する前に，そのセラピストに関わる記述，または引用文などをチェックしてもらうのもよいだろう。

④ 文脈に関する質問を加える

セラピストに対するインタビューでは，面接の状況や背景に関する文脈的情報に関する質問を忘れずに加える。あるセラピストは，長期的心理療法においてかなり重い心理的障害をもつクライエントとのかかわりから得られた体験について話し，もうひとりのセラピストは，適応に関する問題をもったクライエントとの初期の面接において起こった非常に短いやりとりについて語るかもしれない。また，セラピストによっては，数ヶ月にわたって苦しめられていた怒りなどの感情について語り，他のセラピストは，クライエントのある一言をきっかけに，瞬間的に湧いて比較的短期的に解決された感情について語るかもしれない。

もし，これらの大きく異なる文脈において起こった出来事のあいだに共通性があればそれ自体非常に大きな発見であるが，それでも全く異なる状況に関する事象をごた混ぜにしないように，文脈と背景に関する質問をあらかじめ準備しておく。また，はじめにそのような制限を設けた中でセラピストに体験を思い出してもらうとよいだろう。たとえば，逆転移というとき，ある程度長期的に続いていた心理療法の中期以降のプロセスなどと限定するほうがよいかもしれない。クライエントと初対面，または数回の面接だけで起こる逆転移感情と，

より長期的なつきあいをしてから起こる逆転移では，性質が異なるかもしれないからである。いつ，どのような時にそれが起こったか，クライエントの特徴は何か，セラピストの経験レベルはどうであったか。面接に先立つ流れはどうであったか。それ以外に重要なきっかけや先行する出来事はあったか，など文脈に関する情報は必要に応じてつけ加える。

5　まとめ

本章ではセラピストの視点から心理療法プロセスを研究する方法として主にインタビューを使った研究法を解説した。セラピストは臨床経験からさまざまな経験的な知を体得している。それをより広く共有できる臨床理論へと発展させるためにこのようなインタビュー研究は大きな役割をもっている。次章では，実際の研究例を細かくみていくことによって，より具体的にセラピストのインタビューに基づく研究について学ぶ。

学習を深めるための参考文献

A guide to conducting consensual qualitative research.
Hill, C. E., Thompson, B. J., & Williams, E. N.（1997）. *The Counseling Psychologist*, *25*, 517-572.

Consensual Qualitative Research: An Update.
Hill, C. E., Knox, S., Thompson, B. J., Williams, E. N., Hess, S. A., & Ladany, N. (2005). *Journal of Counseling Psychology, 52*, 196-205.

　1997年の論文は，ヒルらが開発した合議制質的研究法の研究法マニュアルである。この方法の発案に至る経緯，プロセス研究における質的研究の重要性，具体的な手続き，評価方法などがまとめられている。2005年の論文では，合議制質的研究法を用いた研究論文が多く紹介され，研究チームの作り方など，研究実施でのより具体的な問題点や改善点などについても書かれている。

『臨床実践のための質的研究法入門』
マクレオッド, J.／下山晴彦（監修）／谷口明子・原田杏子（訳）（2007）. 金剛出版.
　心理療法において質的研究法がどのように使われてきたのか，具体例を挙げて解説している。テキスト解釈学，現象学的アプローチ，ナラティブ分析など，本

書では扱っていない分析法も多く解説してあり，臨床心理学の領域では最も使いやすい質的研究法の教科書のひとつである。

『インタビュー臨床心理士1』『インタビュー臨床心理士2』
津川律子・安齊順子（2007）．誠信書房．
　日本における臨床心理学の発展に貢献してきた臨床家に対して行ったインタビューが掲載されている。心理療法プロセスに関することは扱っていないが，臨床家に話を聞くことの面白さ，またインタビューの進め方などについても参考になる貴重な資料である。

「心理療法における治療者の陰性感情の克服と活用に関する研究」
遠藤裕乃（1997）．心理臨床学研究 15, 428-436.
「心理療法における治療者の陰性感情と言語的応答の構造に関する研究」
遠藤裕乃（1998）．心理臨床学研究 16, 313-321.
『ころんで学ぶ心理療法―初心者のための逆転移入門』
遠藤裕乃（2003）．日本評論社．
　逆転移状況におけるセラピスト自身の内的な反応と，クライエントに対してどのように対処しているのかについて，セラピストに対するインタビューから研究を発展させている。日本における先駆的なプロセス研究プログラムである。研究の成果と著者の経験から書かれた2003年の著作は，実践研究に基づくエビデンスアプローチと言うことができるだろう。

コラム●5　事例研究に対する関心の高まり

　本書にも述べたとおり，日本の臨床心理学では事例研究が非常に重視されてきた。もう一方で，北米では，セラピストが自分の担当ケースをまとめるという研究方法は精神力動療法においてみられるが，方法の客観性の欠如から，重要な研究とはみなされてこなかった。
　北アメリカにおいて事例研究が全く重視されなかったというわけではなく，一事例実験研究の方法が1960年代に大きな発展をみせた。これは，行動療法の研究においてある介入の導入後にどのような行動の変化が起こるのか，量的に捉えることを目的としている。ところが，心理療法におけるクライエントの変化は，測定しやすい生理的変化や行動の指標によって簡単に表されるものではなく，一事例実験研究法は，他のアプローチのプロセス研究において使われることはあまりなかった。
　対人的精神力動療法アプローチのハンズ・ストラップ（Strupp, 1980a, 1980b,

1980c）が行った4事例研究は，のちにも引用される重要な事例研究となった。彼は，4人のセラピストそれぞれの成功ケースと失敗ケース（計8事例）を比較して，失敗ケースには，クライエントの怒りにセラピストが怒りで応戦するという，負の相補性という特徴的なコミュニケーションパターンがあることを明らかにした。クライエントの攻撃的な態度に対して経験豊富なセラピストでも冷静さを失い，クライエントから感情的な距離をとる，嫌味，皮肉などを言ってしまうなどといった反撃行動をとっていたのだった。

近年になり，また事例研究に注目が集まりつつある。そのひとつはルトガー大学のダニエル・フィッシュマン（Daniel Fishman, 1999）によって提唱されているプラグマティック事例研究である。彼は臨床的に有用な研究は，クライエントとの接触をもとにしてはじまり，十分なアセスメントのあと，ケース・フォーミュレーションに基づいた介入によってどのように変化が起こるのかを評定することによって可能となると考えた。彼はインターネット上で Pragmatic Case Studies in Psychotherapy（心理療法のプラグマティックケース研究）という電子ジャーナルを発信している。

マイアミ大学のビル・スタイルズ（Bill Stiles）は，同化分析による質的事例研究の方法を提案している（Stiles, 2007）。クライエントがある特定のテーマについて扱っている場面を抜き出し，自身の問題に関する体験を受け入れ，自己の一部として統合（同化）していくプロセスを明らかにする。本書でもたびたび紹介したがスコットランドのストラスクライド大学のロバート・エリオットは，質的データと量的データを組み合わせて，変容を起こした要因を同定する解釈学的一事例有効性研究法（hermeneutic single case efficacy design）を紹介している（Elliott, 2002）。

ワトソンらは，うつに対するエモーション・フォーカスト・セラピーで成功した3事例と改善がみられなかった3事例を報告して比較している（Watson et al., 2007）。クライエントの介入前後のアセスメントデータのほか，面接の全体的な流れだけでなく，特徴的なやりとりのトランスクリプトを提示している。

これらの近年開発された事例研究法と日本の臨床心理学において用いられる事例研究との違いは，大きく分けて2つある。まず，近年の事例研究法では，研究者とセラピストが分離されており，研究者は必ずしも担当セラピストではない。次に，近年の事例研究では，定期的に量的なデータが集められ，時系列でその変化を追っていくなど，データの収集と分析が系統的に行われる。そのため，事例研究は仮説検証的にもなりうる。日本において中心なのは，事例終結後にセラピストが情報をまとめるという点でデータ収集と分析が系統的ではない。今後，プロセス研究の要素などを取り入れた事例研究の方法が試されることを期待したい。

第5章
セラピストの視点からの研究例

1 はじめに

　本章では，セラピストから情報を得る研究の代表例を2つ紹介する。ウィリアムズとレビットらによる主体性を助長するための介入に関する研究（Williams & Levitt, 2007）と，ヒルらによる治療的行き詰まりに関する研究（Hill et al., 1996）である。その中で，セラピストの視点からの研究を計画・実施する上でどのような点に注意を向け，どのような決断が必要となるのかということに注目していただきたい。

重要概念

クライエントの主体性　　クライエントが自分の意志・判断によってそれまでとは異なる考え方，行動の仕方をとろうとする姿勢。能動的に行動し，自己決定することは，ほぼすべての心理療法理論において健康な心理的機能と考えられている。

グラウンデッドセオリー法　　インタビューデータをはじめとした質的データから概念を生成する質的分析法。データに記述的なコードをつけ，より抽象度の高いカテゴリー（概念）とそれらの関係を明らかにする。

治療的行き詰まり　　心理療法の進展が不可能なほど困難で複雑な硬直状態であり，ふつうセラピストとクライエントの双方が，怒り，落胆などの感情や挫折感をもつに至り，クライエントの一方的なドロップアウトに終わることが多い。

合議制質的研究法（Consensual Qualitative Research: CQR）　　複数の研究者が研究チームを作り質的分析を行う，プロセス研究において開発された質的研究法。話し合いをもつことによって，理解を深めて発展させ，もう一方で，研究者間の合意を得ることによって客観性を確保する。

---

2 クライエントの主体性を助長する介入
── グラウンデッドセオリー法

クライエントの主体性を高めることは，すべての心理療法アプローチにおいて重要でありながらも，その介入について明確な指標や方策がないままになっていた。そこで，ウィリアムズとレビットは14名の著名な臨床家・研究者にインタビューを行い，主体性の役割とそれを高めるための実践ガイドラインを明らかにすることにした。

主体性に着目したのは，現在の効果研究においてクライエントの「自己決定」や「主体性」が排除されている現状をどのように捉えるかという疑問も関係している。近年，新しい抗うつ薬の開発などにより，多くの心理的障害に対して薬物治療が非常に強い影響力をもつようになった。それに呼応して，近年の効果研究は，「医学」モデルに基づき，あたかも心理療法が，「薬」のようにうつや不安障害といった心理障害の症状改善に働くと仮定し，クライエントが心理療法プロセスに積極的に関わる「人」であることが見落されがちになっている。主体性という概念は，このような受け身の患者という考え方と対立しているため，薬物療法と主体性という概念をどのように調和させればよいのかということについても明らかにすることを視野に入れた。

2-1 方　法

彼らは，広く異なる理論アプローチの臨床家にインタビューをすることに決めた。また，インタビューの対象として心理療法の研究および実践の両方に携わり，顕著な業績を残している臨床家・研究者を選んだ。そうすることによって理論アプローチを超えて共通するプロセスを理解できると考えたからである。まず，協力者の選定のために，以下の4つの基準を設定し，少なくとも1つを満たしていることを条件とした。①心理療法に関わる学会の理事などを担当した経験をもつこと，②100件以上の学術論文を発表していること，③心理療法実践または研究において貢献賞の受賞経験をもつこと，④自身のアプローチを開発していること，であった。

このような条件を満たした28名の臨床家に手紙またはeメールで研究協力

を依頼したところ，14人（50％）が合意してくれた。14人の協力者の氏名とアプローチは，研究論文に発表されている。代表的な理論アプローチのほか，ナラティブセラピー，構築主義的セラピー，フェミニストセラピーの第一人者も含まれた。

インタビューは電話か対面式で行われ，「クライエントは，自身の変容プロセスに関して意志による選択ができますか」「クライエントが精神治療薬を服用することについてどう思いますか」という2つのテーマを中心とした非構造化インタビューであった。インタビューアー（ウィリアムズ1名のみ）は，協力者がこれらの質問に対してできるだけ自身の臨床経験と関係づけて語るように心がけた。

データ分析は，グラウンデッドセオリー法を用いて行われた。分析の信憑性のチェックとしては，3つの措置がとられた。まずインタビュー終了直後に協力者にインタビューのプロセスや話し合われた内容に問題がなかったかどうか，ということについて確認した。次に，質的分析の段階において数度にわたり2人の分析者が分析結果について話し合った。特に生成されたカテゴリーがデータに根付いているかどうかということについて検討した。最後に，分析結果を研究協力者にフィードバックし，7人からコメントを得た。協力者の多くは，分析結果が自身の考えを反映していると答えた。

2-2 結　果

インタビューのトランスクリプトは，3090の意味の単位に分けられ，そのうちの864から2つの最上位の（抽象度の高い）カテゴリーであるクラスターが生成された。クラスターには，2階層のカテゴリーが属している（図5-1）。1つめのクラスターは，「クライエントが主体的に問題に向かう姿勢を発展させるのを援助する」と名付けられた。第2クラスターは，「生物学対心理学――主体性を助長する全体的アプローチ」と名付けられた（図5-2）。2つのクラスターは，大まかに2つのインタビュー質問で尋ねられた領域と関係している。

第1クラスターには3つの上位カテゴリーが包括された。1つめは，「主体性を発展させるのは，情報提供とスキル学習，または内省のプロセスである」と名付けられた。13人の回答は，2つのパスに分かれた。1つは，リラクゼーション，認知再構成，アサーションといったスキルをクライエントに教え，学習させることであった。もう1つは，クライエントの内省プロセスを促進することによってクライエントが自律的になり，自身の進む方向を定めるように援

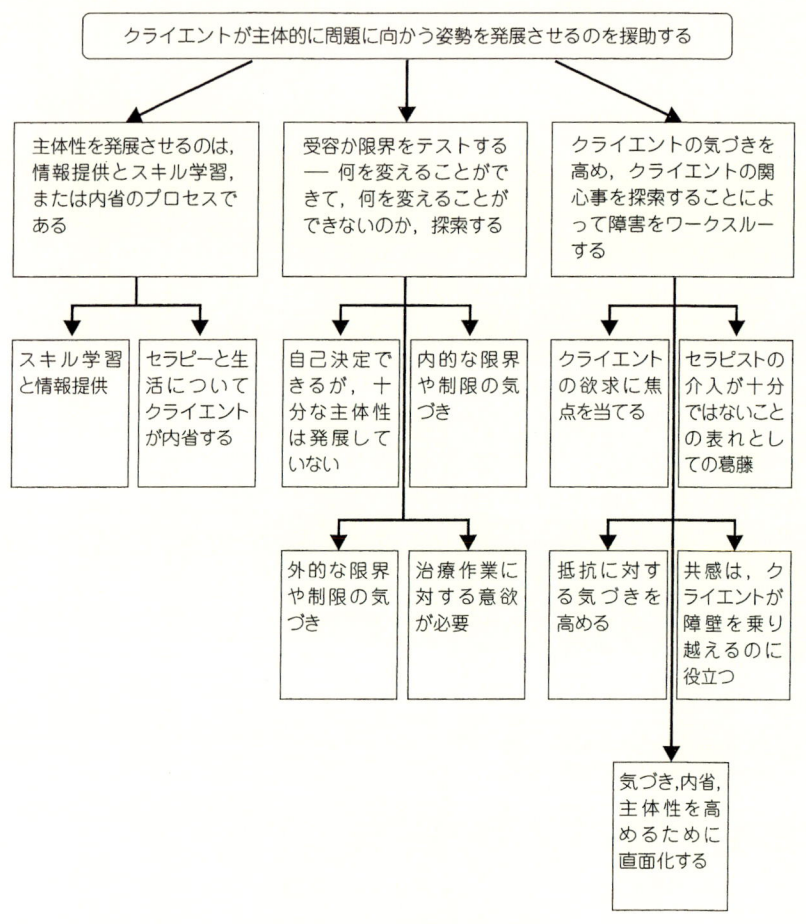

```
┌─────────────────────────────────────────────────┐
│ クライエントが主体的に問題に向かう姿勢を発展させるのを援助する │
└─────────────────────────────────────────────────┘
        ↓                    ↓                    ↓
┌──────────────┐    ┌──────────────┐    ┌──────────────┐
│主体性を発展させ│    │受容か限界をテ│    │クライエントの気│
│るのは、情報提供│    │ストする——何 │    │づきを高め、クラ│
│とスキル学習、ま│    │を変えることが│    │イエントの関心事│
│たは内省のプロセ│    │できて、何を変│    │を探索することに│
│スである        │    │えることができ│    │よって障害をワー│
│                │    │ないのか、探索│    │クスルーする    │
│                │    │する          │    │                │
└──────────────┘    └──────────────┘    └──────────────┘
    ↓      ↓           ↓        ↓           ↓         ↓
┌─────┐┌─────┐  ┌─────┐┌─────┐  ┌─────┐┌─────┐
│スキル││セラピ│  │自己決││内的な│  │クライ││セラピ│
│学習と││ーと生│  │定でき││限界や│  │エント││ストの│
│情報提││活につ│  │るが、││制限の│  │の欲求││介入が│
│供    ││いてク│  │十分な││気づき│  │に焦点││十分で│
│      ││ライエ│  │主体性│└─────┘  │を当て││はない│
│      ││ントが│  │は発展│          │る    ││ことの│
│      ││内省す│  │してい│          │      ││表れと│
│      ││る    │  │ない  │          │      ││しての│
│      │└─────┘  └─────┘          └─────┘│葛藤  │
└─────┘                                    └─────┘
              ↓        ↓           ↓         ↓
           ┌─────┐┌─────┐  ┌─────┐┌─────┐
           │外的な││治療作│  │抵抗に││共感は│
           │限界や││業に対│  │対する││、クラ│
           │制限の││する意│  │気づき││イエン│
           │気づき││欲が必│  │を高め││トが障│
           │      ││要    │  │る    ││壁を乗│
           │      ││      │  │      ││り越え│
           │      ││      │  │      ││るのに│
           │      ││      │  │      ││役立つ│
           └─────┘└─────┘  └─────┘└─────┘
                                            ↓
                                    ┌─────────┐
                                    │気づき,内省│
                                    │,主体性を高│
                                    │めるために │
                                    │直面化する │
                                    └─────────┘
```

図5-1　クラスター1のパス図

助することであった。この2つが1つのカテゴリーにまとめられているのは，クライエントの心理的障害や症状の重篤度によって，セラピストはどちらのアプローチをとるのかということについて意志決定するからである。たとえば，統合失調症のクライエントには，幻覚などの症状がある時期に起こっては消えてまた戻ってくるという症状について教えることや，対人スキルを教えることによってより適切な行動が積極的にとれるように援助することが，内省より優先されると協力者は答えていた。

ここにその引用文の一例を紹介しよう。ナラティブセラピーの第一人者であるドナルド・ポルキンホーン（Donald Polkinghorne）は，統合失調症水準の病理

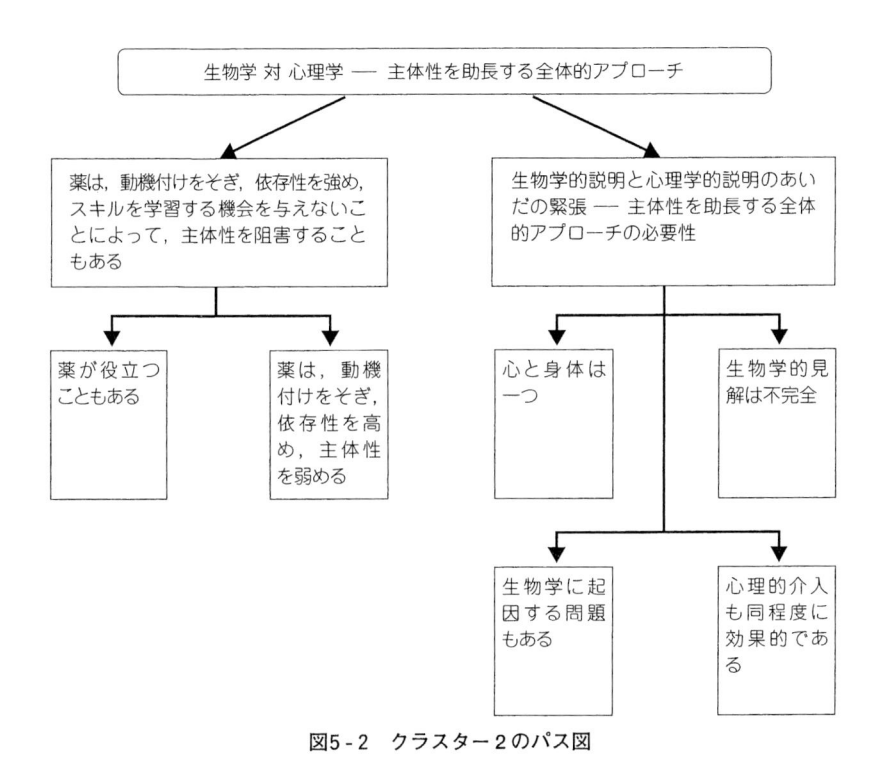

```
                    ┌─────────────────────────────────────────┐
                    │ 生物学 対 心理学 ── 主体性を助長する全体的アプローチ │
                    └─────────────────────────────────────────┘
                         │                              │
           ┌─────────────┴──────────┐       ┌──────────┴──────────┐
           │ 薬は，動機付けをそぎ，依存性を強め， │       │ 生物学的説明と心理学的説明のあい │
           │ スキルを学習する機会を与えないこ   │       │ だの緊張 ── 主体性を助長する全体 │
           │ とによって，主体性を阻害すること   │       │ 的アプローチの必要性           │
           │ もある                        │       │                         │
           └──────────────────────────┘       └─────────────────────┘
              │              │                      │              │
        ┌─────┴───┐   ┌─────┴─────┐           ┌────┴────┐   ┌─────┴─────┐
        │ 薬が役立つ │   │ 薬は，動機   │           │ 心と身体は │   │ 生物学的見 │
        │ こともある │   │ 付けをそぎ， │           │ 一つ     │   │ 解は不完全 │
        │          │   │ 依存性を高   │           │          │   │          │
        │          │   │ め，主体性   │           │          │   │          │
        │          │   │ を弱める    │           │          │   │          │
        └─────────┘   └───────────┘           └─────────┘   └──────────┘
                                                     │              │
                                               ┌────┴────┐   ┌─────┴─────┐
                                               │ 生物学に起 │   │ 心理的介入 │
                                               │ 因する問題 │   │ も同程度に │
                                               │ もある    │   │ 効果的であ │
                                               │          │   │ る       │
                                               └─────────┘   └──────────┘
```

図5-2　クラスター2のパス図

をもつクライエントに対しては，ナラティブセラピーの介入は行わず，より教育的なアプローチをとることを推奨している。

　「統合失調症の症状をみせる人たちと面接をするときに私がすることのひとつは，症状が現れるのは，一時的であるということをクライエントに理解してもらうことです…不幸なことにこのような症状は，ある時期にやってきてはまた消えていくということ，そして，これらの症状のせいで，いろいろな問題が起こること，症状が起こるエピソードのはじまりをどうやったら気づくことができるようになるのか，などを理解できるようにします…そしてこの段階をクリアしないと，大変なことになり，自身の生活に全く対処できなくなってしまうということを理解してもらうのです。」(Williams & Levitt, 2007, p.70-71)

　そして，このようなクライエント群に対して，彼が行う介入の多くは，統合失調症についての知識を増やすことと，その症状を管理するスキルを高めるのを手伝うことに向けられていた。

第2の上位カテゴリーは，「受容か限界をテストする ── 何を変えることができて，何を変えることができないのか，探索する」と名付けられ，クライエントが主体的になるのを制限するようなビリーフなどの内的な要因と環境的な要因を探り，それらに対する気づきを高める介入を示す4つのカテゴリーから構成された。第3の上位カテゴリー「クライエントの気づきを高め，クライエントの関心事を探索することよって障害をワークスルーする」は，主体性を促進する上で起こる抵抗やクライエント自身の葛藤などに対処することなどに関係する5つの介入カテゴリーによって構成された。

　もう1つのクラスターは，「生物学 対 心理学 ── 主体性を助長する全体的アプローチ」と名付けられた。多くのセラピストは，精神治療薬の使用を支持したが，それが，クライエントの治療に否定的な影響を与えることへの懸念も表した。たとえば，人間性心理学アプローチのアーサー・ボーハート（Arthur Bohart）は，薬物の効果について以下のように語っている。

　　「とても辛い時間をなんとか切り抜けるのに役立つことがあれば，それはそれでよいと考えています…たとえば，私が扱ったクライエントのひとりは，単極性大うつ病を患っていましたが，初回面接のあと，私は，薬もひとつの選択肢だと，このクライエントに伝えました。もし薬を試してみたければ精神科医を紹介するなどの手配をするってね。私はそうすることに抵抗はありませんよ。」(Williams & Levitt, 2007, p.76)

　薬に対する懸念は，認知行動療法アプローチのジェラルド・デイビソン（Gerald Davison）が以下のように表しており，下位カテゴリー「薬は，動機付けをそぎ，依存性を強め，スキルを学習する機会を与えないことによって，主体性を阻害することもある」というカテゴリーの一部となっている。

　　「だいたい，生活の中で出くわす困難な状況に対処するためのコーピングの方法を教えるほうが，クライエントにとって役立つでしょう。そのほうが，何かあればすぐ薬の瓶に手を伸ばすよりも良い方法だろうって私は考えていますよ。」(Williams & Levitt, 2007, p.76)

　もうひとつの下位カテゴリーは，「生物学的説明と心理学的説明のあいだの緊張 ── 主体性を助長する全体的アプローチの必要性」と定義された。クライエントの問題によっては生物学的な基礎があり，薬物治療が有効であり，また

必要であるが，心理的介入もそれと同じ程度に有効であり，この2つを分けずに考えていくことが重要であると協力者のほぼ全員が指摘し，その結果は4つの下位カテゴリーにまとめられた。たとえば，フェミニストセラピーの第一人者であるローラ・ブラウン（Laura Brown）は，以下のように答えている。

> 「身体と心は関係しているし，セラピストは，心だけでなく身体も扱わなければいけないと思います…もし，クライエントが「抗うつ薬は飲みたくないけどエクササイズはやってもいい」とか「ホメオパシー（同種医療）の専門家だったら診察を受けてもよい」という場合，私は「あなたにとって良いものを選んでください。ただし，身体をほったらかしにしておくのは良くない」と伝えます。」(Williams & Levitt, 2007, p.77)

このコメントは，下位カテゴリー1「心と身体は一つ」の基礎となっていた。

2-3 考　察

これらの結果から，ウィリアムズとレビットは，「協力者の治療的介入についての意見の収斂を同定し，意見の相違がある場合，より根底にある共通する意味について検討し，共通点を見いだすことによって」(p.78) 4つの瞬時ごとの変容の指針（moment-to-moment change principles）を導いた。これは先ほど得られたクラスターとカテゴリー名とほとんど変わらないが，より分かりやすい形になっているので表5-1に提示した。

表5-1　瞬時ごとの変容を促進するための指針

クラスター1　指針1　傑出したセラピストは，クライエントの主体性を高めるために，内省を促進するが，クライエントにそのスキルや能力が欠けている場合，教育的な姿勢をとった。
クラスター1　指針2　セラピストは，クライエントが変えることができるのは何か，そして変えることができないことは何かということを自身の力で決めるように，クライエントを導いていた。
クラスター1　指針3　セラピストは，クライエントが成果をあげていないと判断したとき，クライエント自身がどのようにして，そしてなぜ変化を阻止しているのかということに対する気づきを高めようとした。
クラスター2　指針1　セラピストは，クライエントが心理療法により深く関わっていくのを促進するために薬物治療を使うことを肯定したが，薬物がクライエントの主体性を阻害するとき，薬物による治療は有用だと考えなかった。

（注）Williams & Levitt（2007, p.78-79）の見出しを筆者が訳出し表にまとめた。

2-4　コメント

　ウィリアムズとレビットの研究目的は、「心理療法においてクライエントの主体性を扱うための実践的ガイドラインをセラピストインタビューに基づいて明らかにする」ことであった。異なる理論アプローチの傑出した臨床家・研究家にインタビューをすることによって、理論アプローチを超えて共通する因子やプロセスを理解できると考えた。この点において本研究は統合的な視点に立っているといえるだろう。また、主体性について研究することが、現在北アメリカで支配的になっている心理療法の「医学モデル」の問題を検討している点も重要である。

　最終的に表5-1に挙げた4つの指針が導かれたが、指針1は、セラピストがどんな指標をもとに主体性を高める介入の仕方を選択するかという判断の基準を与える点において臨床的に役立つだろう。また、多様な理論アプローチの臨床家・研究者が主体性を高める介入の指針に関してかなり意見が近く、4つの指針に集約可能であったことも興味深い。

　権威とされるような傑出した臨床家・研究家に意見を求めることは、どれくらい成功したといえるだろうか。主体性という言葉は、一般的な会話でもよく使っているし、臨床家もそのようなことについて考える機会は多いだろう。しかし、それをすぐに介入の指針として簡潔に論理的に述べたり、それと関わる実際のクライエントについて話すのはそれほど容易ではない。主体性に関してインタビューの場で理論化して語ることができるのは、かなり経験豊富であり、研究や理論アプローチの開発に携わったことがある傑出した臨床家・研究者であろう。

　本研究では、28名のセラピストに研究協力を依頼して、14人（50％）から同意を得ている。これは、非常に高い率である。協力者のうち、7名の著作や実演ビデオは日本語でも紹介されている著名な臨床家・研究者（ローラ・ブラウン、ジェラルド・デイビソン、アーサー・フリーマン、レスリー・グリーンバーグ、マービン・ゴールドフリード、ロバート・ニーマイヤー、ドナルド・スペンス）であり、彼らの意見は、主体性の実践的指針の基礎を作るために非常に有効な出発点となった。

　本研究において、協力者が比較的簡単に集まった理由はいくつか考えられる。まず、研究者のレビットは、学会を通してここに名前が挙げられている半数以上の臨床家・研究者を知っていた。それと同じ程度に重要であったのは、本研

究のテーマが近年の北アメリカにおける心理療法を取り囲む状況と関わる重要な課題を扱っていたことである。本研究において，協力者は，特定のクライエントについての例を挙げることや，のちに紹介する治療的行き詰まりの研究のようにセラピストが語りにくい内容について詳述することも要求されなかった。もう一方で，もしこのように現在進行する論争と関わる問題を扱う場合，協力者が自らの利権を主張することを目論んで研究参加に合意するということもあるだろう。しかし，本研究ではさまざまな理論オリエンテーションの臨床家・研究者を選び，そのような偏りが起こらないように配慮された。

　データ分析は，グラウンデッドセオリー法が用いられた。ウィリアムズとレビットは，10人のインタビューの分析をはじめに行い，データが飽和状態に達したあとに，4人のインタビューを行い，新しいカテゴリーをつけたす必要がないことを確認した。また，信憑性のチェックも3段階設けた。本研究の結果は，四角い箱がつなげられたパス図によって提示され（図5-1と図5-2），視覚的にカテゴリーの全容が分かりやすくなっている。カテゴリーおよびクラスターの名称は長く，1つの概念というよりも命題の形となっている。介入の「指針」を読者に示すには，1単語でクラスター名やカテゴリー名を表すよりも「1文」のほうが分かりやすい。

　本研究は，主体性を高めるための大まかな4つの指針を示しただけであり，ウィリアムズとレビットが言うように「瞬時ごとの」変容の指針を示してはいないだろう。主体性を高めるためのより細かな指針について知るためには，実際のクライエントの例を挙げてもらい，セラピストがどのような手順で介入をしていくのか，ということについて話してもらう必要があるだろう。いずれにせよ，主体性を高める介入の実証的な基盤を作るという研究目的は十分達成したといえるだろう。

3　治療的行き詰まりの研究 ── 合議制質的研究法

3-1　研究の背景

　ヒルらは，長期療法における行き詰まり全般について，12名の経験豊富なセラピストに対して質問紙とインタビューを実施し，合議制質的方法を用いて分析した（Hill et al., 1996）。行き詰まりは「心理療法の進展が不可能なほど困

難で複雑な硬直状態であり，ふつうセラピストとクライエントの双方が，怒り，落胆などの感情や挫折感をもつに至り，クライエントの一方的なドロップアウトに終わる」(1996, p.209) ことであり，セラピストとクライエントの双方にとって悪影響があることが知られていた。これまで治療的行き詰まりの原因に関して，①心理療法の恩恵を受けるのを妨げるほどクライエントの精神病理が重篤であること，②クライエントとセラピストのパーソナリティー，ライフステージ，個人的好みなどのミスマッチ，③治療関係の問題，④治療目的に関する意見の食い違いなどが挙げられていたが，臨床家のあいだで意見が一致せず，系統的な研究から得られた実証的なデータが不足していた。

彼らは，この研究に先立ち，セラピストに誤解された体験について，セラピストがクライエントとして受けた心理療法体験を基に自由記述でデータを集めた (Rhodes et al., 1994)。本研究では，問題を誤解に限定せずより広くさまざまな形で起こる行き詰まりを扱い，セラピストの視点に焦点を当てることにしている。セラピストの視点に注目したのは，「(セラピスト自身の) 体験への洞察を提供することができ，また面接プロセスにおいて起こることに関して自らの臨床的観察力を用いることができる」(p.208) からであった。そして，「セラピストの視点から，セラピスト，クライエント，相互作用のどんな変数が関わっているのか，どんなふうに行き詰まりが展開するのか，その結果としてどのようなことが起こるのかということを理解しようと試みた」(p.208)。彼らが質的方法を選んだのは，本研究が探索的であること，そしてセラピストの視点を研究者の概念的な枠組みに押し込むことなく，そのままの形で捉えることができると考えたからであった。

本研究では，自由記述の質問紙を実施し，そのあとにインタビュー調査を行い，行き詰まりの体験についてより深く調べている。まず質問紙から実施した理由は，「セラピストは，自分の失敗体験だと思っていることについて紙面に回答するほうが，失敗をさらけ出されると感じないですむのではないかと想定したからであった。また，インタビューは，質問紙への回答を補う役割も果たすと考えた。質問紙に回答することを通して，セラピストの失敗についての記憶や考えを刺激し，より深い情報がインタビューにおいて得られるのではないかと考えた」(p.208)。

3-2 方 法

ヒルらは，アメリカ東部の心理学会の名簿から臨床実践に携わっていると考

えられる270名のセラピストを無作為に抽出し，それに加えて研究協力を申し出た6人の知り合いのセラピストに対して質問紙を郵送した。質問紙を送り返してきたのは，15名のセラピストであった（名簿から無作為に抽出された13名と，知り合いの2名）。無作為のサンプルうち，3名は参加を辞退した。ひとりは，研究参加に時間がかかりすぎると辞退の理由を挙げた。残りの2人は，行き詰まりが思い出せないという理由であった。最終的に12人（4.4％）からの回答が集められたが，このうち，8名（3.0％）がインタビュー参加に承諾した。8人の質問紙の回答は，インタビュー協力を辞退した4人から得た回答と質的に異なっていなかった。最終的に残った協力者12名の情報であるが，すべて白人系アメリカ人であり（女性＝8名，男性＝4名），うち，9名が心理学で博士号をもち，2名は教育学で博士号をもっていた。ひとりはソーシャルワーカーであった。年齢は，39歳から67歳（平均年齢＝51.50，標準偏差＝8.67）だった。理論アプローチは，4名が分析的－人間性（ヒューマニスティック）心理学の折衷アプローチ，2名が精神分析的アプローチ，2名は人間性心理学アプローチ，4名が認知行動療法アプローチであった。セラピスト全員がクライエントとして心理療法を受けた経験をもち，平均で3.42人のセラピストと8.96年のクライエント経験があった。そして，学位取得後も個人・グループのスーパービジョンを受けていた。

　12名のセラピストは平均1831.25人（標準偏差＝2985.5人：経験年数に大きな幅があるために標準偏差がこのように大きな値になった）のクライエントと心理療法を行った経験をもち，そのうち，約3％にあたる22.9人（標準偏差＝30.1人）のクライエントが行き詰まりの状態でドロップアウトしたと答えた。回答で扱われたクライエント12名のうち10名が何らかの人格障害をもっていたが，1名は，精神障害をもたなかった。セラピストによると2回から48回の面接が行き詰まりの状態（メディアンは，5回，平均は，8.8回，標準偏差＝12.7回）にあった。全体の面接回数は，10回から390回で（中央値＝84，平均＝122.5，標準偏差＝124.3）で3ヶ月から11年続いたセラピーもあった。

　自由記述の質問紙は，かなり細かな項目に分けられた。行き詰まりの具体的な例だけでなく，セラピストとクライエントに関する情報，セラピストがこれまでに経験した行き詰まり全般に関する情報も集められた。インタビューでは，より自由に協力者が語り，自由記述の情報を補うことができるように細かな質問項目は定めていなかった（表5-2, 5-3）。

表5-2 自由記述の質問紙の内容

セラピストのデモグラフィックデータ
年齢
性別
最終学歴
臨床経験年数
クライエント数
理論アプローチ（主要アプローチと他のアプローチから受けた影響度）

セラピストの行き詰まりに関する全般的情報
行き詰まりに終わったクライエントの数
行き詰まりに終わったクライエントの特徴（診断名，人格的特徴など）

最近あった1つの行き詰まりの出来事に関する情報
心理療法が開始されたときの様子
行き詰まりの前と後の作業同盟の状態の見立て
行き詰まりに寄与したセラピストとクライエントの要因
行き詰まりに先だって起こった出来事
行き詰まりの状態の様子
行き詰まりに対処し，それを克服するためにセラピストが用いた介入方策
クライエントとセラピスト自身が行き詰まりにどのように反応したのかということについてのセラピストの知覚・認識の仕方
転移と逆転移に関する問題

クライエントとセラピストにとっての行き詰まりの影響
行き詰まりはなぜ起こったのかということに関するセラピスト自身の見解
行き詰まりに関してセラピストが求めたコンサルテーション・スーパービジョンの描写

行き詰まりがあったクライエントに関するデモグラフィックデータ
DSM-IV による診断
心理療法の設定（個人開業オフィス，病院など）
面接構造（頻度，長期，カップル併用）
治療期間

(注) Hill et al. (1996) の方法の記述 (p.208-209) から筆者がまとめた。

表5-3 行き詰まりに関するインタビュー質問領域

1. 守秘義務についての説明と録音することへの合意を得る
2. 質問紙に回答してから行き詰まりについて考えたこと
3. その行き詰まりの例を選んだ理由
4. その行き詰まりの突出した特徴
5. セラピストが体験した他の行き詰まりと回答に選択した行き詰まりのあいだの類似点
6. 質問紙への回答の明確化（特に，行き詰まりに至るまでに特定の出来事があったかどうか，また転移と逆転移が関係していたか）
7. その行き詰まりをよりよく理解するために役立つ情報

(注) Hill et al. (1996) の方法の記述 (p.209) から筆者がまとめた。

3-3 分析の手続き

本研究には，3人の研究者（ひとりは大学教員で，2人は博士課程の学生であった）が中心となり，計5人が参加した。研究に先立ち，それぞれが治療的行き詰まりに関してもっている見方の偏向や結果に対する期待を書き出し，まず研究者自身がそれらに気づき，研究のさまざまな段階の作業において客観性を保てるようにした。たとえば，第一研究者であるヒルは，「転移と逆転移，クライエントの精神病理（対人関係を確立できないこと）が主要な役割を演じている」(Hill et al., 1996, p.208) と考えていたと報告している。

データ分析は，合議制質的研究法を用いた。データ分析に先立ち，個人を特定する情報を削除したトランスクリプトを作成した。データの分析は，まず中心となる3人の研究者が，データを3つの主要ドメイン（領域）と下位12領域に分ける作業からはじめた（表5-4）。そのあと，それぞれのドメインの核となる概念をそれぞれの研究者が作成した。たとえば，クライエントの背景に関して与えられたかなり細かな記述に対して，「クライエントは，自殺すると脅かし，薬を飲むことを拒否した」というような一文へとまとめた。合議ミーティングでは，このような核となる概念の構成，それぞれの分析結果の類似点や相違点，コード名など，細かな点について合意ができるまで話し合った。合議ミーティングは「オープンな雰囲気が維持され，すべての考えが表され，検討されるようにした」(Hill et al., 1996, p.209)。合議ミーティングは合計何回必要

表5-4 行き詰まりのデータ分析に使われた3つのドメインと12の下位ドメイン

主要ドメイン	下位ドメイン
背景	クライエントの診断 クライエントの経歴・関連する個人史 主訴 初期の治療関係
行き詰まり段階	行き詰まりの出来事 行き詰まりの関連要因 クライエントの反応 セラピストの反応 セラピストの介入方略
結果・影響	終結時の治療関係 終結の仕方 セラピストへの尾を引く影響

となったのか，本論文には記載されていない。

　分析の信憑性やデータが核となる概念にしっかりと反映されているのか調べるために，分析に参加していないもう2人の研究者が，監査者（auditors）となった。2人は別々に作業し，それぞれのフィードバックを分析の中心となった3人に戻した。3人はそのフィードバックをもとに，核となる概念の表現を練り直した。このようにして協力者全員のデータを1人分ずつ分析したあと（ケース内分析），最後に，それらに共通性があるか調べた（ケース間分析）。この段階でも2人の監査者のフィードバックを取り入れた。

3-4　結　果

　合議制質的研究法によって分析した結果を表5-5に提示した。行き詰まりの背景として挙げられたのは，まずクライエントの7名が原家族と関わる問題をもち，心理療法を受けていた時点でも，彼氏と別れる，結婚生活が機能していない，子どもとひどい葛藤関係にあるなど，親密な関係において問題を抱えていたことである。また，権威者に対する不信，男性に対する怒り，見捨てられ不安，他者を傷つけてしまうのではないかという恐れなど，全般的な対人的問題をもっていた。そのほか，虐待，薬物治療（抗うつ薬があっていない）などの問題もあった。主訴は，不安かうつが最も多く，対人的に安心感が得られない，夫婦関係の問題，強姦の被害にあったことから続いて起こった身近な人たちとの不和などといった問題もあった。

　初期の治療関係は，① 良好な関係を築いていた（クライエントが怒りをみせることもなくしっかりした治療関係），② より表面的な関係であった（クライエントは表面的に友好的であるが，受動攻撃的であり，セラピストと競争するような感があった），③ 欠陥がある関係（セラピストとのあいだのつながりに問題があり，クライエントは，セラピストに対して怒りを表したが，セラピストに本当の自分をみせない感があった）の3つに分かれた。

　行き詰まりは，1つのひどい出来事としては捉えられず，クライエントが慢性的にセラピストのやり方に納得せず，心理療法の課題や目的に関して意見の相違が続いたこととしてセラピストは捉えていた。たとえば，あるクライエントは，何度もセラピストのアドバイスを求めながらも，最終的には自分で決断をしたがった。

　12人のセラピストの回答から，行き詰まりと関係する4つの要因が同定された。すべての行き詰まりにみられたのは，セラピストの失敗であった。セラ

表5-5　12の行き詰まり例の領域別の結果

下位ドメイン	全般（12事例すべて）	典型的（7～11事例）	少数（3～6事例）
クライエントの診断		I軸　不安　またはうつ II軸　人格障害	
クライエントの経歴・関連する個人史	原家族の問題	親密な関係における問題 一般的な対人問題	虐待 薬物治療の問題 もろさ・傷つきやすさ 個人的なクライシス
主訴		不安かうつ 対人問題	
初期の治療関係			良い関係 足りない部分があるまたは表面的な関係 欠陥のある関係
行き詰まりの出来事	介入のやり方に対する意見の食い違い	特定の出来事はない	
行き詰まりの関連要因	セラピストの失敗	三角関係 転移 セラピストの個人的な事柄	
クライエントの反応	セラピストへの陰性感情		士気の減退
セラピストの反応		クライエントに対する怒りまたはフラストレーション クライエントに落胆する,傷つく 混乱,または不安 否定的な自己効力感	驚き
セラピストの介入方策		行き詰まりの探索を促進 コンサルテーションを受ける	指示的になる セルフトーク（自分に話しかける）
終結時の治療関係		悪化	不明確
終結の仕方		クライエントが突然終結	
セラピストへの尾を引く影響		思い沈む 自信喪失	介入方策を変える クライエントのことを心配する

（注）本表は，Hill et al.（1996, p.211）を筆者が訳出した。

ピストの失敗は，4つの下位カテゴリーに分けられた。1つめは，セラピストが過度にクライエントに圧力をかけたり，クライエントに対して過度な期待をすることによる失敗であった。次に，セラピストが，クライエントの心理的状態が脆弱すぎると思いこみ，慎重になりすぎ，十分な指示を与えなかったり，確固とした立場をとらなかったりすることによる失敗であった。3つめは，セ

ラピストが治療的中立性を失ったことであった。セラピストが技法を次々と変えるためにクライエントにとって面接がどんな方向に進むのか分かりにくかったり，枠組みを設定しなかったりすることと関係していた。4つめのカテゴリーは，セラピストがクライエントの見立てを誤ったことに起因した。セラピストがクライエントの心理的病理や，クライエントの強みを過小評価したり，クライエントの苦痛または問題の重篤度を十分に認知していないことと関係した。

　行き詰まりと関係する2つめの要因は，三角関係であった。治療関係に第三者が入り込み，クライエントがセラピストともうひとりの人間のどちらかの側を選ばなければいけないと感じた場面である。たとえば，あるクライエントの配偶者がセラピストに対して怒りだし，クライエントはその肩を持ち，一緒になってセラピストに対して怒りを表した。

　3つめの要因は，転移の問題であった。あるクライエントは，セラピストがやりたくないことを強要する親であるかのように振る舞っていたと，セラピストは感じた。

　4つめの要因は，治療作業を妨げるセラピスト個人の問題であり，4つのカテゴリーに分類された。1つめは，強い陰性感情や敵対的な行動を扱うことに対する苦手意識であった。数名のセラピストは，クライエントの強い陰性感情を扱うのを不得手とした。クライエントが強い怒りをセラピストに向けたとき，クライエントが強姦されたことを開示し，面接中にセラピストの目前で乖離状態になったときに，どうしてよいのか分からなかったことなどが挙げられた。次に，セラピスト自身の個人的問題がクライエントの問題によって刺激され喚起された状況であった。たとえば，あるセラピストは，非常に敵意が強く攻撃的なクライエントがあたかも自分自身の母親であるかのように感じた。3つめは，無力で受動的なクライエントを助け出さないといけないと感じ，セラピストが救済者の役割に引き込まれることだった。4つめは，セラピストのその時点での私生活におけるストレッサーであった。セラピストは，自身や家族の病気のため，クライエントからの批判や攻撃に特に敏感になり，うまく対処するための体力も精神力もなかった。

　セラピストは，このような行き詰まりが起こったとき，クライエントに対して怒り，フラストレーション，落胆，傷つきなどの感情を体験した。また，行き詰まりがどのようにして起こったのかすぐに把握できず，混乱し，不安も募った。また自身の臨床的力量に関しても否定的に評価するようになった。数人のセラピストは，このような事態を予想しておらず，気持ちの準備もできていなかったと答えた。

ひとりを除いて全員のセラピストは，クライエントと行き詰まりに至った面接プロセスについて振り返り，その状況とクライエントの過去の対人関係が似ている点について話し合い，クライエントを再び治療関係に引き込もうと努めた。そして，その状況に関してクライエントの洞察を導こうとしたり，より積極的な姿勢をとり，指示を与えた。また，ひとりを除いて全員のセラピストがこの行き詰まりに関して，スーパーバイザーや同僚からのアドバイスを求めた。

　最終的に，ほとんどの例においてクライエントは一方的に終結した。そのやり方はさまざまで，セラピストに電話で告げる場合，全く連絡がなくなる場合，面接においていきなりクライエントが切り出す場合などがあった。セラピストは，事の深刻さを理解していないことが多く，クライエントが終結の話題を切り出したとき不意をつかれたように感じた。本研究において報告された行き詰まりの例は，クライエントがドロップアウトしたあとに何がいけなかったのか振り返ってから，はじめて行き詰まりが続いたことに気づいた例が多くあった。ドロップアウトが起こったあと何がいけなかったのかひとりで思い起こしたが，数年たったあとでも，まだある面では回復できていないと答えたセラピストもいた。

　最後に，これらのカテゴリーがどのように1つのケースにおいてつながっているのか，全体的なつながりを示すために，「優柔不断な男」というケースが紹介されている。Kは，経験豊富な44歳の女性セラピストで，個人開業オフィスで精神分析的心理療法を実践した。クライエントは，42歳の男性でうつと不特定性の人格障害の診断を受けていた。2人は，7年にわたり，約300回の面接を継続したあとクライエントが一方的に終結した。それは研究参加の約1年前のことであった。2人の治療関係ははじめから「嵐のように」荒れて，セラピストが無力感を覚えることもあった。心理療法を開始したとき，クライエントは，一流大学を卒業していながら，最低賃金の簡単な手作業だけの仕事についていた。しばらくのあいだ面接は役に立っていたようで，クライエントは大学院に進み，結婚することができた。しかし，妻が彼の元を去っていったあと難局にぶつかった。クライエントは，自身の母親のように，批判的で，口うるさく，怒りやすく，支配的な女性ばかりと交際し，これらの女性たちと似たようなもめ事を繰り返した。彼は，これらの女性を喜ばせようとするが，もう一方で女性に支配されることを拒んだ。行き詰まりがひどくなったとき，ちょうど，クライエントは，結婚してほしいと圧力をかけてくる女性と交際していた。そして，再婚することに対してアンビバレンスを感じ，自身の優柔不断さに苛立ちを覚えはじめたのだ。セラピストのKが，これを依存と自立の葛藤

として扱いはじめた時点で、治療的行き詰まりに達した。

2人の心理療法に起こった行き詰まりには、明確なはじまりと終わりがなかった。その特徴は全体的な不調感と、ぐるぐると同じところをまわっているような感覚であった。クライエントがドロップアウトする直前、自分が再婚するべきかという決断をセラピストにさせようとしていた。彼は、それまでもったことがなかった「すべてを満たしてくれるような母親」になってほしいと思う一方で、セラピストの意見に耳を貸さず完全に拒絶した。クライエントは、心理療法初期に成果を上げたのに、そのあとは特にきわだった改善もなく、心理療法を継続しても自分の人生が思うようにいかなかったことに対して腹を立てていた。そのとき交際していた女性も心理療法が失敗だと繰り返し彼に伝え、彼の怒りをさらにあおった。

Kは、苛立ち、落胆した。「自分が過度に受け身だったのだろうか、クライエントの母親のように支配的になってしまうことを恐れて、より積極的で支持的なスタンスをとることを避けていたのだろうか」と頭を悩ませた。このクライエントが語気を荒げると防衛的になり、面接室から逃げ出したいと思うこともあったので、セラピストのK自身に攻撃性と関わる未解決の心理葛藤があることにも気づいた。

クライエントは最終的に他のセラピストと新たにやり直すことに決めた。セラピストのKは自身の臨床力に疑問を感じ、今後同じようなクライエントとやっていけるのか不安が募り、このケースを理解するためにスーパービジョンを受けることにした。

3-5 考察

考察において、ヒルらは、本研究の結果が、これまでに行き詰まりと関わる要因について指摘してきた臨床文献の指摘のほとんどを支持していたと結論づけている。本研究において特に顕著な発見は三角関係であり、これまで行き詰まりに関する先行研究において面接外の要因に関して検討してこなかったために、見落とされてきたのであろうと論じている（しかし、セラピストに対してクライエントとして受けた心理療法の失敗についてインタビュー調査したグルーンバウム（Grunebaum, 1986）の研究では、三角関係が失敗の原因のひとつとして取り上げられている）。

ヒルらは、セラピストがクライエントとして受けた心理療法における「誤解」についての研究（Rhodes et al., 1994）と本研究を比較し、非常に似た結果が得

られたことを指摘している。まずは，「誤解」と「行き詰まり」の第一の共通点は，治療関係における問題がそれらに先行して存在することである。ローズら（Rhodes et al., 1994）の研究では，誤解が解決できずドロップアウトに至るケースでは，クライエントとセラピストのあいだの信頼や安全性が欠けていた。ヒルらの研究においては，セラピストとクライエントとのあいだで治療目標や治療課題，セラピストの介入方針に関しての意見の相違があった。次に，クライエントは，セラピストに対して不満を告げないまま来談を止めたり，止める直前になってからセラピストに伝えたために，セラピストは，行き詰まりをどの程度クライエントが深刻に考えていたのか，気づかなかったということも共通していた。クライエントは，セラピストが誤解したあと，不満や怒りを直接表さなかったために，セラピストはそれを知らないまま面接を続けてしまった。どちらの研究においても，セラピストは臨床経験が豊富であった。それでも行き詰まりが起こり，それに気づくことができないというのは，非常に興味深い発見である。

　これらの知見から，ヒルらは，2つの臨床的な提案をしている。ひとつは，クライエントが，セラピストまたは心理療法に対して否定的に思っているときセラピストはその重さに気づかない傾向にあったことから，クライエントが心理療法の進行に関してどのように感じているのか頻繁に尋ねて，クライエントとのあいだに治療目標や治療課題に関する合意を確認し，心理療法に対する満足度などに関するアセスメントを定期的に行うことである。もうひとつは，コンサルテーションやスーパービジョンを受けることである。そして，そのクライエントとの作業に限界を感じたとき，他の専門家にリファーすることも必要になるということに言及している。

　ヒルらは，本研究の問題点として，サンプルが非常に小さいことと，行き詰まりに関しての情報は，現在起こっている「行き詰まり」ではなく，セラピストの記憶に頼っていることを挙げている。270人に呼びかけ，最終的に12人しか集まらなかったのは，行き詰まりという扱いにくい主題も関係していると考えられる。12人が，臨床家の全体を反映しているとは考えにくく，本研究の結果を解釈するとき，この12人のデータの記述研究と考えるべきであると注意している。

3-6　コメント

　それでは，セラピストの視点からデータを集めるという研究としてヒルらの

研究の際だった点のいくつかについて考察したい。

　本研究は，治療的な行き詰まりをセラピストの視点から調べる数少ない研究であり，臨床家の意見が一致せず，系統的な研究が足りない領域に，実証的データを加えたことはとても重要な貢献である。

　セラピストの視点からデータを集めることによって，セラピストの臨床的観察力と洞察を活かして行き詰まりのプロセスの理解を深めた。セラピストから情報を集めることの利点が活かされていたことがうかがわれるのは，セラピストの失敗や関連要因などクライエント，または第三者である評定者からはとても到達できない事柄がかなり細かく分類され整理されたことである。たとえば，行き詰まり場面と関わるセラピストの介入の失敗は5つに整理され，それぞれの例まで挙げられている。また行き詰まりに関わる要因として，「陰性感情を扱うのが苦手である」とか「個人的なストレッサー」など，セラピストの個人的な領域に関することが報告されている。これらの非常に内面的な事柄が挙がっていることは，協力者が単に表面的な答えを出しているのではなく，テーマに関してかなり深く体験を開示していることを示している。

　本研究においてセラピストの視点からデータを集めることの利点がうまく使われているのは，三角関係などといった行き詰まり体験からもうかがえる。三角関係は，時間的に面接のこの部分からこの部分というようにトランスクリプトから第三者の目で同定しにくい現象である。また，クライエントはこのような状態にセラピストをおいていることに，気づいていないかもしれない。また，行き詰まりの体験はセラピストとクライエントでは本質的に異なるだろう。

　本研究では，まず質問紙調査を行い，そのあとにインタビューを行っている。質問紙は，かなり細かく内容が分けられ，情報がある領域で聞きそびれることがないように構成されていた。自由記述の質問紙を使うことには，セラピストが自身のペースで考えながら回答できるという利点があったかもしれない。しかし，270人から12人の回答しか得られなかったのは，行き詰まりという内容だけでなく，質問紙が長く，回答に時間がかかったことも関係しているだろう。この質問紙は，名簿から無作為に選ばれたセラピストに送られた。このように個人的な領域に接近する場合，知り合いの臨床家などを通して，協力者を集めたり，回答時間の代償として謝礼を準備するなどの手続きをとったほうが，突然協力を依頼されるよりも，負担が少なく参加に協力的になれるかもしれない。

　協力者は，この研究に協力することは，行き詰まりで中断になったケースについてさまざまな側面から見つめ直す良い機会となったと報告していることか

ら，このような種類の研究への参加は，セラピスト本人にとっても貴重な学習体験になるということが分かる。それは本研究が目指す主要な研究目的ではなく，二次的に派生した効果である。「セラピストに協力を依頼する」研究では，そのような相互的な恩恵が得られることが多くある。

　最後にひとつの事例を紹介することによって，どのように行き詰まりが起こったのかというおおよその流れをみることができた。ただし，事例の記述は短いために，典型的なやりとりの性質など細かな部分についてはそれほど鮮明に伝わってこなかった。12ケースのうちの典型例が2例くらい紹介され，多少のバリエーションを比較できるほうが，行き詰まりに関してより明確な理解につながったかもしれない。

4　2つの研究の比較

　ここでは，上に紹介した2つの研究を方法的な側面から比較して，セラピストの視点からの研究を計画・実行する上での重要な検討事項について考えよう。
　まず，2つの研究をサンプルという点から比較してみよう。ウィリアムズとレビットの研究は顕著な業績を達成した臨床家・研究者を対象とし，28人にアプローチして14人から協力の合意を得ている。知り合いの臨床家・研究者などに声をかけ，縁故法でデータを集めた。発表論文の数など「権威者」の条件はかなり厳しく（たとえば発表論文数は100件とされた），それを満たす臨床家・研究者は，多くないはずである。もう一方で，ヒルらの行き詰まりの研究では，アメリカ心理学会の東部会の名簿から無作為に取り出した270名と研究に関心を示した6名に協力依頼を行い，すべて回答して返送してきたのは無作為のメーリングリストから12名（4.4％），縁故法は，2名（33％）であった。この値は，上記の権威を対象とした研究よりもはるかに低い。ちなみに初回面接における「成功体験」について自由記述の質問紙への回答式で調査を行ったフロントマンとクンケル（Frontman & Kunkel, 1994）は，120部の質問紙を訓練機関，地域メンタルヘルス診療所などに送ったところ，69人の有効回答を得ていた。またヒルら（Hill et al., 2003）は，セラピストがクライエントの敵意のこもった怒りの標的になった場合と，はっきり表されない怒りの標的となったときの体験の違いについてインタビュー調査を行った。彼らは，上記と同様のアメリカ心理学会東部会名簿とアメリカ心理学会第17部会（カウンセリ

ング心理学）の名簿から無作為に68人を抽出した。行き詰まりの研究（Hill et al., 1998）と異なる点は，ヒルらの名前をよく知っている第17部会のメンバーを組み入れたこと，そして，手紙で研究目的，プライバシーなどの説明をし，さらに質問紙に対する回答を求めるのではなく，手紙に続いて電話，またはメールで，研究協力の諾否を尋ねた点である。その結果，37人は参加を断ったが，連絡不能だった6名，臨床を行っていない8名，クライエントの怒りの標的となった出来事を思い出せなかった3名を除いて，51名中14名（27％）から研究協力の合意を得た。協力者が研究者のこれまでの活動を知っている場合，そして電話などで接触を行い，協力が可能か確かめることによって，協力者数がかなり増えている。

このことから，協力者集めに関して検討すべき事項が浮かび上がる。まず，セラピストにとって答えにくい治療的困難や失敗に関するインタビューは協力者を集めるのが容易ではないという点である。次に，発表論文件数も多く，権威とされるような臨床家・研究者も研究のトピックによって比較的協力的であるという点である。ウィリアムズとレビットらの研究でも，研究依頼をしたうち約50％が研究協力してくれた。そして，3つめに，協力者の時間と労力の負担をできるだけ少なくすることがデータ収集を効率よく行うために重要である。

次に，データ分析である。ウィリアムズとレビットは，グラウンデッドセオリー法を用いて，ひとりが分析し，もうひとりが監査者としてその結果をチェックした。一方，ヒルらは合議制質的方法を用いており，はじめから複数の研究者が話し合いを通して分析プロセスに参加している。このようにかなり研究プロセスとしては違いがあるが，データ分析がはじめから最後までひとりの研究者に任されているのではなく，定期的に他の研究者のフィードバックが求められ，話し合いの機会がもたれているのは，両方の研究に共通している。また，やり方は異なるが，両方の研究において協力者にフィードバックを求めている。このように，異なる分析方法を用いているが，その中において行う作業はかなり似ていることが分かる。

5　まとめ

セラピストにインタビューを行うということは，研究におけるデータ収集と

いう範囲を超えて，貴重な学習体験になる。それはインタビューの相手が傑出した臨床家のときだけでなく，若手や初心者の臨床家でも変わることはない。臨床家は面接の専門家であり，体験を言葉にする能力に長けている。そのため，インタビューという方法によって情報を集めるのが適切であることが多い。

　特にセラピストの介入と主観的な体験が重なる領域に関する研究は，セラピストの視点を理解するインタビューや自由記述の方法が役立つ。近年では，セラピストのセルフケア，セラピスト自身の成長などといったテーマについての関心が高まっている。逆転移，行き詰まり，失敗などといった問題と同様に，これらのトピックもセラピストに対するインタビューが有益だと考えられる。セラピストが臨床活動を通して身につけてきた臨床の知は，個々のセラピストの中にとどめられているだけでなく，それらを総合して理論としてまとめることによって共有されるだろう。

　もう一方で，インタビューに協力してもらうということは，セラピストの大切な時間を割いてもらっているということも忘れてはいけない。インタビューに一時間協力してもらう場合，トランスクリプトの確認，分析結果の確認のためのフィードバックインタビューまたは自由記述など，追加の作業時間が必要となる。実際にどのくらいの時間がかかるのか，研究協力を依頼する時点でセラピストに伝える必要があるし，部分的な協力のみになるセラピストも少なからず出てくることも想定するべきだろう。また，忙しい中に協力してくださるセラピストへの感謝も忘れてはならない。

📖 学習を深めるための参考文献

Experiences of novice therapists in prepracticum: Trainees', clients', and supervisors' perceptions of therapists' personal reactions and management strategies.
Williams, E. N., Judge, A. B., Hill, C. E., & Hoffman, M. A.（1997）. *Journal of Counseling Psychology*, *44*, 390-399.
　訓練中の大学院生が臨床実習を受けるときどんな体験をするのか，合議制質的研究法を用いて分析した。また，量的分析も組み合わせて，学期が進むにつれて大学院生の不安やカウンセラーとしての自己効力感などがどのように変わっていくのか分析を加えている。初心者セラピストに対する研究として参考になる。

Therapist perspectives on countertransference: Qualitative data in search of a theory.

Hayes, J. A., McCracken, J. E., McClanahan, M. K., Hill, C. E., Harp, J. S., & Carozzoni, P. (1998). *Journal of Counseling Psychology, 45*, 468-482.

　セラピストの逆転移体験とそれに続く介入と対処法について，8人のセラピストに対して127回のインタビューを行った結果を合議制質的研究法を用いて分析した。ヘイズの逆転移の理論仮説に基づいて，起源，引き金，発現という3つの領域に分けて逆転移に関する質的データを分析している。結果の提示の仕方，特に表の作り方など参考になるだろう。

第6章

クライエントの視点を捉えるために

1 はじめに

「クライエントは心理療法において自分自身の変化をどのように体験するだろうか」「クライエントにとって，セラピストとのどんな体験が最も役立つだろうか」「クライエントにとって不快な，または役に立たない体験とはどんなことだろうか」心理療法プロセスを理解する上でクライエントがさまざまな介入や治療的作業をどのように体験しているのかということは，おそらく臨床家が最も知りたいことのひとつであり，プロセス研究が強みを発揮できる問題である。本章では，まずクライエントの主観的体験を直接的に研究することの重要性をプロセス研究や効果研究をレビューしながらみていく。そして，クライエントにインタビューすることと関わる実際的・倫理的問題についてふれたあと，クライエントに対してインタビューを行うときの手続きについて学ぶ。

> **重要概念**
>
> **対人プロセス想起法（Interpersonal Process Recall: IPR）** 録音，または録画した面接をセラピストとクライエントが再生・一時停止して，体験について振り返り対人プロセスに対する気づきを高めることを目的としたカウンセラー訓練法。
>
> **ドードー鳥宣告** 効果研究において学派間の効果の差が小さく，どのアプローチも同程度の効果をみせるという結果を指す。
>
> **作業同盟** クライエントとセラピストの協力関係を指し，感情的絆，作業課題と目標に関する合意が主な構成要素であり，メタ分析によって，心理療法の効果と一貫して安定した相関をみせることが示されてきた。

2 クライエントに話を聴くことの重要性

ほぼすべての心理療法アプローチに共通することは，クライエントを理解することを重視する点である。クライエント中心療法では，セラピストがクライエントの主観的世界を共感的に理解すること自体にクライエントの成長を促進する治療的効果があると考えられている。また，ほとんどのセラピストが，はっきりとした理由も分からないまま，クライエントが来談を止めてしまうという事態に出くわしたことがあるはずだ。ドロップアウトを理解する鍵は，まさにクライエントの「セラピストに対して言葉にされない不満・苦情」であろう。表6-1に，クライエントに話を聴くことが役立つ領域と代表的な研究を挙げた。

表6-1　クライエント視点のプロセス研究が役立つ領域

領域	研究例
1. クライエントにとって役立った経験	クライエントにとって役立った出来事・やりとりの研究（Elliott, 1985; Paulson, Truscott, & Stuart, 1999） スーパーバイジーにとって役立った出来事・やりとりの研究（Worthen & McNeill, 1996） クライエントの期待と実際の面接の一致・ズレ（岩壁, 2004） 作業同盟の形成に関わる出来事（Bedi et al., 2005）
2. セラピストの盲点になる領域	クライエントの沈黙（Levitt, 2001a, 2001b, 2002） 追従（Rennie, 1994a） スーパービジョンの非生産的な出来事（Gray et al., 2001; Nelson & Friedlander, 2001） ドロップアウトの理由（Talmon, 1990）
3. 困難な場面	作業同盟の亀裂（Safran & Muran, 1996） 誤解（Rhodes et al., 1994）

クライエントに自身が受けている心理療法についての印象を尋ねる研究は，これまで比較的少なかった（McLeod, 1990）。第1章でみたように，1980年代に至るまで，プロセス研究の中心は，心理療法の客観的な科学を打ち立てることに重きがおかれ，プロセス研究者は，面接プロセスにみられるクライエントの行動を客観的に分類する尺度の開発に力を入れた。クライエントの主観的体験は，理論やモデルを作るために信頼できる情報源と考えられなかったのであ

る。クライエントの主観的体験を扱う研究は，主にリッカート尺度を使ってそれを量的に捉えることに重点をおき，プロセス研究と効果研究において二次的な役割しかもたなかった。

クライエントの主観的体験についてクライエント自身に直接尋ねるということが敬遠されてきたのは，精神分析の無意識や抵抗という考えの影響もあるだろう。クライエントは，心理的葛藤をもっており，その内容を歪曲したりするため自身の体験について最もよく知っているわけではないと考えられている。したがって，セラピストは，クライエントの話すことをそのまま受け取るのではなく，その裏にある無意識の動機付けを理論的に解釈して理解することが重要だと考えられることも多い。

クライエントに対して研究者がインタビューをする，または自由記述の質問紙に回答させるということ自体の倫理的問題も，大きな懸念となってきた。もし，進行中の心理療法に関してクライエントに質問をすると，クライエントおよび心理療法に悪影響があるのではないか，ということが心配される。終結後に心理療法体験についてインタビューしたら，クライエントの未解決の葛藤を呼び起こすのではないかという危惧もあるだろう。

クライエントにインタビュー協力を依頼するためには，一度，担当セラピストを通さなければいけないことも困難のひとつである。臨床実践家の第一の責任は，クライエントのウェルビーイングが維持され，プライバシーが守られることであるため，研究に参加することによってこの2つが脅かされる危険性を排除したいという気持ちを抱くのももっともである。

このように，クライエントに面接の体験について尋ねることは一方で非常に重要でありながらも，研究することに関する実際的な問題が多く関わっていることも確かである。しかし，このような障害を乗り越えてクライエントに直接話を聴く研究が行われてきた。たとえば，1940年代後半には，シカゴ大学でカール・ロジャースがクライエントに心理療法を受けるあいだに日記をつけさせている。1970年代に入ると，面接に対する満足と不満足な点についてのインタビュー研究もみられる（Mayer & Timms, 1970）。このような研究の特徴は，クライエントが回顧的に面接プロセスについて振り返るという点である。このため，面接で何が起こったのか，またクライエントの体験と関係している実際のやりとりやセラピストの介入について知ることはできなかった。

1980年代に入ると，対人プロセス想起法（Interpersonal Process Recall: IPR）というケイガン（Kagan, 1980）によって開発されたカウンセラー訓練法をプロセス研究に導入する試みが行われた。IPRは，ロールプレイを録画したあと，

セラピストとクライエントがその面接を再生・一時停止して、その時点においてどんなことを体験していたのか話し合うことによって、対人プロセスに対する気づきを高める方法である。ファシリテーターは主に開かれた質問（「あなたはこのときどんなことを感じていましたか」）を使って、セラピストとクライエントの想起を助ける。IPR は、面接のテープを再生して聞かせるために、クライエントとセラピストがともに自身の体験をより鮮明に思い出すことができる。また、クライエントとセラピストがどの場面において何を感じたのかという体験と面接のやりとりのつながりもより明確になる。IPR から得られるきめ細やかなクライエントの体験の変化に関する情報は、瞬時ごとのクライエントの変容のプロセスを理解するために欠くことができない。

2-1 効果研究からの示唆 ── 変容の担い手としてのクライエント

アッセイとランバート（Asay & Lambert, 1999）は、100 以上にのぼる効果研究において、クライエントとセラピストの特性から面接プロセスと関わる変数および技法までのさまざまな予測変数とそれらの効果の大きさをレビューした結果、それらを 4 つの要因群に分類し、それぞれの割合を示した。その結果、効果研究にみられるクライエントの改善を示す分散の約 40％は、クライエントと関わる「治療外要因」に帰された。「治療外要因」に入るのは、クライエントの問題または障害の重篤度や慢性度、楽観主義的傾向、心理療法に対する動機付けの高さ、家族、友人をはじめ、自助グループ参加などのソーシャル・ネットワークの有無など、クライエントと関係する幅広い変数である。

次に成果の分散に大きく寄与していたのは、クライエントとセラピストの治療関係と関わる変数であり、成果の分散の約 30％を占める。ホーバスとシモンズ（Horvath & Symonds, 1991）は、24 件の先行研究のメタ分析から、作業同盟の質は心理療法の成果を示す分散の約 26％を占めると報告した。79 の研究を対象としたより最近のメタ分析では、作業同盟の質と効果のあいだに、0.23 の相関が見つかった（Martin et al., 2000）。セラピストの理論学派によっても相関の値にばらつきが小さいことから、作業同盟の質がカウンセリング一般において重要な役割を果たしていると結論づけられた。

3 番めと 4 番めの変数群は、プラシーボ（期待）と技法・モデルであり、同程度の分散（15％）を占める。プラシーボに含まれるのは、心理療法が問題を解決するのに有効であり、自身の症状は改善するというクライエントの期待や希望である。言い換えれば、クライエントが心理療法について否定的な見方

や極端に非現実的な希望や期待をもっていることは，心理療法の効果を阻害することにもなる。

　最後に，特定の理論モデル・アプローチ，特定の介入法（たとえば，思考再構成法，脱感作，リラクゼーション，スキル学習など）で，同じく約15％を占める。前述のように異なるアプローチの効果量の差は比較的小さく，治療外要因や治療関係の半分以下でしかない。多くの効果研究が新しい心理療法のブランドを開発して，そのアプローチ特有の効果を検証することに力を入れる現状を考えると奇妙であろう。しかし，これは技法に全く意味がない，ということではない。クライエントと治療関係を築き，クライエントのリソースを最大限に面接プロセスに導入していくためには，さまざまな技法が役立つであろうし，それらがなくては，他の要因の作用を賦活することはできない。

　アッセイとランバートが示したのは，心理療法の成功には，クライエントと関わる要因が大きく関わっているということである。「治療外」要因には，クライエントがどの程度動機付けをもつのか，などクライエントが主体的に，また感情的に心理療法に参与できるかどうかということに影響を与える要因が多く含まれている。その次に割合が大きい作業同盟においても，クライエントが治療関係をどのように体験しているのか，セラピストをどうみているのかということが関わっている。プラシーボ効果も，クライエントがどのような期待や希望を心理療法に対してもっているかということに関わる。このように効果に影響を与える要因を調べていくと，「介入モデル」の効果よりも「クライエント」に関わる変数の効果のほうが大きい。アッセイとランバートのレビューは（100以上の効果研究をもとにしていることからかなり信頼度のある研究といえる），クライエントの視点について理解することの重要性を示している。

2-2　クライエントとセラピストの視点のズレ

　クライエントの主観的見方に関する研究が重要である第2の理由は，セラピストの視点とクライエントの視点は必ずしも一致しているとは限らないからである。先行研究は，セラピストは，特にクライエントが面接の進行について不満をもっているとき，それを見落としがちであると示してきた。

　ヒルらは，クライエントが言動やノンバーバルな表現としてみせる反応とみせない内的な反応に，セラピストがどの程度正確に気づいているのか調査した（Hill et al., 1992）。彼らは，初回面接終了後に訓練中の大学院生のセラピストとそのクライエントにそれぞれ別室でIPRをアレンジしたインタビューを行った。

クライエントには，発話ごとの自身の内的体験について話してもらい，セラピストの一つひとつの介入がどのくらい役に立ったか評定してもらった。セラピストにはクライエントが感じていたことを発話ごとに推測するように求めた。

セラピストとクライエントの回答は，クライエントの反応カテゴリー分類法 (Hill Client Behavior Category System: Hill, 1986) を用いて，支持（理解された，希望をもった，安心した），治療的作業（自己理解，感情の明確化，新たなことを学ぶなど），直面化，負の反応（怖かった，気分が悪くなった，行き詰まった，方向性を欠いた，混乱した，誤解された），反応なしに分類された。セラピストは，クライエントが支持されたと感じたとき，偶然で当てるより有意に高い率でその反応を正しく分類できたが，治療的作業と陰性反応に関しては，偶然で当てる確率よりも有意に不正確であった（つまり，当たらない確率のほうが高かった）。特に，陰性反応がクライエントの表情や発言にはっきりと表れていないとき，セラピストはそれらを正確に言い当てることができなかった。

また非常に興味深いのは，クライエントが陰性反応をみせたすぐあとにセラピストが行った介入は，それ以外のときの介入（つまり，支持，治療的作業，直面化など他の分類が与えられた直後の介入）よりも，クライエントによる「役に立った」度合いの評定が低かった。クライエントの体験に対して気づいていないために，非効果的な介入をしてしまい，面接プロセスを悪い方向に進ませる危険性が高かったのだ。ヒルらは，大学院生ではなく，臨床経験10年以上（博士課程修了後）のセラピストと彼らに長期的個人療法を受けるクライエントにも同様の研究を行ったが，結果は同じだった (Hill et al., 1993; Thompson & Hill, 1991)。

クライエントとセラピストの評定が必ずしも一致しないことは，作業同盟の評定でもみられる。二者の評定の相関は，低いか中程度でしかない (Fitzpatrick et al., 2005)。セラピストがクライエントと関係を深め，お互いに対する理解を深めるにつれて作業同盟に対する両者の見方が近くなると考えられるが，実際には，この二者の評定の相関関係は面接が進むにつれて強くならない。また，セラピスト評定の作業同盟の得点よりもクライエント評定の得点のほうが，効果を示す得点との相関が高いことも知られている (Horvath & Symonds, 1991)。

これらの研究が示唆するのは，クライエントとセラピストの視点は，同じ切り口を設定しても一致しておらず，クライエントのより否定的な体験に関しては，セラピストの視点のみから研究するのは難しいということである。クライエントが不快に思ったり，不満に感じたことは，なかなかセラピストに対して表されない (Henkelman & Paulson, 2006; Safran et al., 1990)。クライエントが面接

中に声にしない体験，セラピストに対する否定的な見方については，クライエントからデータを集めることが必要である。

2-3 治療的に困難な状況

クライエントの視点を研究することが役立つ領域のひとつは，ドロップアウト，行き詰まり，治療関係の問題など，治療的に困難な状況である。これらの問題のどれをとっても，クライエントの視点について知ることがその現象の全貌を理解することの鍵となっている。たとえば，問題が解決する前にクライエントが一方的に面接を終結する早期終結・ドロップアウトは，50％近くのケースに起こると知られている（Wierzbicki & Pekarik, 1993）。クライエントがセラピストにドロップアウトする理由を伝えることもあるが，クライエントが約束した面接時間に現れなかったり，それに続きセラピストが電話などで連絡をとっても，つながらなかったりと，セラピストがその理由を把握できないことが多い。研究者が，クライエントにこのような体験について直接話を聴くことによって，本当の原因や問題に近づくことができるはずである。

3 クライエントに話を聴くことの問題——2つの倫理的判断

クライエントの視点からデータを集め，面接プロセスにおけるクライエントの主観的体験を理解することの意義は，おそらく読者の誰ひとりとして疑わないだろう。しかし，そのような重要性を認めていながらも，実際に研究に乗り出さないのは，クライエントにインタビューを行うことによって進行中の心理療法に悪影響が出ないかどうか，また倫理的な問題が起きないかどうかという懸念からであろう。ここでは，クライエントにインタビューをすることに関して臨床家がもつことが多い，主な懸念を挙げて，それらを克服するための諸方法についても示したい。

進行中のクライエントに対してインタビューを行うことは，心理療法の妨げになるのではないか
クライエントに対して面接の体験についてインタビューや自由記述を行うことは，クライエントの現在進行中の心理療法に悪影響を与えるのではないかと

いうのが，クライエントにインタビューすることに対する最も大きな懸念であろう。心理療法というのはクライエントにとってきわめて個人的な体験である。自身の内面を見直し，最も辛い傷つきや別離の体験などを振り返るために，他者には見せたくない，また見せる準備もできていない，そして一生他の人には語ることもないような事柄にふれるかもしれない。そのような体験について第三者である研究者に語ることを依頼するのは，臨床家という立場から非倫理的であると考える人もいるだろう。多くの臨床家は，そのようなインタビューが面接の進行に何らかの悪影響を及ぼすのではないかということを心配している。

悪影響としてはいくつかのことが考えられる。まず，そのような作業自体がクライエントにとって精神的な負担になるという懸念である。心理面接においては自分から進んで話したいとは思わないような苦痛を伴う話題を扱うため，その内容について研究インタビューで振り返ること自体が心理的ストレスになるのではないかと心配するかもしれない。次に，本来であれば，心理療法においてセラピストとのあいだで解決されるべき問題が，インタビューによって薄められてしまうのではないか，セラピストに対する不満をインタビューで語ることによって，そのうっぷんが解消されてしまうのではないかという懸念である。

これまでインタビュー調査に協力したクライエントの感想や印象，また協力したことがどのように心理療法に影響を与えたのかということに関する系統的な調査はない。しかし，多くのクライエントは，インタビューにおいて面接について振り返ることが，面接について，そして自分の気持ちや行動について理解を深めるきっかけとなったと報告している（Rennie, 1994b）。実際に筆者が行った調査でも，インタビューを侵入的なものとしてよりも，センター全体で関わろうとする真摯な姿勢として捉えるクライエントが多くいた（岩壁，2004）。

このようなインタビューを行うことが，クライエントや心理療法の流れに全く影響を与えないということはありえない。しかし，これまでのところよりポジティブな影響が報告されていることから，クライエントと研究者の接触が常に悪影響を与えると想定できない。

クライエントは心理療法の面接において話すよりも，インタビューで話すことにより大きな満足感を得るのではないか

クライエントがインタビューを受けることに関する懸念のひとつは，インタビューアーとクライエントの関係が，クライエントとセラピストの関係よりも，より上位におかれるのではないかという懸念である。セラピストとの面接にお

けるやりとりについて語るということは，インタビューは，心理療法面接のメタコミュニケーションになることを意味する。つまり，「面接においてセラピストに打ち明けられないことを語る」ということは，心理療法自体の価値を低めることにならないのかという懸念である。

心理療法が順調に進んでいるときは，このような心配は無用かもしれない。しかし，面接がうまくいっていないとき，クライエントとセラピストの治療関係に問題があるときなどは，クライエントがセラピストよりもインタビューアーのほうに近づき，「三角関係」に陥るのではないかというのは，十分想像できる。

このような問題はこれまで報告されていないが，筆者が行った研究において似たような状況があった。その研究はのちに紹介するが，初回面接終了後にクライエントにインタビューをして初回面接において「役に立ったこと」「役に立たなかったこと，または妨げになったこと」について質問をした。クライエントが，初回面接に概ね否定的なことを語り，インタビューアーであった筆者に，「担当セラピストに伝えてほしい」または「セラピストを代えることができるか」などと尋ねてきた。そのようなとき，クライエントに対してただ「答えることができない」と伝えるのではなく，「そのような状況はよく起こることであり，それらについてセラピストと直接話し合えることがとても大切で，セラピストはそのためのトレーニングを受けている」と答えた。クライエントが直接的にそのような問題についてセラピストに伝えることができ，それが奨励されるのがカウンセリングという場であるとクライエントが明確に理解できるように手助けするのがその意図であった。

インタビューアーは，このような状況が起こりはじめたことを示す指標に十分に注意を向けるだけでなく，このような状況が起こったときに，どのように対処するのかということについて対策を立てておく。

このような研究を行うことによって，担当のセラピストと研究者との関係に支障はないか

クライエント・インタビューに関する懸念のひとつは，研究者と担当セラピストとの関係である。もし，インタビューアーが，クライエントからセラピストに対する不満や批判などを聴くとすれば，それはセラピストに対する否定的なイメージをもつことにつながるのではないか，または逆に，クライエントが不満や自分の悪口を言っているかもしれない，とセラピストが勘ぐり，研究者とセラピストの関係が悪くなるのではないかという点である。研究者が面接に

関してクライエントから聴いた情報をセラピストに漏らすことはない。セラピストはクライエントとの関係がうまくいっていない場合など、研究者から手がかりとなる情報を得ようと直接的、または間接的なやり方で求めてくるかもしれない。時に、セラピストではなく、セラピストのスーパーバイザーや指導教員も情報を求めてくるかもしれない。

　このような状況が起こることは少ないが、クライエントへのインタビューを中心とした研究を行うためには、十分に注意を向けるべき事項である。このような問題を未然に防ぐためには、まず研究に協力してくれるセラピストに対して、情報を開示しないことをしっかりと説明しておく必要がある。また、それだけなく、クライエントから「間接的にセラピストに何かを伝えてほしい」と頼まれたとき、研究者がどのように対応するのかということについても、具体的な例を挙げて説明するとよい。

　クライエントと研究者が接触するということは、治療関係という親密であり、閉鎖的な二者関係に第三者が入ることを意味する。そのため、セラピストとクライエントのあいだに起こり、治療的焦点が当てられるかもしれない転移・逆転移の感情などに影響を与え、それらに対する介入の治療的効果を下げるのではないかという懸念が起こるのも理解できる。上に挙げたように、セラピストと研究者が協力関係を築いてから研究に入っていくことが何よりも重要である。それを、研究者-協力者の作業同盟と呼ぶことができる。単に信頼関係を意味するラポールだけでなく、研究の目的、協力者と研究者がそれぞれ行う作業に関しての合意が重要である。たとえば、セラピストが、クライエントに対して研究協力を依頼するとき、セラピストが研究の目的を理解していなかったり、研究に対して否定的な感情を抱いていたとしたら、クライエントが研究参加を断るという事態は起こりやすい。このような研究では、数少ない協力者をひとりでも多く確保することが重要であり、このような事態は未然に防ぎたい。

　筆者は、このようなインタビューが心理療法に加わることは、本質的に大学の教育機関において行われる心理療法の質を変えることになると考える。それは必ずしも否定的な結果のみを生み出すのではなく、研究と臨床と教育・訓練をつなげ、それらすべてを高めていくための心理臨床のひとつのあり方を提示している。大学の心理臨床センターでは主に訓練中の学生がカウンセリングを行う。その場合、大学院生であるカウンセラー個人だけでなく、その大学院生を指導するスーパーバイザー、大学院の実習を担当する教員など、複数の個人がクライエントに間接的に関わる。これらの指導者の役割は、クライエントが問題を改善することだけでなく、訓練生の臨床コンピタンスの向上、そして、

訓練および臨床活動の理解と改善である。どれも重要な要素であり，プロセス研究を通して心理臨床センターなどの訓練の場における新しい研究・訓練・実践のあり方が探求できるのではないか。クライエントは，ひとりのカウンセラーと接するわけであるが，実際に「心理治療」を受けに来ているのは，その訓練中のカウンセラー個人ではなく，「大学」の心理臨床センターである。その意味において，クライエントが，担当カウンセラー個人だけでなく，心理臨床センターとの作業同盟を結ぶことも重要である。

4 クライエントとの接触 ── クライエントをどうやって集めるか

クライエントからデータを集めるにはどのようにしたらよいのだろうか。クライエントからデータを集めるのは上に挙げた理由によりいくつかの困難がある。そのため，倫理的問題などを起こさず，しかもクライエントの主観的体験に近づくための異なる方策を知っておくことはとても役立つだろう。まず，クライエントと接触し，研究協力を依頼する方法は，5つあるので，それぞれの特徴を説明したい。

4-1 アナログ研究 ── 大学生と大学院生

クライエントの心理面接における主観的体験を知るために最も倫理的な問題が少なく，データがとりやすいのは，大学生・大学院生にクライエント役をやってもらい，数回の試行カウンセリングを受けてもらうことである。なかには深刻な問題に悩む大学生も募集してくるかもしれないが，話す内容や面接の回数などについてもある程度の制限を与え，短期的な解決が得られそうなトピックを扱うこともできる。

このような設定では，長期療法においてみられるクライエントの体験について調べることは難しい。転移感情のほか，セラピストに長期的に関わることによってはじめて発展するような感情や成長感である。しかし，初回面接や面接初期におけるクライエントの体験など，より短期的に起こる変化や印象に関しては，実際の心理療法とそれほど大きく異なることなく検討できる。

大学生・大学院生にクライエント役を演じてもらうことの利点のひとつは，インタビューの実施のタイミングややり方を調整できることである。のちにイ

ンタビューのタイミングに関してより詳しく説明するが，面接で起こったことに対する記憶が薄れる前の面接直後にインタビューを行うことも可能であるし，一般のクライエントに対して行うには負担が比較的大きなデータ収集法を組み合わせることもできる。たとえば，面接を録画して，IPRを用いたり，面接終了後に質問紙に答えてもらうことも可能である。臨床心理学専攻の学生がクライエント役を演じれば，面接中のやりとりに関しての気づきも高いため面接プロセスの詳細な点に関してもデータが集まるかもしれない。このような研究の例としては，大学生のクライエントに1回の面接とIPRインタビューを行い，「役立った出来事」について調べたエリオット（Elliott, 1985）の研究がある。

4-2 セラピストがクライエントとして受けた心理療法体験について

大学生・大学院生を対象としたアナログ研究法の次にデータ収集がしやすいのは，クライエントとして受けた心理療法体験について臨床心理士をはじめとしたセラピストにインタビューや自由記述の質問紙を実施することである。ゲラーら（Geller et al., 2005）によると，北アメリカとヨーロッパのセラピストの約85％が，クライエントとして平均2人から3人のセラピストから数年間の心理療法を受けたことがある。ということは，一般人口にクライエント経験をもった人を探すよりも，セラピストにあたったほうが，効率よく研究協力者をみつけることができるはずだ。セラピストは，面接プロセスに対する高い観察力をもち，それを言葉で表現する力も高い。もう一方で，理論的知識も豊富であるため，自身のありのままの体験を描写して語るよりも，理論的な用語でそれを説明してしまうこともあるかもしれない。

セラピストは，自身の心理療法体験に関して語ることに対して一般のクライエントよりも抵抗が少ない。これまで，セラピストが自身のクライエント体験をまとめた著作も出ている。有名なのは，マーガレット・リトルによる『精神病水準の不安と庇護 —— ウィニコットとの精神分析の記録』である。先に挙げたゲラーらの『サイコセラピスト自身が受ける心理療法 —— クライエントと臨床家の視点（*The Psychotherapist's own Psychotherapy: Patient and clinician perspective*）』には，数人のセラピストの，クライエントとして受けた心理療法体験がかなり細かく描かれている。

すべてのセラピストがそれについて簡単に語ってくれるというわけではない。自身の内面について語ることに関してためらいをもつセラピストも多くいる。多くのセラピストは，ある程度セラピストとして成熟したあとで，はじめて自

身の個人的な側面について自分の名前をつけて発表することが多い。これは，自身と家族のプライバシーを守るということだけでなく，自身と長年セラピーを続けるクライエントに対する配慮でもある。セラピストに対してインタビューを行う場合も，協力に合意してくれるセラピストが少ないことを想定してデータ集めをすることが望ましい。ローズらは，クライエントがセラピストに「誤解された」体験について，自由記述で回答してくれるよう70名の知り合いのセラピスト，大学院生，大学教員に依頼した (Rhodes et al., 1994)。そのうち，回答があったのは，19名（27％）ほどであった。「誤解された」体験は，必ずしも回答しやすくないし，この自由記述の質問紙はかなり回答に時間がかかるものであった（しかも当時は，このような質的研究はまだ広く知られていなかった）ことも関係しているが，知り合いに頼んでも，回収率は高くならないと知っておく必要がある。

4-3 自助団体・サポートグループ

クライエントの心理療法体験についての情報を集めるために協力を求めることができるのは，摂食障害，うつ，などの問題をもつ人たちのサポートグループや支援団体である。心理的な問題のサポートグループに参加している人の多くは，さまざまなメンタルヘルスのサービスの受け手であり，精神科医，臨床心理士，ソーシャルワーカーなどとも関わった被援助体験をもっており，このようなグループへの参加を通して支援活動にも携わっている。彼らがサポートグループに加わる理由のひとつは，一般的な医療やカウンセリングサービスにおいて傷ついたり，十分に援助を受けられなかったということに発していることも少なくない。ただし，研究も含めて，メンタルヘルス専門職全般に対する不信感をもっているため，研究協力が難しいこともある。

研究対象がある特定の心理的障害をもったクライエントの体験である場合，また2つ以上の心理療法経験を比較してもらいたい場合などは，このようなサポートグループの参加者はとても貴重なインフォーマントとなってくれる。自助団体やサポートグループの参加者に協力を依頼する場合，まずその団体の責任者と連絡をとり，メンバーと接触することの了解を得る。研究者に慣れてもらうために，ボランティア活動やグループミーティングなどにしばらく参加することも役立つだろう。グループメンバー個人に対して研究者が協力依頼をすることは控える。責任者，もしくは担当者にどのメンバーであれば，研究参加が可能であるか決めてもらうほうが，協力者の「協力」の度合いも高まる。質

的研究においては，このようなやり方でデータを集めている研究者が多い。筆者が指導した卒業論文研究や修士論文研究でも，摂食障害のきょうだいをもつ人たちに対するインタビューや，アスペルガー障害をもつ青年期の人たちに対するインタビュー研究があったが，研究をした学生は，自助グループやサポート団体に接触して，協力者を紹介してもらった。

4-4　セラピストにクライエントを紹介してもらう

クライエントからの情報を集めるというとき，おそらく読者が最も想像しやすいのは，担当のセラピストからクライエントを紹介してもらうことであろう。レニー（Rennie, 1994a,b,c）は，クライエントの主観的体験についての研究において，クライエントに対する研究参加の呼びかけを担当セラピストに頼んでいる。クライエントの多くは，もともと大学付属センターで，研究の一部として低い料金で心理療法を受けていたため，質問紙への回答を含めて研究への参加に慣れており，研究に協力的であった。レビット（Levitt, 2002）の沈黙の研究においても，セラピストにクライエントに対する協力依頼をしてもらった。クライエントには，「心理療法の時間の体験」について調べるインタビューと伝え，参加者に20ドル（約2200円）を謝礼として支払っている。また，セラピストには，インタビューにおいてクライエントが語る情報については全く入手できないということも伝えた。

筆者が行ったクライエントの初回面接の体験に関する研究（岩壁, 2004）においても似たような手順を踏んだ。まず，大学の心理臨床センターに電話が入ったら，研究責任者である筆者が，受付表から，クライエントが危機介入を必要とせず，重度の精神障害を患っておらず（実際にこの点は電話の受付では分からなかった場合も多かった），インタビュー参加が大きな負担にならないことを確認した。除外されたのは，未成年のクライエントと生活でのストレッサーが大きかったクライエントであった。そのあと，担当のセラピストからクライエントがインタビュー協力をすることが可能かどうか合意を得たあと，クライエントにいつどのように研究協力の依頼をするのか説明し，研究全体に対する疑問がないかどうか確認した。まず一人ひとりのセラピストと，研究の作業同盟をしっかりと築くことを重視した。

4-5　新聞・雑誌への広告・その他の掲示

　クライエントに対する研究協力は新聞や雑誌（タウン誌・フリーペーパー）などを通して行われることもある。レビットら（Levitt et al., 2006）は，心理療法を終結したクライエントに，「何が面接において役立ったか・重要な体験であったか」ということをインタビューしている。彼らは，地元の新聞に広告を出し，「1年以内に心理療法を終結し，大切な体験，役立った体験があった人」の参加を呼びかけた。レビットは，自身が教える授業を受講する大学生に対しても参加を呼びかけた。参加を希望した人たちに電話で研究に関する簡単な説明をし，上に挙げた終結の基準が満たされているのかどうか確認した。最終的に26人がインタビューの候補となった。クライエントが心理療法で扱った問題は，家族と関係する問題，うつ，不安，強姦の被害，摂食障害，注意障害などであり，幅広い問題を扱ったクライエントが集まった。

　北アメリカでは，大学において行われている研究目的の心理療法への参加者を新聞に広告を出して募集することも少なくない。当然，研究参加希望者全員がこのような研究にただちに参加するわけではなく，①衝動性・薬物依存・思考障害の問題があるか，②心理療法・薬物療法が進行中である場合，担当セラピスト・医師からの了解が得られるか，③他の研究（たとえば治験）に参加中ではないか，④研究対象の基準に合っているか（ここにはうつなどの診断を見極めることも含まれることもある），ということをスクリーニングで調べる。

　機関によっては，インターネット上にホームページが掲載され，研究協力の募集をしている。新聞などに募集をかけると読者層も広いために，多くの協力者を集めることができる。今後，大学および心理臨床センターがホームページ上で研究参加を呼びかけることも多くなるだろう。このような告知を掲示する前に，機関とその倫理委員会などの承認を得ることが望ましい。

5　データ収集の仕方

5-1　インタビュー

　セラピストのインタビューでも同じことがいえるが，クライエントに対する

インタビューを行うタイミングによって，クライエントから得られる情報の質が異なってくる。クライエントの面接に対する印象や記憶は，面接からどれくらい時間が経っているのかということで変化する。

一般的に回顧的に面接について語るとき，あまり具体的なやりとりやその順序ははっきり思い出せないこともあるが，より全体的なイメージや最も重要なことが明確になる。もう一方で，面接の直後にインタビューを行えば，面接のやりとりに関する記憶と印象がより鮮明であるため，覚えていることも多い。

筆者が，初回面接におけるクライエントの主観的体験についての研究を計画したときに，インタビューを行うタイミングについていくつかの案を検討した。その際に考慮したのは，クライエントへの倫理的配慮とアクセシビリティー，そしてクライエントの体験のどのような「質」を捉えたいのかということである。倫理面では，クライエントへの負担を減らし，なるべくカウンセリングの流れを崩さないことに留意した。インタビューアーとクライエントの関係のほうがクライエントと担当セラピストとの関係よりも強くならないように，インタビューはなるべく短くして，初回面接の長さの半分以下である20分から30分で切り上げることにした。質的研究のインタビューとしては短いが，担当セラピストとの接触時間よりも短くすることが適切だと思われた。また，録音に関する合意，研究協力に関する同意も分かりやすいように書類を渡して，それを声にして一緒に読みながらクライエントの理解を確認し質問を受け付けた。

アクセシビリティーは，インタビューする機会を逃さないように日時を設定することと，初回面接の記憶が薄れないようにできるだけ早くインタビューを行うという2つの点を考慮した。もし，クライエントがインタビューのためにもう一度来談しなければいけないとしたら負担が増える。また，1回の面接で来談を止めてしまうクライエントには話が聴けなくなってしまう。クライエントによっては，家族と同居しているため自宅ではカウンセリングについて話せない人もいることから，電話インタビューではなく，初回面接終了直後に対面式インタビューを行うことにした。

面接のタイミングによって，取り出される「記憶」や「体験」の意味づけが変わってくることも検討した。面接終了直後にインタビューを行った場合，クライエントの体験が最も鮮明に残っているため，記憶が薄れるということは少ない。もう一方で，面接が終わったばかりでは，まだ面接で話したことを振り返る時間もなく，まだはっきりとした印象が形成されていない。つまり，まだ面接でやったことや話したことが未消化であり，未処理の状態にあると考えられる。数日間おいてからインタビューを実施した場合，または第2回の面接の

直前にインタビューを行う場合，時間の経過とともに記憶が薄れている部分も出てくる。しかし，面接について考える時間があるため，よりはっきりとした印象が形成され，クライエントが1週間の中で考えた点，面接がもたらしたクライエントの生活の変化（感じ方，考え方，注意の向け方など）についても知ることができる。面接直後の体験は，消化されていない生の体験であり，1週間後，第2回面接の直前であれば，自己の一部として維持されている（内在化された）体験ということになる。

　最終的に，クライエントへのインタビューは，初回面接直後に行った。そうすることによって面接において実際にセラピストが行ったのがどんな介入だったか，雰囲気，ジェスチャー，表情などのどんな部分にクライエントが注目していたのか，外側の刺激に関しても知ることができると考えた。また，初回面接と第2回面接のあいだにドロップアウトが起こりやすいということが，北アメリカを中心とした先行研究から分かっていた。本研究においてクライエントの主観的体験に注目しているのも，来談継続の決め手となる体験とドロップアウトの決め手となる体験を見分けたかったからだった。そのために，初回面接直後にインタビューを行い，ドロップアウトするかもしれないクライエントの意見を取りこぼさないようにした。このようにインタビューのタイミングは，研究を実施する上での実際的な問題，倫理的配慮，そして理論的な問題を考えて設定するとよいだろう。

5-2　対人プロセス想起法（IPR）

　これまでクライエントの主観的体験のインタビュー研究においてきわめて貴重なデータを提供してきたのは，対人プロセス想起法（IPR）を用いた研究である。これまでもIPRに何度かふれてきたが，もう一度簡単に説明すると，ファシリテーター・研究者とともに面接の録音テープ，または録画テープを視聴しながら，その時々に考えていたこと，感じていたことをクライエントに語ってもらう手法である。録音テープを視聴するインタビューが録音され，逐語が分析の対象となる。

　テープを止めるタイミングに関しては，研究の目的によって異なる。たとえば，クライエントの沈黙の裏にはどのような言葉にされない体験があるのかということを調べたレビットの研究（Levitt, 2001a, 2001b, 2002）では，ファシリテーターは沈黙があるたびにテープを一時停止して，その時点で何を感じていたのかクライエントに話してもらった。レニーの研究では，テープを一時停止す

るのはクライエントであり，ファシリテーターは，クライエントが体験について話すのを言い換え，開かれた質問，反射などを使って促進した（Rennie, 1994a,b,c）。

レニーは，追従の研究においてひとりのクライエントとのIPRインタビューは約2時間かかったが，あるクライエントとは2日間にわたり4時間かかったと報告している（Rennie, 1994c, p.429）。IPRはクライエントの記憶が薄れないように面接の直後（休み時間をはさむが）に行うことが多いので，実際の面接（50分程度）にIPRインタビュー（2時間）を加えると，半日がかりになる。エリオットは，IPRを短縮した簡易構造化レビュー法（Brief Structured Review: BSR）を考案した（Elliott & Shapiro, 1988）。この方法は，面接のテープをはじめから最後まで振り返るのではなく，「セラピーの役立った側面に関する質問紙」（Helpful Aspects of Therapy Form：HAT）に回答し，重要な場面のみを振り返る。BSRはリッカート尺度による評定なども取り入れられ，より「構造化」されているため，30分程度で完了する。

IPRを使うことの何よりも大きな利点は，クライエントが体験を思い出すきっかけを，面接を再生することによって与えられることである。多くの考えや体験は，ほんのわずかな時間しか起こらず，十分に言葉にするほどはっきりと体験されなかったり，2つ以上の考えが同時に起こっているために，そのどちらかしか言葉にされなかったりする。IPRでは，テープを再生することによって，これらのちょっとした思考や気持ちを捉えるのを手伝う。そして，面接テープを一時停止してクライエントがゆっくりと話す機会を与えることによって，ふつうであれば逃してしまいかねないような瞬時ごとに起こる体験についても知ることができる。たとえば，セラピストがある単語を強調したときに少し皮肉った調子が感じとられたため，カチンと来て，そのあとぼんやりとであるが，苛立ちを覚えたということは，面接のテープを振り返ることによってはじめて鮮明に思い出される。そして「その面接では集中できなかった」「なんとなく，気分がすぐれなかった」など，それに続く面接プロセスに影響を与えていたことに気づけるだろう。

しかし，このような手法を用いて語ってもらうことのすべてが，クライエントが面接中に体験していたことであるとは限らない。IPRのやりとりの中でクライエントが気づきに達することもあり，すべてがそのときに起こっていた体験をスローモーションで客観的に「再現」しているわけではない。「自分はそのときこんなに怒っていたなんて気づかなかった」「セラピストがここで言った一言に，とても大きな優しさを感じた。今聞いてみると，本当に温かな声だ

った」などのコメントは，クライエントが IPR インタビューにおいて新たに気づきに達したことを示している。

このように IPR がクライエントの面接中の体験から離れ，面接に対しての評価，その時点の感想にならないように，セラピストは，「今その場面を振り返って感じることでなく，面接の場面に自分があたかもいるように想像して，そのときに起こっていた体験について思い出してください」とクライエントに伝え，クライエントのコメントが「今その場面を振り返って感じること」に流されるとき，「そのときにそう感じていたのでしょうか。それとも今振り返ってみてそのように感じますか」と尋ねるとよいだろう。

5-3 電話によるインタビューと自由記述

クライエントの体験を電話でインタビューする研究はこれまで少ない。電話では顔が見えないので匿名性が高く，クライエントも安心して個人的な内容についてふれることができると考える読者もいるだろう。しかし，多くの研究者は，守秘義務がしっかりと確保でき，録音が確実に成功する対面式インタビューを好む。電話インタビューは，クライエントによっては同居人に聞かれたくないことを話すことになったり，自宅の電話であるために，長時間電話をかけていることで不都合が生じたりという実際的な問題も多くある。

自由記述の質問紙は，面接の内容を思い出して細かな点にふれることには不向きであるが，すでに終結した心理療法について思い起こしたりする場合，またはあるやりとりや面接中の出来事の概要について知るには適切な方法である。セラピストに対して行う自由記述の質問紙と同じように，記憶を喚起するために実際にあったやりとり（たとえばセラピストが言った言葉や反応）を書き出すことを求める質問を加えるとよいだろう。自由記述の利点は，協力者が自身のスケジュールに合わせて回答することができる点である。しかし，質問の意図を協力者が誤解することも起こりやすい。インタビューであれば，表現を変えたりしながら，インタビューアーが調整してデータを集めることができるため，より細かな点までふれ，「深さ」をより同じ水準に保ちやすい。もう一方で，自由記述では回答の長さがばらばらになってしまうこともある。

6　データ分析

　クライエントの主観的体験のインタビューや自由記述の分析は，セラピストから得たデータと同じようにさまざまな質的分析法を用いて分析可能である。クライエントの体験の意味をできるだけそのまま捉えるために，多くの研究では，あらかじめ研究者が準備したカテゴリーにクライエントの発言を分類する内容分析はあまり使わず，グラウンデッドセオリー法や現象学的分析法を用いることが多い。

　クライエントの主観的体験にカテゴリー名をつけるときに気をつけたいのは，はじめから理論的な概念名を想定しないことである。たとえば，「カウンセラーは私が言うことを受け入れてくれた」という発言は，クライエント中心療法の「受容」という概念にぴったり当てはまると感じ，他の発言より突出して見えるかもしれない。クライエントの発言は，その文脈の中で捉え，ニュアンスについて考え，既存の理論概念と区別しながら考える。クライエントの主観的体験を心理療法の理論概念に押し込めずに，コード化やカテゴリー生成を行うには，グラウンデッドセオリー法の絶えざる比較という考え方が役立つ。上のように「受容」という言葉が浮かんだら，クライエントが意味するところと，クライエント中心療法でいう受容とはどのように異なるのか，対比するとよい。

7　まとめ

　本章では，クライエントに対するインタビューを中心にクライエントの視点を理解するための方法を説明した。クライエントに接触することに関する倫理的な配慮について特に紙面を割いた。クライエントの主観的体験を明らかにすることは，プロセス研究の大きな課題であり，近年注目が集まる質的研究法が多いに役立つ領域である。次章では，具体的な研究例を3つ挙げ，特にデータ収集と分析の違いがどのように表れるのかをみていく。

📚 学習を深めるための参考文献

Psychotherapy trainees' experience of counterproductive events in supervision.
Gray, L. A., Ladany, N., Walker, J. A., & Ancis, J. R. (2001). *Journal of Counseling Psychology, 48*, 371-383.

　スーパービジョンにおいてスーパーバイジーが傷ついた体験，非生産的だと思った体験について，合議制質的研究法を用いて検討した研究である。13人の大学院生にインタビューを行っている。

The analyst's analyst within.
Tessman, L. H. (2003). The Analytic Press.

　35人の精神分析者に5年にわたりインタビューを続け，彼らが被分析者として受けた精神分析（教育分析が中心）の体験について聞いている。本書では満足の度合いを3つに分けてインタビューイーの語りを多く引用しているが，分析方法については明確にしていない。クライエントの体験の記録としては非常に貴重である。

第7章

クライエントの主観的体験の研究例

1 はじめに

　本章では，これまで何度かふれてきた面接におけるクライエントの主観的体験に対する研究例のいくつかを紹介する。レニーによるクライエントの追従，ベディらによる作業同盟の形成に役立った出来事，筆者が行った初回面接の体験を振り返り，特に協力者であるクライエントの集め方，インタビューの仕方，データ分析の特徴，結果の提示について比較する。

重要概念

クライエントの追従　クライエントは，セラピストと意見が合わないとき，またはセラピストが失敗をしたときでも，権威や専門性をもつセラピストの意見に従い，セラピストの面目を保とうとすること。

理論的飽和　グラウンデッドセオリー法によって導かれた概念・カテゴリーが十分にデータによって明らかにされて，新しいデータを加えても，その概念がほとんど変わらない（新しい下位カテゴリーや記述コードをつける必要がない）状態に達すること。

重要事項法　グラウンデッドセオリー法とは異なり，抽象的な概念を抜き出すのではなく，具体的な出来事を抜き出す質的研究法。

インタビューのタイミング　面接プロセスの体験に関するインタビューを行うタイミングによって，理論的には異なる体験（面接の印象，記憶にとどめられたこと，自己に統合された，または内在化された体験）となるので，研究計画において注意する。

2 レニーの追従のグラウンデッドセオリー法による研究

2-1 研究の背景

レニーは，IPR法を用いたクライエントへのインタビューに早くから着手した研究者のひとりであり，グラウンデッドセオリー法をはじめとした質的方法をプロセス研究者へと広く知らしめた (Rennie et al., 1988; Toukmanian & Rennie, 1992)。彼は本研究に先立ちIPR法を用いたクライエントの面接中の内的体験に関する研究を行い，クライエントは心理面接に主体的に関わり，自己への気づきをもって内省プロセスに従事しているという結論に達していた (1994c)。本研究が対象としたのは，セラピストとの治療関係の一側面に関するクライエントの内省である，「追従」であった (Rennie, 1994c)。

「追従 (deference)」とは，より高い地位，スキル，判断をもっているとされる他者に対して服従することを意味する。それまで心理療法において抵抗，転移などそれと関連する概念があったが，追従が直接的に扱われることはなかった。社会学の象徴相互作用論は，「追従」を医療の患者一般が，癒やし手である医師・その他の治療者と自身の自己評価を維持し，それらを高めるための「面目を保つ」行為として捉えていた。追従が起こるとき患者は沈黙しているため，言語的分析ができず，研究が行われてこなかった。そこで，レニーは，IPR法を使って心理療法を受けるクライエントに，面接において感じていたことを話してもらうことによって追従体験を検討できると考えた。

2-2 方 法

レニーは，大学の学生相談の臨床心理士および個人開業している臨床家自身が担当するクライエントに研究協力の依頼をしてくれるよう求めた。その結果，20代から40代の14人（男性＝6名，女性＝8名）が研究参加に合意した。セラピストのうち，7人は博士号をもつ臨床心理士であり，2人は博士課程の学生，2人は，ソーシャルワークの修士号をもつ臨床家であった。全員が最低5年以上の臨床経験をもっていた。クライエントのうち2人は，レニー自身のクライエントであったため，IPRインタビューは他の研究者が行った。

IPRインタビューは，基本的に1回の面接のみに関して行われたが，1人のクライエントに対しては，3週間間隔をおいて2回，もう1人は，4ヶ月間隔をおいて計2回行ったため，合計16回のIPRインタビュー・データが集められた。協力者は，心理療法面接終了後，5名はビデオテープ，残り7名は，録音テープをもってIPRインタビューに臨んだ。IPRインタビューは，1週間遅れた1回を除いて，心理療法面接の直後に行われた。ファシリテーターは，クライエントに「セラピストと話していたことについてその時点で考えていたこと，感じていたことなどがあれば，いつでもテープを一時停止して，そのことについて話してほしい」と伝えた。クライエントがテープを一時停止したとき，ファシリテーターは，非指示的なやり方でクライエントの語りを促進した。IPRインタビューはだいたい2時間にわたった。1名だけは4時間かかったために2日にまたがって行われた。IPRインタビューは録音され，トランスクリプトが作成された。

　データの分析は，グラウンデッドセオリー法を用いて行われた。データ分析は，データがすべて収集されてからはじめるのではなく，1人分のデータを収集するとただちに分析に取りかかった。まず，トランスクリプトを意味の単位に分割した。意味の単位は，数行から1ページほどまで幅があった。意味の単位には，その全体を要約するコードがつけられた。次にコードの共通する要素からカテゴリーが生成された。さらにカテゴリー間の類似性から上位のカテゴリーが生成された。分析プロセスでは，コードメモやカテゴリーメモがとられ，カテゴリーの生成に活かされた。

2-3　結　果

　16回のIPRインタビューデータは，1118の意味の単位に分けられた。それらは，51の下位カテゴリーにまとめられたあと，さらに8つの上位カテゴリーに集約された。クライエントの追従体験はかなり個人差があり，8つのカテゴリーのうち，特に多く報告されるカテゴリーに偏りがあった。1つの体験に2つ以上のカテゴリーが当てはまることもあった。4つのカテゴリーはほとんどの協力者から得られ飽和状態に達した。残りの4つは，14人のうち4人以上に当てはまったもので，飽和の度合いが低かった。

飽和に達した4つのカテゴリー
① セラピストが挙げる治療目標や技法などに関しての懸念。クライエントは，

セラピストが考えている治療目標と自分の意見を照らし合わせた。目標に関する不一致は，セラピストとクライエントのあいだの距離を広げる主な原因であった。

② セラピストを批判する恐れ。クライエントは批判を口にしたら自分を援助してくれるセラピストの感情を害して治療関係が損なわれるのではないかと心配した。セラピストは専門家なのでしっかりとした意図をもって行動していると考えた。素人の自分が批判的なことを口にするのは，失礼でおこがましいと感じた。そして，そのときに困惑を感じても，心理療法を長い目でみると治療的な意味があるのだろうと考えた。

③ セラピストの見方を理解しようとする。2人の見方にズレがあるとき，またはセラピストが言ったことが分からないとき，クライエントは，セラピストの見方に関心を示し，それを理解しようと努めた。

④ セラピストから期待されていると感じたことを満たそうとする。クライエントは，セラピストの要求または，期待に何らかのプレッシャーを感じて，それに応えようとした。このカテゴリーは，クライエントがそのような期待に応えたり応えられなかったりしたことと関係していた。クライエントは，セラピストとの良好な関係を維持し，時にはセラピストを喜ばせるために，期待に応えることを意識した。

飽和に達する度合いが低かったカテゴリー
⑤ セラピストの限界を受け入れる。このカテゴリーは，セラピストの失敗や誤解に対するクライエントの許容を意味する。クライエントが，セラピストの言動を否定的にみるときでも，その言動を許容しようとした。たとえば，その言動を概ね成功している心理療法全体の中にあるたった1回の失敗の出来事としてみたり，実際の面接作業の邪魔になるほどひどくなかったと考えたり，セラピストもひとりの「人間」であり，間違いもするだろうと自分自身に言い聞かせたり，クライエント自身が十分な情報を開示していなかったために誤解が起こったと思ったりした。

⑥ メタコミュニケーションを試みる。クライエントは，セラピストとのあいだに理解のズレが起こったと感じるとき，時には言葉の調子を変えたりして，セラピストにそれを遠回しに伝えようとした。しかし，セラピストがそのような信号に気づくことは少なかった。セラピストが同じように遠回しなやり方でクライエントが感じていることを話すように誘っても，クライエントにとってそれについて正直に話すことは難しかった。

⑦セラピストを攻撃する。このカテゴリーは，比較的少数のクライエントからしか得られなかったが，セラピストから絶え間なくプレッシャーを感じるクライエントがセラピストを言葉によって攻撃することを意味する。クライエントは，セラピストから報復されることを恐れて，間接的で遠回しにセラピストを攻撃した。

⑧セラピストに恩恵を感じる。クライエントは，セラピストがそれまでに自分を助けてくれたことに対して，感謝していた。そして，これからもその援助をつづけてほしいと願っていたが，常に自分に焦点が当てられている一方的な関係に対して恩義を感じていた。「乞食は選り好みできない (Beggars cannot be choosers)」ということわざを使って自分の気持ちを表現するクライエントもいた。

2-4　2つの事例

これらのカテゴリーのつながりが明確に伝わるように，レニーは，2事例を挙げて説明している。1人めのクライエントは，長期療法を継続していたクライエントで，セラピストと良好な治療関係を維持していた。面接で起こったある出来事に頭を悩ませていたが，セラピストにその気持ちを伝えなかった。もう1人のクライエントは，かなり複雑な気持ちをセラピストに対して抱いていた。セラピストの「はっきりとした」性格と指導に感謝しながらも，あまりにセラピストの影響力が強いことに懸念を感じていた。

1人めのクライエントは20代の女子学生で，50代の女性セラピストと長期心理療法を継続していた。その面接において，クライエントは，自己憐憫について話した。そのことから大学での競争にうまく対応できないことに話題が移りはじめたとき，クライエントは，「『いったん大学に入ったんだから，ぐずぐず言わないでただやればいいじゃないか』って自分自身に対して言いたい」と話した。それに対してセラピストは，「そうするのを何かが引き留めている？」とたずねると，「私自身です」とクライエントは答えた。そのあとセラピストが「ぐずぐず考えていないでただやればいいだけなのに…って思いながらも」と一言加えた直後から，クライエントは長い沈黙に入る。

クライエントは，IPRインタビューにおいて，この沈黙が起こった時点で面接テープを一時停止した。その前の面接において彼女は，なぜそれほどまでに自分自身のことを哀れに思うのか，その原因を理解しようとした。その面接の全体を通して，セラピストはクライエントに対して思いやりをみせていたが，

この問いかけに対しては反応が冷たかったとクライエントは感じた。「このような問いかけはあまり意味がないので，クライエントは，自分に対する哀れみを受け入れることからはじめなければならない」とセラピストは言ったのだった。
　一時停止した面接場面において，クライエントはセラピストの意見に合意する返事をしたが，頭の中ではまだ「なぜ自分自身のことを哀れに思うのか」という同じ疑問にとらわれていた。セラピストが最後に放った「ぐずぐず考えていないでただやればいいだけなのに…」という言葉は，自分はいつも行動できずに，ただ思い悩んでいるばかりだと指摘する批判的な発言のように感じた。続いてクライエントは，大学で良い成績をとるための競争で苦労していることについて話したが，「なぜ自分自身のことを哀れに思うのか」ということを頭の中で考えた。どうしてもその疑問に対する答えをみつけたかったが，セラピストにそのことを言うのをためらった。彼女は，IPRインタビューでその時の気持ちを次のように語った。

　　セラピストは，私が自己批判的すぎるって言っていたんです。「こうしろ，そんなことをするな」って自分自身に対して言わないようにしたほうがいいという意見でした。「私は今気が動転しているんだわ」って，「そのときの気持ちを受け入れるようなことを自分自身に言い聞かせるように」って，セラピストが言ったとき，「なぜ私はそうできないんだろう」「なぜ私は，自分に対して問いかけることをやめられないんだろう」っていう疑問が自分の中に起こってきました。でもその質問をしたら，セラピストがやろうとしていることを否定することになるので，その言葉を口にすることができなかったんです。「なぜ自分は，『そうしなければいけない』と言うのをやめられないんだろう」という疑問も自分の中でわいてきました。でもセラピストが「そういうことを疑問に思わないように」って言うので，なぜ自分が「ぐずぐず言わないでただやる」べきだってセラピストが考えていたのか，質問ができなかったんです。(Rennie, 1994c, p.432. 筆者が訳出した)

　もうひとりのクライエントは30代の女性で，セラピストは40代の女性だった。クライエントは，面接の途中で電話がかかってきたときの体験について話した。セラピストは電話に答えたため面接は一時中断したが，クライエントはそのことについてセラピストに何も言わなかった。IPRインタビューにおいて，クライエントはこの出来事に対する苛立ちを表した。
　この面接に先立ったしばらく前の面接の出来事であるが，セラピストは非常に忙しかったので，面接中に電話に出てもよいかクライエントに尋ねた。クラ

イエントは合意した。そのときは苛立ちを感じることはなかった。しかし，IPRの対象となった面接中に電話がかかってきたときは苛立ちを覚えた。彼女は，セラピストが電話に出ることにはただ忙しいというだけでなく，他の理由があるのではないかと勘ぐっていた。彼女の心理療法のテーマはアサーションであったために，セラピストは自身が電話で対応する姿を良い見本として見せていたのではないかと感じたのだった。彼女は，セラピストがそのようなことを意図しているという可能性を嫌った。

> セラピストは，「ちょっとしか時間はかからないわ」というときもあるけど，そのときは結局4分間も受話器をもって話していた。私は嫌だったわ。電話の会話の収拾がつかなくなることも過去にあったわ。もし，セラピストがどうやって他の人に対処するのかということを私に教えようと電話の会話を使っていたとしたら，── 他者に対してどうやって要求するか，自分が求めていないことが何かってことをどうやったらはっきりと正確に伝えることができるのかということを私に教えようとしていたら，── それは適切でないわ。そんな方法で教えられたくない…私はセラピストの行動の意図をいちいち尋ねるようなことはしない。ただ，2人の役割が逆転して，自分がセラピストの椅子に座っていることを想像してしまう。「(セラピストがあたかもクライエントになったという口調で)あなたが電話に出るときってこういう感じですけど，なぜそう振る舞うのかって説明してください」って指示する場面をね。実際に私がどう感じているのかってことをどうやって伝えたらよいか分からない…もしセラピストに対して（専門家ではなく）ひとりの大人として話しかけたら，感情的にならないで冷静に答えてくれるかしら。そんなことはないわ。私はそんなことを質問するような危険をおかしたためしがない。私はそうしない懸命な決断をしたんだわ。【インタビューアー：あなたは，危険があると感じたんですね】まあ，セラピストがどんなふうに受け取るか分からないから ── 自分がセラピストの行動をどう感じたかって伝えるというか知らせたらどうなるかって。さあ。問い詰められるように感じるかもしれないわ。私が神経質になって心配しすぎているのか，私の中に恨みが募っているのかしら。ただそれを伝えるってだけなのに…もしセラピストに伝えたら，それってやり過ぎでしょうか。私はそんな危険はおかせないわ。(Rennie, 1994c, p.432. 筆者が訳出した)

2-5　考　察

レニーは本研究の結果が先行研究において明らかにされていたクライエント

の傾向,つまりクライエントはセラピストに対して不満があるとき,それを見せずにおく傾向があること,またセラピストは治療的作業がうまくいっていることを示すサインと比較して,そのような否定的なプロセスが起こりつつあることを示すサインを見落としがちであること (Hill et al., 1993) が追認された。そしてクライエントがそのような状態にあるとき,セラピストにそれを気づいてもらい,はじめの一言を発してほしいと感じていることが示された。

レニーは3つの方法的問題点を挙げている。1つは,サンプルの偏りである。このような研究に協力できるクライエントを集めるためにセラピストにクライエントに対する呼びかけをお願いしたが,当然セラピストがこのような研究に参加できると考えるクライエントは,ある程度の生活の中のストレスに耐えることができ,心理療法に関心をもち,セラピストとの作業同盟も良好であった。

次に,IPRインタビューにおいて「言葉にしなかった内的体験」について尋ねるという設定自体の影響である。IPRインタビューでは「追従」に関する否定的な内容のことが出てきたが,否定的な内容のことはセラピストと話し合われないために,必然的に多く報告されるとも考えられる。3つめは,IPRが拾い上げる内省の偏りである。レニーは,クライエントの内省プロセスに関心をもっているために,クライエントがセラピストとの対話に関して「内省」した瞬間に焦点を当てているが,そうでない瞬間も重要であり,内省的なプロセスが全く起こっていないわけではなく,ただ意識されていなかっただけなのかもしれない。そのため,IPR法はクライエントの内省活動の意識されやすい一部を強調しすぎているという問題点である。最後に,分析の一部には研究補助者が参加したが,レニーひとりが中心になって分析をしたため,彼個人の主観の影響を免れないとしている。

2-6 コメント

レニーの追従の研究は,IPR法を使った代表的な研究である。レニーは,2つの場面を細かく解説することによって読者がカテゴリーの特徴だけでなく,実際の臨床場面においてどんなことが起こっていたのか,そして,IPRインタビューがどんなふうに行われていたのか,ということを非常に臨場感あふれたやり方で伝えている。このような描写は,本研究においてインタビューがただ表面的な話題のみを扱っていたのではなく,かなりクライエントの主観へと入り込んでいることを示している。協力者は,引用からも分かるように,良好な関係を維持してきたセラピストにも伝えられない内容についてIPRインタビュ

ーでふれている。

　サンプルは，臨床経験の水準が異なるセラピストだけでなく，レニー自身も含まれていた。また，2人のクライエントからは，2回分の面接データがとられていたり，一部のクライエントの面接はビデオ録画され，残りは録音のみとデータの集め方もばらばらであった。彼の担当したクライエントは，異なる研究者がインタビューを行ったが，2人のIPRの経験の違いについてはここには記されていない。質的研究においてデータ収集の仕方を一定に保てばそれだけ優れたデータが集められるというわけではない。しかし，録画テープと録音テープを混ぜるのは，便宜的な理由からではなく，異なるデータでも同様の結果が得られるというトライアンギュレーションという観点からより系統的に，そして計画的に行われるべきである。

　クライエントの研究協力合意率はどれくらいだったのかということに関する記述も見あたらない。何人のセラピストに対してどのようにアプローチし，そのうち何人がクライエントの研究協力依頼を引き受けてくれたのか，また，それらのセラピストが何人のクライエントに対して研究依頼を持ちかけ，何人が引き受けたのかということも，本論文には記載がない。協力者集めのプロセスがどのような手続きで行われたか知ることは，他の研究者にとって本研究の結果の意義を判断するために必要な材料である。

　インタビューのプロセスについても記述が少ない。手続きの記述をみるとこのようなIPRインタビューを行うのが，比較的容易であるような印象を受ける。しかし，レニー自身がこのようなインタビューの経験を積み，培ってきた手法があり，それらが本研究の成功に貢献しているのは確かである（McLeod, 1997）。レニーは研究者として自身のバックグラウンドについての情報を提示しているが，ここでもIPRインタビューに関わる訓練および経験などにはふれていない。

　クライエントの体験を場面におけるやりとりと照らし合わせて細かく調べていくIPRインタビューを使った研究として，本研究は非常に重要である。IPRインタビューは，このようにクライエントの面接プロセスにおける内的体験を調べる非常に斬新な研究技法であるが，まだ少数の研究者しか使っていない。その理由は時間と労力がかかることである。インタビュー自体に時間を要するが，トランスクリプトの作成，心理療法の面接場面との照らし合わせなど，さらに膨大な時間がかかっているはずである。

3 作業同盟が作られる過程

3-1 研究の背景

　ベディら (Bedi et al., 2005) は，作業同盟が作られる過程においてクライエントが大切だと思ったやりとりをクライエントに対するインタビューから検討している。本書でも何度かふれてきたとおり，心理療法の効果研究において注目されてきた変数のひとつは，クライエントとセラピストの協力関係を意味する作業同盟である。作業同盟に関するデータは，ふつう面接終了後に実施される短い質問紙によって集められてきた。そして，他の変数との関連を統計的に検討する研究は多く行われてきた。ベディらは，クライエントにとってどんなやりとりや出来事がセラピストとの治療関係を作るのに役立っていると感じられるのかということを検討する研究が少ないと指摘している。作業同盟という概念の中心にある「協力」「相互性」という要素について理解するには，クライエントがどのように治療関係をみているのか，クライエントがセラピストをどのように観察しているのかということを調べることが大切であると論じている。

　ベディらは，重要事項法（Critical Incident Technique）を使ったインタビューを行うことに決定した。Critical Incident（決定的・重要な出来事，事柄）法とは，フラナガン（Flanagan, 1954）によって第二次世界大戦中にアメリカの空軍の能力の高いパイロットとそうでないパイロットを分ける鍵となる行動を見分けるために開発された研究法であり，観察可能な行動や発言に注目する。1980年代にプロセス研究において開発された重要な出来事に焦点を当てるイベントアプローチの基礎となる考え方を与えたのも，この重要事項法である。本研究はこの方法を用いることによって，訓練中のセラピストや初心セラピストが，面接プロセスにおいてどのような指標を頼りに治療関係作りに取り組めばよいのかという観察可能な指標を打ち立てることを目指した。

3-2 方　法

　協力者は，3つの異なる方法を使って集められた。1つは，クライエントに研究協力を依頼する手紙をセラピストに郵送することであった。次に，カナダ

西部の主要大学に研究協力を呼びかけるリーフレットを掲示してもらった。また，メンタルヘルスのクリニックや地域保健所にリーフレットを掲示してもらった。最終的に，40人から協力を得ることができた。協力者の約半分は，大学生（47.7％）であり，女性が31人（77.5％）が含まれていた。協力者の平均年齢は，35.8歳（SD=13.3）であった。

協力者の受けた心理療法面接数の中央値は，15.5回で，その期間は7.5ヶ月に及んだ。7人（18％）は，5回以下の面接しか受けていなかった。20回から50回の面接を受けたのは，7人（18％），51回以上の面接を受けたのは，9人（23％）であった。心理療法を受けた機関は，大学のカウンセリングセンター，個人開業，公共のメンタルヘルス機関などが含まれた。主訴は，対人関係（7人，17.5％）が最も多く，不安・ストレス，うつ，トラウマなどが続いた。40人のうち28人（70％）は，研究協力の時点で心理療法を継続していた。

インタビューの形態は，半構造化インタビューで，協力者は作業同盟の形成に関係した重要な出来事を思い出すように求められた。ベディらは，「作業同盟」という専門用語は，協力者にとって分かりにくいので，「作業関係」「セラピーの関係」という言葉に置き換えた。インタビューは以下の教示からはじめた。

> 「メンタルヘルスの専門家とのカウンセリング面接について思い起こしてください。特に，あなたとそのメンタルヘルスの専門家とのあいだに作られつつあった関係に注意を向けてください。あなたのカウンセラー・セラピストとの関係を作り，強めるのに役立ったことは何ですか。私たち研究者が関心を向けているのは，あなた，またはメンタルヘルスの専門家がしたこと，2人で一緒にしたこと，または面接内外で起こったことなど，具体的な行動や観察可能な出来事です。1つずつの行動や出来事をできるだけ細かい点まですべて描写してください。」（Bedi et al., 2005, p.314）

インタビューアーは，5人の大学生が務めた。彼らは，インタビュー法の授業で優の成績をとった学生であり，本研究のために積極的傾聴技法（開かれた質問，言い換えなど）に関する18時間のトレーニングを受けた。協力者は，重要な出来事を描写したあとそれが治療関係を作り，強めるのに役に立った度合いを0（関係なし，有害，または効果なし）から10（とても重要，とても意義深い，大きな効果）で評定した。インタビューの長さは，90分であり，20ドル（2000円程度）の謝礼が支払われた。

インタビューは録音され，インタビューアーがトランスクリプトを作成した。

そのあと，重要な出来事を研究者3人がインデックスカードに書き出し，内容が重なっているものがないか確認した。そのあと，2人が重要な出来事を分類した。もし2人が合意できなかった場合は，3人めの研究者が加わり，意見の相違を解決するのを手伝った。

3-3 結　果

合計376の重要な出来事が，40人のインタビューから集められた。これらの出来事は，25のカテゴリーに分類された（表7-1）。2人の研究者は，はじめに別々にカテゴリー化を試みたところ，73.9％の出来事の分類は共通しており，26.1％の相違があった。最終的に相違の部分は話し合いによって解決された。重要な出来事のカテゴリーへの分類の信頼性を確かめるために，4人の研究チームメンバーが，376の重要な出来事をそれぞれ別々に分類してみたところ，平均の合意率を示すカッパー係数は0.72であり，十分な評定者間の合意水準に達していた。

3-4 考　察

本研究は，作業同盟の確立過程に対する主観的体験の質よりも面接中の具体的な出来事に焦点を当てた。結果は，非常にシンプルであった。アイコンタクト，セラピストの人柄が感じられる温かな挨拶，クライエントの気持ちを理解する，それまでの面接のことにふれるなど，あまりにも日常的な事柄であるため，セラピストは作業同盟に対するこれらの影響を見過ごしてしまっているかもしれない。次に，協力者のクライエントは，セラピストが作業同盟を作る担い手であると知覚していた。協力者の33％のみが自分の役割に言及していた。また，セラピストの個人的特徴（年齢，雰囲気，性別，体型，民族的背景）や，物理的環境（オフィスの大きさ，電灯，部屋の内装，書物など）について協力者が言及することが多くあった。最後に，一般的にクライエントに変化を起こすために用いられる介入（技法行為）は，作業同盟の確立にも役立っていた。

ベディらは，ここに挙げられた要因はクライエントが気づいているもののみであって作業同盟の確立に関わるすべての要因ではないし，それらがどの程度作業同盟の確立に関わっているのかということは明らかにしていないことが本研究の限界だと述べている。また，回顧法における記憶の不確かさに関する問題，本サンプルの特徴（大学生が多く，平均面接回数が15.5回であること）

表7-1　カテゴリーの描写と特徴

カテゴリー名	カテゴリー描写	RR(%)	PR(%)	重要な出来事の例
1. 技法行為	一般的にセラピストによって使われる治療的成果を得るための技法や方略（傾聴は含まない）	13.8	72.5	セラピストは，気持ちを落ち着かせる技法を教えてくれた。 セラピストは，私に目標のリストを作らせた。
2. ノンバーバル・コミュニケーション	セラピストのボディ・ランゲージ（たとえば，姿勢で傾聴を示す）と他のノンバーバル・コミュニケーションの方法	11.4	47.5	セラピストは，自身が座っている椅子から前に乗り出して座っていた。 セラピストは，話を聴いているときにアイコンタクトをとっていた。
3. 傾聴	セラピストの積極的な傾聴スキル，共感的反射，要約，現在のクライエントの題材を過去のことと結びつける，最小限の励まし，沈黙などが含まれる	8.2	37.5	セラピストは，私が前回の面接で話したことを思い出して，それを私に向かって要約して言ってくれた。 セラピストは，私の気持ちに気づいて，私がそれを表す言葉をみつけられないとき，ぴったりの単語をみつけてくれた。
4. 選択	セラピストがクライエントの選択肢を強調し，クライエント主導で心理療法が進むということを伝える	7.7	32.5	セラピストは，私がどちらの椅子に座るか選ばせてくれた。 セラピストは，質問に答えるかどうか私に決めさせてくれた。
5. 心理療法の環境	面接室の内装の諸側面	6.6	17.5	セラピストの面接室には小さなおきものがたくさんあった。 虐待，トラウマからの回復，性虐待のサバイバーなどに関する心理臨床の書籍が書架にぎっしりあった（クライエントの問題と関連する書籍）
6. クライエントの主体性	セラピストとの治療関係の形成を促進すると考えられるクライエントの行動	6.4	35.0	私は自分の気持ちについて詳しく述べた。予約時間に遅れそうなとき，または行けないときに電話をした。
7. 個人的特徴	セラピストの性質，顕著な特徴（生得的・後天的のどちらも含む）	5.9	30.0	セラピストはいつも服装や身なりがしっかりしていた（化粧，マニキュアなど）
8. 標準的な期待以上のサービス	セラピストの行動が，典型的とみなされる行動範囲を超えていたか，一般的な心理療法にはないやりとりがあった	5.6	40.0	セラピストは，「いつでも電話をしていいですよ，いつでも立ち寄っていいです。私がここにいなくても他のスタッフが対応します」と言ってくれた。 セラピストは，お茶やお茶菓子を毎回の面接で出してくれた。
9. 自己開示	① 自身の家族，趣味に関する開示，② 似たような体験を過去にしたという開示，③ 間接的な自己開示（名刺の情報からセラピストについて知る）	4.8	32.5	セラピストは，「実は，本当にその気持ちがよく分かりますよ。私も同じことを経験しました」と言ってくれた。 セラピストは，私と同じように虐待のサバイバーと書いた名刺をくれた。

表7-1　カテゴリーの描写と特徴（つづき）

カテゴリー名	カテゴリー描写	RR(%)	PR(%)	重要な出来事の例
10. 肯定的なコメント	励まし，楽観的な見方，賞賛，クライエントの前進を肯定することなど，セラピストの肯定的なコメント	3.7	25.0	セラピストは，私が達成したこと，そして今取り組んでいることを賞賛してくれた。セラピストは，私自身について肯定的なコメントをしてくれた（例：「あなたはとても理解力がある人間だ」）
11. 挨拶	クライエントの到着と退室時のセラピストとスタッフの行動	3.7	30.0	セラピストは，面接のはじめに笑顔で迎えてくれた。セラピストは，私が退出するときドアのところまで見送ってくれた。
12. 肯定的なはじめての接触	セラピストのクライエントに対する「第一印象」（ふつう，自己紹介に続き，握手，微笑み，そしてクライエントの名前を口にする）	2.9	22.5	セラピストは，待合室で私と握手をして自己紹介してくれた。
13. ノーマライゼーションと肯定	クライエントの体験は異常ではなく，正常であると明確にまたは暗に伝えるセラピストの発言	3.7	30.0	セラピストは「これは夫婦によくあることです」「私もこういうことがありましたよ」などと言って私の気持ちをノーマライズしてくれた。セラピストは，「それは良くない」「それは非倫理的だ」と言って私の過去のセラピー体験が悪いものであったという私の評価を支持してくれた。
14. 尊重を示す合意	クライエントとセラピストのあいだに明確にまたは暗に合意がある場合それに対してセラピストが尊重を示す行動をとる	2.4	10.0	セラピストは有言実行してくれた（質問紙を次の面接で行うといったとき，次の面接で実際に忘れずにそうした）。
15. 肯定的な気持ち	肯定的な感情や態度を（言語的にまたは身体的に）体験する，または表す	1.9	12.5	セラピストと私は一緒に笑った。
16. 推薦	セラピストを他者から推薦される，または心理療法を受けることを薦められる	1.6	12.5	セラピストに心理療法を受けている友人が，そのセラピストのことをとても薦めてくれた。
17. 守秘義務	セラピストが守秘義務について説明するか，それが守られていることを実際に示す	1.3	10.0	セラピストは，守秘義務の限界について，そしてどんな場合に第三者に秘密を伝えなければならないか細かく説明してくれた。
18. 率直さ	セラピストの正直さや率直さが明確に示されている	1.3	7.5	セラピストは，私の質問に答えられないときに「それは分かりません」と言った（自分が完璧ではなく，知らないこともあるということを示してくれた）。
19. セラピストの現前で泣くこと	セラピストの前で泣く体験とそこから派生する体験	1.3	7.5	私が泣いているとき，ティッシュを差し出してくれた。

表7-1　カテゴリーの描写と特徴（つづき）

カテゴリー名	カテゴリー描写	RR(%)	PR(%)	重要な出来事の例
20. 役割の説明	クライエントに心理療法のプロセスとクライエントとセラピスト，それぞれの役割に期待されることについてクライエントに教える	1.1	10.0	セラピストは心理療法においてどんな作業をするのか，そしてそれがどんなふうに役立つのか異なるやり方で説明してくれた。
21. ユーモア	セラピストが冗談を言ったり，ユーモアに富んだコメントをする	0.8	7.5	セラピストは，初回面接の緊張を解く知的な冗談を言ってくれた。
22. クライエントが卓越した知識をもっていることを強調	クライエントが熟知していることについて認識していることを言葉で伝えるか，セラピストの専門性を強調しすぎないようにすることによってクライエントの主体性を強調する	0.8	7.5	セラピストは，「あなたについて最も知っているのはあなた自身です」と言ってくれた。
23. セラピストに関する先行知識	セラピスト，またはスタッフをクライエントはすでに知っている，または過去に関わりをもったことがある	1.1	10.0	私はセラピストのことを，セラピーグループのファシリテーターを務めていた女性を通して数年前から知っていた。
24. 個人的批判に対するオープンネス	クライエントからの否定的なセラピスト個人に関するフィードバックに耳を貸す意志をみせる	0.8	0.5	セラピストは，私が本当にセラピストのことをどう思っているのかということに耳を傾けてくれた（たとえば，セラピストが香水をつけすぎだ，と伝えたとき）。
25. 面接外の接触	面接外の場所で職業的役割を離れての接触	0.5	2.5	セラピストと私は，大学のキャンパスにある食堂まで一緒に行き，それぞれランチを買ってから別れた。

RR：representation rate（重要な出来事の何％が当てはめられたか）　PR：participation rate（協力者の何％が当てはまるか）

も考慮に入れて結果の意義について検討するべきだと論じている。

3-5　コメント

　ベディらの研究は，他のクライエントやセラピストに対するインタビュー研究よりも大きなサンプルをとっているが，研究の目的が，重要な出来事を単位としているため，分析の方法がさきほど紹介したグラウンデッドセオリー法やCQRと異なっている。また，協力者が挙げた出来事が作業同盟の確立にどれくらい重要であったのかを確認するために，重要性の度合いを10件法で評定させているのも特徴である。本研究では大学，地域メンタルヘルスクリニックな

ど複数の場所から協力者を募集し，最終的に40名とかなり大きなサンプルが集まった。クライエントからデータを集めるのは容易ではないので，このように広く募集をかけることはデータが足りないという事態を防ぐために重要である。また，今回の研究は，40人から376の出来事を集め，それらを25の大カテゴリーにまとめている。一つひとつのカテゴリーはかなり多様な要素が混ざっており，細かな内容やニュアンスを見分けているというよりも大まかな目安を示しているという印象が強い。これは，本研究の目的とも関係している。本研究では，体験の質やニュアンス（どんなふうに感じられたか，どんなことを考えたか）ではなく，観察可能な言動ややりとり自体を明らかにすることを目的としていた。たとえば，カテゴリー2のノンバーバル・コミュニケーションの定義は，「セラピストのボディ・ランゲージ，または他のノンバーバル・コミュニケーションの方法」とされた。その例として「セラピストは私の話を聴いているときにアイコンタクトを維持した」「セラピストは，椅子から前に身を乗り出して座っていた」などがある。もし，クライエントの体験に焦点を当てるのであれば，「アイコンタクト」をしたかどうかということよりも「どんなアイコンタクト（じっとみる，優しさ，思いやりがある）」であり，それが「どう体験されたか」「見守られているような気持ちになった」「話しやすく信頼ができた」ということにもふれるべきであろう。しかし，このような細かな側面に関して明らかにするためには，回顧式のインタビューでは難しいかもしれない。

　本研究の興味深い結果のひとつは，心理療法理論においてあまり扱われない一般的な要素が作業同盟に影響を与えていたことが明らかになったことである。たとえば，それは面接室の内装であったり，服装やマニキュアなどセラピストの外見に関わること，はじめて合ったときの握手の仕方などである。傾聴，尊重，肯定など心理療法の教科書において関係作りのための方法として推奨されている技法や姿勢も含まれているが，セラピストの自己開示，ユーモア，個人的特徴など，ひとりの人としてのセラピストも強調された結果となっている。

　本研究は，内的体験からより外部の出来事に焦点を当ててインタビューを行っている。多くの心理療法理論では，抽象的な概念レベルでの議論が多く，目に見える明確な指標がはっきりしないために実際にそのような抽象的概念が表す現象を面接で捉えるのが難しいことがある。ベディらは，目に見える出来事の側面を強調することによって，より具体的で臨床家が利用しやすい次元を明らかにしている。ただし，これらの出来事がどんなときに役立ったのか，どういうふうにされたときに（プロセスのやり方の次元）役立ったのか，といった

介入へとつなげる側面は十分には明らかになっていない。それは今後の研究課題となるだろう。

4　クライエントの初回面接の体験

4-1　研究の背景

　本研究は，クライエントとカウンセラーがはじめて出会う初回面接に焦点を当て，クライエントの主観的体験を捉え，初回面接の成功や失敗と関わる要因についての理解を深めることを目的とした。初回面接について膨大な文献があり，定期のインテーク・カンファレンスやスーパービジョンなどさまざまな活動を通してふれていながらも，初回面接後に来談を中止するクライエントの数は残念ながらあまり減ることはない。クライエントを失うことによるカウンセラーの感情的傷つきや原因の探索がカウンセラー個人の職業的成長に結びつくこともあるが，実際のところ，カウンセラー個人の一時的な悩みとして消えていくことが多い。初回面接がクライエントにとってどのような体験であるのか直接尋ねることによって，クライエントが継続を決めるのに鍵となるような体験，そしてドロップアウトが起こる面接の特徴について理解できると考えた。

4-2　方　法

　筆者が在籍した大学付属心理臨床センターに来談した10組のクライエントが参加した。そのうち7人（男性3名と女性4名，24～55歳）は個人面接希望者であり，3組（女性3名，43～49歳）は母子同席面接であったがインタビューは，母親に対してのみ行った。未成年のクライエントをはじめ，研究参加によって何らかの支障が出る恐れがあると危惧される場合には，インタビューの依頼を控えた。10事例の平均面接継続回数は，7.3回だった。そのうちクライエント6と8は，初回面接のみで中断となった。
　担当セラピスト9名のうち（年齢：23～60歳代，性別：男性3名，女性6名），4名は臨床心理士，3名は臨床心理士資格をもたない臨床経験5年から15年の相談員，2名は臨床心理学研究科修士課程に在籍する大学院生で臨床経験は約1年だった。セラピストの依拠する理論は，クライエント中心療法，精

神分析的心理療法，認知行動療法，家族療法，分析心理学のいずれかを基礎とする折衷派であった。1名の臨床心理士は，2事例を担当した。インテーク面接とセラピーの分離に関しては，臨床現場によって異なり，インテーク面接，または心理査定の完了後に担当のセラピストが決められる場合や，インテークをかねた初回面接を一人の担当セラピストが行う場合もある。本研究では，後者のやり方をとり，担当セラピストがインテークをかねた初回面接を行った。

クライエントとの半構造化インタビューおよび質的データ分析は，筆者1名が担当した。質的研究では，データ分析者の私見や理論的志向が分析の過程や結果に与える影響に十分な注意を向け，継続的にその影響を検討する必要がある。そこで研究に先立ち，分析者がもつ初回面接におけるクライエントの体験について私見や予想を書き出し，データ分析過程で繰り返しそれらの影響がないか振り返った。

クライエントの初回面接の体験に関する半構造化インタビューは，初回面接の終了直後に筆者が行った。筆者が電話受付表からこのようなインタビューを受けることによってクライエントに特に支障が少ないと判断したあと，心理臨床センター長に承認を得て，担当のセラピストにインタビュー実施の承諾を得た。クライエントには初回面接終了後，筆者から研究の趣旨を説明し，研究参加と録音許可の同意書に署名を求めた。

インタビューは，「センターを知るきっかけ」「交通の便」「センターの雰囲気」などの比較的答えやすいウォームアップ・クエスチョンからはじめ，インタビューアーに慣れてもらった。クライエントにとって印象深い出来事について尋ねることによって，重要な体験に関する記憶がより鮮明に喚起されると考え，「初回面接を振り返ってみて特に印象や記憶に残っていることは何ですか」という質問を起点としてインタビューを展開したが，基本的にクライエントの話の流れに沿って柔軟に進めた。答えにくいようであれば，「セラピストの発言やちょっとした仕草，あなた自身がしたことや感じたこと，面接の雰囲気や進み具合など，どんな小さなことでもかまわない」と付け加え，話すきっかけを与えた。時に，「その場面で思ったこと，考えたこと，感じたことはどんなことか」という質問を差し挟み，セラピストに語られなかった，クライエントの内面に起こる変化についても語ってもらおうと試みた。

インタビューは約15分から28分に及び，その内容はICレコーダーを用いて録音した。本研究では，初回面接というストレスや不安の高い場面の直後にインタビューを行うため，協力者であるクライエントに対する倫理的配慮を徹底する必要があった。そこで，クライエントが研究参加を強要されないように，

本研究の目的を丁寧に説明し，インタビュー中は質問を続けていいか，随時尋ね合意を得た。また，クライエントの様子から心理的に過度な負担がかかったと思われる場合の対応の手順などを明記したマニュアルを研究に先立って作成した。

　データ分析法の選択に関しては，録音したインタビューをトランスクリプトに書き起こし，質的分析法であるグラウンデッドセオリー法を用いて分析した。本研究においてグラウンデッドセオリー法を用いた理由は，研究者が前もって設定したカテゴリーや軸に沿ってクライエントの体験を分類するのではなく，データに根付いたカテゴリーを生成することによって，クライエントの見方，主観そのものを理解すること，少なくともそれに近づくことが可能であると考えたからである。

　本研究における分析の方法は，その進行とともに大きく発展していった。これはグラウンデッドセオリーを用いる分析の特徴でもある。分析に着手しはじめたときは，以下の手順に従った。第一に，録音したインタビューをトランスクリプト化した。その際，声の抑揚，沈黙，笑みなどの非言語的側面に関する情報は，字体の変更などによって逐語に組み込んだ。第二に，トランスクリプト全体に目を通し，面接の流れを把握した後，最小の分析単位である意味単位（meaning units）ごとにコードを付した。意味単位は，1単語から2行ほどで，1つの意味単位に複数のコードが付されることもあった。コード化の作業と平行してカテゴリーの試案などを理論的メモに記録した。第三に，この理論メモを手がかりとして類似したテーマや意味をもったコードの共通した部分を捉えるカテゴリーの生成および統合を試みた。

4-3　結　果

　グラウンデッドセオリー法を用いた分析の結果，2つの相反する上位カテゴリーを生成した。その1つは，|心力回復の一歩|で，話すことを通して，自信，希望を取り戻すとともに着実な一歩を踏み出したという実感をもつ体験であり，下位カテゴリー【話すことの治癒力】【希望の芽生え】【自己再確認】【出会い】を包括した（ここではカテゴリーの階層を区別するために，最上位にあるカテゴリーを｜　｜で示し，その下位にあるカテゴリーを【　】で示した）。もう1つは，|保留|体験で【これが私のセラピスト？】【不履行】の2つの下位カテゴリーを包括した。担当者が期待はずれで，当然してもらえると期待していた応対がしてもらえず，来談継続の意志決定と問題解決の一歩が

先送りにされたことを指す。この2つのカテゴリーは，ともに初回面接の結果として一歩進んだという実感があるかどうかということに関わっているが，前者は，肯定的な体験で後者は否定的な体験であり，その意味が大きく異なるため，あえて1つの核となるカテゴリーにまとめなかった。表7-2に，これらのカテゴリーとその頻度を事例別に提示した。なお，個々のクライエントの具体的な情報は，プライバシーを守るため，発言の意味が変わらない程度に手を加えた。

{心力回復の一歩}の下位カテゴリー

話すことの治癒力：最も多く7人のクライエントから得られたカテゴリー【話すことの治癒力】は，クライエントがセラピーという場において話すことに付随するさまざまな効果を実感することを指す。クライエントの多くは，家族や友人，また過去に相談した精神科医に自分の言いたいことが伝わらなかったという経験をもち，「理解してもらえるだろうか」「説明できるだろうか」「全部話せるだろうか」といった不安を抱いていた。面接において，セラピストにせかされず，話を遮られることなく，自分のペースで話すことで，「肩の荷が下りた」「すっきりした」という安堵感や説明するという目的を果たしたことによる達成感や満足感が起こった。

希望の芽生え：5人のクライエントより得られた【希望の芽生え】は，主にセラピストから当面の目標や対処策を示してもらったことに続いて起こった体験である。面接に対する抱負や当面の目標などがもてたことにより，気分が高揚し，将来に関して楽観的になり，面談意欲や新しい行動を起こす意欲が高まった。クライエント9は，セラピストから「リラクゼーション」用のテープとその使い方の指示を受け，「早速自分のペースで続けていきたい」と楽観的な口調で語った。

自己再確認：多くのクライエントは来談前に周囲の人に自分の見方や気持ちを認めてもらえず，自己否定的になっていた。初回面接において，セラピストによってそれまでの努力が労われ，自分の見方が間違っていないとはっきりと言葉にして返してもらうことにより，自己に対する不信感を拭うのが「自己再確認」体験であった。

出会い：【出会い】は，文字どおり，自分に合ったセラピストと出会ったという体験であり，それは今後一緒にやっていけそうだという感触，またやっていきたいという意志表示につながっていた。クライエント5は，知人から推薦されたセラピストが希望通り担当してくれたことに「感激した」。その話から

表7-2　クライエントの体験を示すカテゴリーとクライエントの対応表

カテゴリーと下位カテゴリー	cl.1	cl.2	cl.3	cl.4	cl.5	cl.6	cl.7	cl.8	cl.9	cl.10
心力回復の一歩										
話すことの治癒力	○		○	○	○	○			○	○
マイペースで自分の視点を話す	○					○			○	○
話しやすい雰囲気があった	○		○	○		○			○	
話せたという達成感を覚える	○		○	○	○				○	
荷が下りた安堵感を得る	○					○				
効力感が高まる	○		○						○	
希望の芽生え	○					○	○		○	○
方向性が定まった	○						○		○	
対処策を教えてもらった	○					○			○	
変わることへの意欲が現れる	○					○				○
自己再確認	○						○		○	
専門的情報をもらった	○									
受容的な言葉をもらった	○						○		○	
出会い				○	○					○
セラピストの誠実さを感じる					○					○
セラピストへの思いがわき起こる				○	○					
保留										
これが私のセラピスト？		○	○				○	○		
想像との違いに唖然とする				○				○	○	
不信感が高まる			○				○			
言い聞かせる			○					○	○	
不履行						○	○	○		
自分の役割は果たした						○				
とまどいを感じる						○	○	○		
裏切られた						○	○			
来談決定の保留						○		○		

(注) 最上位のカテゴリーは，最も左寄りになり，右に1こまずつずれるのは，右側のカテゴリーがそれより左のカテゴリーに属する下位カテゴリーであることを示す。

セラピストに対して畏敬の念をもっていたが，実際に会ってみるとイメージよりもかなり「近づきやすく」「親しみやすく」，そのため「思ったほど緊張しなかった」。

{保留} カテゴリー

これが私のセラピスト？：多くのクライエントはどんな人が自分の担当者な

のかと想像し,「自分と同じような年格好で若々しく活発な人」「中年の男性で自分の問題を分析して,アドバイスをしてくれる人」「経験豊富な人」など,かなり具体的なセラピスト像をもっていた。しかし,セラピストの理想像がそのまま現実となることは少なく,期待が裏切られ,驚き,落胆,憤りを感じることとなった。担当者に関する自分の期待が裏切られたことに肯定的な解釈を与え,「この(セラピストの)ほうがいいのかもしれない」と自分に言い聞かせ,希望を維持しているクライエントもいた。

　不履行:セラピストとしての義務・役割として当然やってくれるだろうという期待が裏切られる体験であり,その結果として面接プロセスに大きな支障が出たり,期待していた最低限の成果が得られなかったと感じた体験で,3人のクライエントより得られた。

4-4　事例紹介

　上記のカテゴリーは,複数の事例から横断的に得たものであり,個々のクライエントの体験の流れやカテゴリー間の関係が捉えにくい。そこで,肯定的な意味合いをもつカテゴリーと否定的な意味合いをもつカテゴリーがそれぞれ目立った事例を,簡潔に紹介する。

クライエント3

　クライエント3は,精神科医から自分に合ったセラピストがいると当心理臨床センターを紹介された。それまでに相談を受けたセラピストは自分と同年代の活発で若々しい人だったので,今回もそのような担当者を想像していた。初回面接の前日に自分の状況についてうまく説明できるか不安になり,これまでの経過をノートにまとめて準備した。実際にセラピストに会ってみると,想像との違いに唖然とした。「失礼な言い方ですけど,自分より全然年上で父親のような人」だったため,「精神科医が何を考えて自分に合っていると言ったのかが気になった。」しかし,この否定的なセラピスト像は,初回面接を通して大きく変わっていく。クライエントは,ノートに書いて準備してきた内容を一通り説明すると,セラピストにその努力を労われ,「自分のことを認めてくれた」と感じた。そして,「もっと楽にやりましょう」という一言をかけてもらうと,肩の力みがとれ,「先生はそう言ってくれたんですけど,きっと周りの人も,(私が)何でもこういうふうな感じでやるもんですからね,私が気負って,ちょっとこう近寄りがたい人間だと思われているのかなぁ」と,これまで

の自分の姿に気づいた。このような体験から「自分のためにもっと続けたいっていう気持ちになりましたね…先生に託していきたい」と，自分に合ったセラピストが見つかったことを実感した。

クライエント4

クライエント4は，小学生になる息子の不登校で相談に来た。これまで自分の気持ちを外に出すことができなかった息子に，「なんとか自分の気持ちを伝えられるようになってほしい」と願い，「どう息子に接すればよいのか…具体的なアドバイスや手順」を教えてほしいというのが来談理由であった。面接では，セラピストに「今までの経過と自分の気持ちや親からみた子どもの様子と，生まれてから現在までの生活」についてできるかぎり具体的に説明し，自分の役割は十分に果たしたと感じた。しかし，担当セラピストからは，面接の頻度以外に具体的な情報提供がなく，当然のこととして期待していた息子に対する接し方に関するアドバイスもないまま面接が終了してしまった。「自分自身が，息子に望むものはそれだけど，こっち（セラピスト）に何を望んでいいのかもよく分からない…正直な話です。」クライエントは，「息子がうまく気持ちを出せるようになるんだったらどこでもいいから話を聞いてみたい」と，今後も自分の要求に応えてくれるセラピスト探しが続くことをほのめかした。

4-5 考 察

本研究の結果として得られた｜心力回復の一歩｜と｜保留｜では，ともに変化への着実な一歩を踏み出せるかどうかということが重要だった。最も多くのクライエントから得られたのは，【話すことの治癒力】であった。クライエントは，初回面接において何よりも自分の視点を語り，カウンセラーに受け取ってもらうことによって，その効果を実感した。クライエントが主体性を取り戻すことが初回面接において重要であることが強調された。

本研究において得られたクライエントの初回面接の体験のカテゴリーについて共通している点は，すべての体験が面接中にとどまらず，来談前の状況と連続性をもっていたということである。【話すことの治癒力】や【自己再確認】という体験に先立って，周囲の人に理解してもらえないという先行する状況や来談への不安などがあり，【出会い】や【これが私のセラピスト？】には，想像していたセラピスト像，そして，【不履行】では，当然，こうしてくれると思っていた面接の進め方に関するイメージがあった。クライエントの初回面接

は，面接に至るまでのクライエントの体験が強く関係していた。

　本研究は，初回面接終了後，クライエントに直接話を伺うため，参加者の選択と依頼に慎重さを要した。そのため，クライエントの年齢や来談意図などにばらつきがみられた。協力者も10人と少ないために，カテゴリーが飽和に達しているとは言いがたい。本論文に発表したデータ分析の上位カテゴリーの生成など主要な作業は，すべて執筆者がひとりで行った。データに繰り返し立ち返り，カテゴリーとの照合を検討したが，一個人としての偏向や限界は免れない。

4-6　コメント

　本研究は，初回面接の直後にクライエントに対してインタビューを行い，クライエントがドロップアウトする場合，面接継続を決断することと関係する体験カテゴリーを明らかにした。日本では数が少ないクライエントに対するインタビュー研究である。日本の大学院付属の心理臨床センターにおいて，プロセス研究を取り入れることが可能であると示したのが，本研究の最も大きな貢献であろう。

　本研究は，質的研究でありながら，インタビュー時間が非常に短い。これは，セラピストとクライエントが一度しか会っていない初回面接における体験を対象としており，クライエントとセラピストの治療関係を研究により阻害しないための配慮からであった。協力者数も10人と少ないことから，本研究の結果は，初回面接におけるすべてのクライエントの体験を十分に反映しているとは言いがたい。今後，さらに協力者を加えてカテゴリーを再検討していくことが大きな課題である。

5　クライエントへのインタビュー ── 総合評価

　レニーによる追従のグラウンデッドセオリー分析（Rennie, 1994），ベディらによる作業同盟の形成と確立に関わる重要な出来事に関する重要事項法による研究（Bedi et al., 2005），筆者による初回面接におけるクライエントの主観的体験のグラウンデッドセオリー分析（岩壁，2006）をみてきた。読者がクライエントに対するインタビュー研究を計画・実施する上での意志決定ポイントとな

ることにふれてみたい。

5-1 サンプル

　サンプルに関しては，3件の研究とも比較的ばらつきがある。ベディらの研究ではクライエントは，大学の学生相談センターでカウンセリングを受ける学生が半数を占めている。レニーの研究では，レニー自身が担当していたクライエントを含むだけでなく，2名の協力者には2度の IPR インタビューを行い，それらも分析対象としているが，同じ協力者からのデータが含まれていることによって，どのカテゴリーが特に明確になっているのかなどといった偏りについては検討されていない。筆者の研究でも個人で面接を受けたクライエントに加えて，子どもの相談で心理臨床センターを訪れたクライエントも含まれていた。クライエントの担当セラピストも，臨床経験レベルと理論アプローチにおいて均質ではなかった。このようなばらつきがあることによって，異なる臨床アプローチ，心理療法形態においても研究結果がある程度あてはまるようにみえるが，実際には，さまざまな要因の影響が複雑に絡み合っており，本当に広く一般化できる結果なのかどうか，ということは分からないままになっている。
　理論アプローチにかかわらず広くサンプルをとるのは，これらの研究者が理論統合的な立場にあることとも関係している。レニーは，クライエント中心療法的アプローチをとるが，クライエントの内省と主体性が心理療法の中心的要素であると考えている。ベディは，作業同盟を異なる心理療法アプローチに共通する「核」となる要素であると考えている。また，筆者は，初回面接という状況では，理論アプローチにかかわらずセラピストの作業と目標は似ており，共通するプロセスが作用するために，研究結果が広く有用であると想定している。このように研究者それぞれのリサーチクエスチョンは異なっていても，クライエントへの注目が理論アプローチを超えたプロセスを捉えることを目指しているという点において似ている。かなりの経済的・人的リソースを必要とする効果研究では，クライエントが受ける心理療法を一定にすることが可能になるであろう。しかし，一研究者が限られたリソースの範囲の中で，そして臨床現場からデータ収集するとき，そのような統制は難しい。

5-2 インタビュー

　3件の研究では，インタビューのタイミング，やり方，インタビューアーの

臨床経験が異なっている。レニーの研究では，面接終了後にIPR法を使って直前に行った面接プロセスをインタビューアーと振り返りながら，協力者が体験を語っており，インタビュー時間は，2時間にもなる。筆者の研究でも初回面接終了直後にインタビューを行っているが，IPR法のように刺激は使っていない。また，インタビューも20分程度と短い。もう一方で，ベディらの研究では，クライエントは，数ヶ月前の面接において起こったことを思い出している。実際のやりとりを思い出すためには，記憶が薄らいでいない面接直後などが最適であろう。特にベディらの研究では，クライエントの主観的体験よりも，セラピストの言動ややりとりを明らかにすることを目的としていたため，面接からの時間の経過の影響はさらに大きくなる。また，作業同盟が作られる時期は個人によって大きく異なるため，初回面接を想定して答えているクライエント，または長期療法において作業同盟がより深まった時期を念頭においていたクライエントもいるはずである。

　ベディの協力者から得られた回答は，比較的漠然としており，第1章で挙げたプロセスの側面（テーマ・内容，やり方，行動，質）の1つか2つの側面にしかふれていない。もう一方で，レニーのようにIPR法を用いて面接のテープをクライエントに聴かせる場合，クライエントは，どの発言のどんな部分（言い方，表現の仕方，文脈）に対して反応をもったのか明確に示すことができる。このように出来事を抜き出しながら，より細かいプロセスの側面にふれていない理由のひとつは，ベディらが40人という質的研究としてはかなり大きなサンプル（しかもインタビューは90分に及んだ）からデータを集めていることとも関係している。インタビューでは一つひとつの出来事に関して詳しく尋ねることよりも，できるだけ数多くの出来事を抜き出すことに焦点が当てられていたようである。

　IPR法は，このように面接とクライエントの体験を照らし合わせることができるという大きな利点があるが，そのような刺激があるために，何が最も重要なやりとりだったのかということが不明確になることもある。もう一方で，ベディの研究のように，刺激を使わずにクライエントが面接のやりとりを思い起こすとき，クライエントは，最も際だった刺激の解釈にふれやすいこともあるだろう。

　3件の研究はインタビューアーの臨床経験においても異なっている。レニーの研究と筆者の研究は，同様のインタビュー経験そして臨床経験がある臨床家・研究者が行っている。ベディらの研究では，質的研究法の授業を履修し優秀な成績を収め，本研究のために18時間のトレーニングを受けた複数の大学

生が担当した。臨床経験があり，クライエントの接触にも慣れた臨床家がインタビューを行う場合，比較的短い時間でクライエントとの信頼関係を作り，かなり個人的な内容まで臆することなく入っていくことができるだろう。もう一方で，インタビューの技法などは，方法の記述に簡単に表すことができない経験則がかなり使われているため，インタビューアー個人の影響が強く働いている。ベディらのインタビューアーは同じ訓練を受けており，論文にもインタビューの仕方をより明確に示すことができる。データ分析に関しても同じことが言える。レニーと筆者の研究では，分析者ひとりが関わっているのに対して，ベディらの研究では，複数のインタビューアーが分析に取り組み，合意度をチェックして分析プロセスの客観性を重視している。内的体験の意味を探ろうとする研究と観察できる行動指標を明らかにすることを目的とする研究の違いがよく表れている。

5-3 結果の提示

結果の提示の仕方もこの3つの研究は異なっている。レニーは，1つずつのカテゴリーの定義を語り口調で説明したあとに，2人の事例を面接の流れとともに紹介し，かなり長い引用文も提示している。引用文は，編集されておらず，クライエントの言葉がそのまま記されており，クライエントがIPRインタビューにおいて，かなり個人的な内容に入り込み語っている様子がうかがえる。筆者の研究でも同様にケースを紹介し，カテゴリーの説明でも引用文を多く紹介した。ベディらの研究では，結果がすべてカテゴリー表にまとめられており，何％の協力者から得られたのか，という値も提示されている。協力者から得られた引用はほとんどなく，具体例は単文に書き換えられている。25にものぼるカテゴリーの一つひとつを説明するのは，紙面をとりすぎるため，このように簡潔に全体像が見渡せる形で提示したのであろう。何％の出来事がそのカテゴリーに含まれるのかということを示す表象率（RR: Representation Rate）や，何％のクライエントからそのカテゴリーが得られたのかということを示すPR（Participant Rate）を提示することによって，各カテゴリーがどれほど一般的に現れているのかということがわかる。筆者の研究においても星取り表を提示して，各カテゴリーの頻度を示している。このような表は，読者にとって分かりやすいが，頻度の高いカテゴリーが必ずしも最も重要な体験であるとか，最も明確に定義されたカテゴリーであるとは限らない。

本書において何度かふれたとおり，問題はどの研究方法が最も優れているの

かということではなく，どの研究法がどんな目的のために適しているのか，またはどんな研究の状況においてその力を発揮できるのかということである。レニーの追従の研究の特徴であるIPRを用いた研究は，クライエントが言葉にすることが難しく，セラピストに伝えにくいこと，などを検討するために役立つ。筆者が行った面接直後のインタビューは，初回面接という限定された状況に合わせており，比較的短時間ながら，クライエントからかなり細かな情報を得ていた。ただし，面接で実際に起こったやりとりとの対応はできないため，このようなインタビューから得られた情報は，IPRを用いたインタビューなどを使って検証するとよい。ベディらのインタビューは，心理療法全体を振り返り，全体的な印象を捉えるとき，そして長期にわたって記憶に残っているような意義の大きい出来事の概要について知るために役立つ。

6　まとめ

　本章では，クライエントに直接面接体験について尋ねるインタビューを扱ってきた。心理療法を学ぶ者は，大家とされるような臨床家が面接プロセスの何に注目し，どうやってクライエントの言動を理解して，フォーミュレーションにつなげていくのかということを学ぼうとする。しかし，このような臨床家の視点を身につけるのと同じように重要なのは，クライエントがどのように面接プロセスを体験しているのかということである。クライエントの主観的体験を理解するというのは，最も基本的な臨床的作業のひとつである。ドロップアウトといった問題は，クライエントとセラピストのあいだにできる溝から起こる。そのため，そのような溝が起こったかもしれない指標（沈黙，抵抗）についてクライエントから直接話を聴くことはとても重要であり，私たちが臨床家という役割を離れて，研究者の立場からクライエントと関わることによってはじめて明らかにされることも多くある。

📖 学習を深めるための参考文献

Varieties of client experience in psychotherapy: An analysis of the literature.
Elliott, R., & James, E.（1989）. *Clinical Psychology Review, 9*, 443-467.
　クライエントの主観的体験に関する量的研究のレビュー。さまざまな尺度や質

問紙によって，どのようにしてクライエントの体験の諸側面を捉えようとしてきたのか，研究の発展が分かる。また，本章に紹介した研究とこの論文に紹介されている研究の数々を比較すると，クライエントの主観的体験の研究がいかに大きく発展してきたかということが分かってもらえるだろう。

Every day gets a little closer: A twice-told therapy.
Yalom, I. D., & Elkin, G.（1990）. New York, NY: Basic Books.
　クライエントとセラピストが毎回の面接のあと，面接で感じたことをお互いに対して手紙に書いて交換するという非常に興味深い試みを一冊にまとめている。クライエントとセラピストの手紙が交互に紹介されている。2人の見方の違いだけでなく，クライエントがセラピーから普段の生活へどのようなことを持ち帰っていくのかということを考える，とても興味深い一冊である。

コラム● 6　心理療法プロセスに影響を与えるクライエントの生活

　これまでのプロセス研究は，1時間の面接の中で起こることがクライエントの問題解決や症状の改善にどのような影響を与えるのかということに焦点を当ててきた。面接は，1週間のうちのたったの1時間である。だがその1時間は，とても大きな重みをもっていることもあるし，現実に1時間以上の時間を占めるのは確かである。たとえば，クライエントは電車に乗ってセラピストのオフィスに向かう途中で何を話そうか考えるだろう。そしてセラピストと話したことは，1週間の中で何度も頭をよぎるかもしれない。このように考えると心理療法のプロセスは，決して1時間という枠の中で終わるわけではないため，クライエントの変容について包括的に検討するには，面接において扱われた重要なプロセスをクライエントが面接外においてどのようにして実践しているのか，面接と面接外のクライエントの生活のつながりについても検討することが重要である。
　デンマークのマクリル（Mackrill, 2007）は，クライエントが面接の出来事と面接外の出来事をどのように結びつけているのかということを調べるために，クライエントに日記をつけてもらい，その内容を質的に分析している。その結果，トライアンギュレーションという概念を導いた。トライアンギュレーションとは，クライエントが質的研究者のように，異なる情報源からの知識を比較して，自分が信じていることにより強い確信をもつに至るプロセスであり，面接内外の懸け橋を作るクライエントの作業である。たとえば，クライエントのテッドは，7回めの面接のあとに日記に以下のように記した。「セラピストは，現在の自分の中に，はるか昔の少年だったときの自分を感じるための時間をと

るようにっていう良いコメントをしてくれた。僕は，少し前に霊能者から全く同じことを言われた。異なる方向から同じアドバイスをもらうというのはとてもよい。前進しているって分かるから。」セラピストと霊能者のアドバイスを比較して，自分の感じ方を肯定していた。

　クライエントは，セラピストに指示を受けなくともさまざまな補助的民間療法を試している。エルキンら（Elkin et al., 2006）は，うつ，または不安の問題で心理療法を受ける262人のクライエントに対して，心理療法終結後12ヶ月以内に試した民間療法について質問紙調査をした。その結果，44％が，催眠療法，瞑想，バイオフィードバックなどの精神 - 身体と関わる民間療法を試し，34％が，うつに効果的とされているオトギリソウ（St. John's Wort）などの漢方・薬草・サプリメントを試していたことが分かった。21％は，ヨガ，マッサージ，カイロプラクティック，針灸などの身体的療法に通っていた。また，17％は，前世療法などを含めたスピリチュアルな療法を試した。14％は，ダイエットなどの食事療法を試みた。これらの療法を心理療法と並行して受けていたクライエントのうち，34％のみがセラピストにそのことを伝えていた。

　現在北アメリカでは，心理療法の短期化とともにさまざまなホームワークの役割と有効性に注目が集まりつつある（Kazantzis & L'Abate, 2006）。クライエントが変容の担い手であることを考えると，変容プロセスを包括的に理解するために，クライエントが心理療法と生活をどのようにしてつなぎ，心理療法の効果を浸透させているのか調べる研究が増えることが期待される。

第 8 章

課題分析
——臨床家・研究者の視点からみたプロセス——

1 はじめに

　面接におけるクライエントの変容プロセスを，面接のトランスクリプトからどのようにしたら明らかにできるだろうか。セラピストが面接の内容をまとめたプロセスノートでは，面接において重要であったことがセラピストの視点から1つの流れに分かりやすくまとめられている。ケースカンファレンスなどでケースの流れが発表されるとき，50分のやりとりが，10行から20行ほどに簡潔にまとめられていることが多い。もう一方で，面接におけるやりとりのより客観的で十分な記録であるはずのトランスクリプトは数ページにおよび，一目見ただけでは何が起こっているのか分かりにくい。では，そこから効果的な面接の流れや作業を抽出するには，どのような方法を用いたらよいだろうか。
　本章では，面接のトランスクリプトを，セラピストとクライエントという参加者の視点ではなく，研究者の視点から，臨床家としての直感や経験則を活かしながら分析するための方法を紹介する。プロセス研究の方法論，そして面接の流れのとらえ方に対して大きな影響を与えてきた課題分析（Task Analysis: Greenberg, 1986b, 2007; Greenberg, & Forester, 1996; Greenberg & Newman, 1996; Rice & Greenberg, 1984）の考え方と研究例を紹介する。

重要概念

課題分析　クライエントが，ある治療的作業に取り組んでいる場面を集め，変容のステップを抜き出し，介入モデルを開発するプロセス研究法。発見段階と検証段階からなり，質的分析と量的分析を統合し，臨床家の直感や経験則を活かす研究法である。

プロセス指標　クライエントがある心理的問題に悩んでいること，問題を解決したことなど，内的な心理状態を示す発言・ノンバーバルな行動。

> **2つの椅子の対話**　ゲシュタルト療法において使われる介入技法で，クライエントは対立する自己の二側面が2つの椅子に別々に座っていることを想像し，その間に対話を発展させることによって葛藤を解決する。課題分析法によってその具体的なステップとクライエントの変容プロセスが明らかにされた。
>
> **臨床家・研究者**　プロセス研究を行う中で研究者が常に臨床家としての直感や経験を活かし，もう一方で研究者として厳密に仮説を検討する姿勢をとる。

2　トランスクリプトを分析する困難

　これまでの章ではセラピストとクライエントという参加者の視点から，面接プロセスを研究する方法を概観してきた。セラピストとクライエントは，面接に関わっており参与観察者という立場から面接プロセスを明らかにしてくれる。彼らは，第三者である研究者からはなかなか到達することができない体験的データを提供してくれる。しかし，彼らの記憶や体験は，面接において交わされたやりとりの正確な記録ではない。もう一方で，面接の録音テープとトランスクリプトはより客観的な記録であり，これらを扱う研究方法も，これまでに開発されてきた。もし，第三者である研究者が，トランスクリプトから効果的な面接の流れと非効果的な流れを区別できたら，介入の指針を立てるのに役立つだろう。なぜなら，クライエントがこのような行動・発言をみせたら，どんな一連の介入をとり，クライエントの変容プロセスを促進すればよいのか，という計画が立てられるからである。トランスクリプト上で見わけられる情報は面接中のセラピストも入手可能である。そのような情報から介入の指標を作ることができるのだ。

　しかし，トランスクリプトから面接の効果的なプロセスを抜き出すと聞いて，途方もなく困難な作業ではないか，と思う読者も多いだろう。分析の対象が，質問紙のように数値に比較的簡単に変換される情報でもなく，クライエントとセラピストの発言が次々と繰り返される相互作用に関する質的データに，どのように単位を設けたらよいのか見当もつかないと思うだろう。質問紙では分析の単位ははっきりしている。それは，ひとりの参加者であり，ひとりから得ら

れたデータは項目によって分けられ（さらに下位尺度などの単位に分けられる），その区別は明確である。また，項目数や内容は，すべての参加者に共通しているので，比較の基準もはっきりしている。しかし，トランスクリプトにみられるセラピストとクライエントの発話は，単位がはっきりしない。確かにクライエントとセラピストの発話はお互いの発話によって明確に区切られているが，1つずつの発話の長さはバラバラであるし，同じような内容のやりとりが繰り返されたり，「はい」「いいえ」のような短い発話のあとに，数行にもわたる非常に長い発話がきたりする。そうなると，そのような短い発話と長い発話が同じ単位，もしくは同じ重みをもつとは言いがたい。

　もし，一つひとつの発言を一単位として扱っても，そのデータをどのように分析すれば変容の「プロセス」が捉えられるのだろうか。セラピストの発言は，一つひとつが独立した反応ではなく，クライエントの問題，それまでの面接の流れ，直前にクライエントが言ったことなどが考慮されて定められるだろう。クライエントの反応も同じように，セラピストの直前の介入に対しての反応ではなく，自分自身の体験の流れ，それまで面接において話していた内容などにも影響を受けている。面接プロセスを理解するには，セラピストの介入に対するクライエントの反応という一組を取り出すのではなく，前後関係や全体的な流れを捉えることが重要である。

　読者の多くは，このような流れをつかむための研究方法をほとんど学んでこなかったであろう。一般的に心理学の研究法で教えられるのは，多数の協力者を対象とした質問紙研究や実験研究であり，データは最終的に統計的に処理される。統計的手法は，ある1つの時点でのグループの差を捉えるため，時間的流れを切ってしまい，データをバラバラに扱う。先述のように過去に多く行われた研究のひとつに，セラピストの反応カテゴリーとクライエントの有効な作業の関係を統計的に調べた研究がある。たとえば，セラピストのある反応（たとえば解釈，沈黙，直面化）は，他の反応カテゴリー（たとえば，反射，質問，アドバイスなど）よりもクライエントの洞察を引き起こす確率が高いか，ということを調べる研究が多く行われてきた（たとえば，Hill et al., 1992）。そのような研究では，セラピストの解釈のあとにクライエントの洞察が続いて起こるのかということを統計的に示すため，セラピストの介入とその直後のクライエントの反応を一組として取り出し，一対一の関係があることを仮定しなければならない。

　このような取り出し方を使うことによって，複雑な面接プロセスにおけるセラピストとクライエントのやりとりをうまく切り離し，明確な分析単位を設定

することが可能になるが，介入がどんな場面において行われたのかという，文脈に関する情報が失われてしまう。上に挙げた例のように解釈に続いて洞察が起こるか調べるとしよう。心理療法早期にクライエントとの治療関係が確立されていない状況において解釈が与えられれば，それがどんなに正確であっても，クライエントはセラピストが自分のことを十分に理解してくれていない，または攻撃されたと受け取るかもしれない。もし，クライエントとセラピストがしばらく作業を継続し，治療関係が確立されて，クライエントが自身の問題に対するさまざまな理解に達したあとに同じ解釈がされたとしたら，クライエントはそのようなインプットを歓迎し，いくつもの洞察に達するかもしれない。このように，1つの介入がどんな場面においてどんな条件下において行われるのか，という文脈が重要である。一つひとつの介入を分離してしまうと，その情報が失われてしまう。

一対一の関係をセラピストとクライエントの発言のあいだに仮定する場合，セラピストの介入とクライエントの反応に時間的隔たりがあるときの効果を見落とすことになる。たとえば，洞察が解釈のすぐあとに起こらずに，しばらくそのことについてクライエントが探索してからやっと洞察へと至る場合，その解釈の効果は，このような統計法によっては捉えられない。

面接のプロセスをクライエントの発言，セラピストの発言というふうにばらばらに，そして機械的に分解することは，心理療法におけるプロセス，パターンを壊してしまう。そこで，より治療的に意味がある分析の単位を求める研究者が増えていった（Elliott, 1984; Mahrer, 1988; Rice & Greenberg, 1984a）。このような背景から起こったのが，前にも挙げた重要な出来事に焦点をあてた研究であった。つまり，クライエントが変化を遂げたり，何らかの成果を上げた場面を取り出し，その場面において何が起こっているのか調べようとする研究法であり，総称して，出来事アプローチ（event approach）と呼ばれている。出来事は，何分とか何回のやりとりというように量的な単位によって定められるのではなく，臨床的にみて意義のある単位を研究者が定義してとり出すのだ。ここで紹介する課題分析は，理論的に，そして臨床的に意義のある単位である出来事，または課題をセラピストの視点から捉え，変容のステップを明らかにする方法である。

3　課題分析

　課題分析の方法論は，1984年にライスとグリーンバーグ (Rice & Greenberg, 1984b) によって発表された。もともと課題分析は，専門家がどのようにしてある問題を解決するのか，という手続きに含まれる一つひとつの作業ステップを明らかにする方法として，工学をはじめとして看護学など，さまざまな分野において用いられてきた。グリーンバーグは，ピアジェのもとで課題分析の手法を用い，子どもの認知プロセスを研究していたパスカル - リオン (Pascual-Leone, 1984) の研究にヒントを得た。パスカル - リオンは子どもの認知発達の研究を進めていたが，子どもが算数の問題などを解決し最終的な答えに達するまでに，いくつかのステップまたは段階をクリアすることが必要であり，その段階ごとの認知的作業を明らかにすることによって，正しい答えを導く認知プロセスを明らかにできると考えた。これにならい，グリーンバーグは，心理療法において，クライエントはある認知・感情と関わる問題の解決に取り組んでいると捉え，クライエントが最終的な問題解決に至るまでに通過しなければいけない変容プロセスの諸段階を明らかにできると考えた。

　グリーンバーグは，ゲシュタルト療法の2つの椅子の対話や空の椅子との対話という技法が，クライエント中心療法において重視される体験過程を促進するために使えるのではないかと考えた。ゲシュタルト療法の2つの椅子の技法は，技法のはじまりと終わりを示す明確な指標があり，1つの面接の中で完結する「エクササイズ」のような形を備えているので，課題分析という研究方法を用いるのに非常に好都合でもあった。

　現在までに課題分析は，家族療法，精神力動療法における解釈とそれに続くクライエントの洞察プロセス (Joyce et al., 1995)，作業同盟の亀裂とその修復プロセス (Safran & Muran, 1996, 2000; Safran et al., 1990)，クライエントが感情体験から新たな意味を引き出す意味創造の出来事 (Clarke, 1989, 1991, 1996)，家族療法と夫婦療法 (Heatherington et al., 2005) などに応用されている。

　グリーンバーグは，課題分析から，6つの異なる課題におけるクライエントの変容プロセスを明らかにして，エモーション・フォーカスト・セラピーという統合的アプローチを開発した。このアプローチはうつに対する効果が証明されているだけでなく，介入のステップが課題分析によって実証的に導かれたと

いう点で大変ユニークである。本章の理解にもつながるので，これらの6つの課題の全容と具体的なトランスクリプトの例が豊富に掲載されているグリーンバーグの著作の日本語訳を是非参考にしてほしい（Greenberg et al., 1993）。また，拙著『心理療法・失敗例の臨床研究』（岩壁, 2007）にも，課題分析をもとに作成したクライエントとセラピストの治療関係に問題が起こったときの介入法を紹介してある。

3-1 課題分析の目的

課題分析では，まずクライエントがある感情・認知の問題（しっくりこない，またははっきりつかむことができない感情を体験した，自分のことを卑下して批判するために落ち込んでしまう，過去の出来事が忘れられず解決しない感情が残っている未完了の体験がある，など）を面接において提示することを示す指標，そしてそれが解決されるときに到達する必要がある諸段階の指標，そして課題が完了したことを示す指標を明らかにする。これらのプロセス指標（process markers）は，クライエントの発言の内容や発言の仕方（非言語的メッセージ）であり，ひとりの研究者だけでなく，他の評定者によっても同定できなければならない。

3-2 進め方

それでは，課題分析はどのような手続きによって行われるのであろうか。課題分析は，大きく分けて，発見段階と検証段階の2つに分けられる（表8-1）。

表8-1 課題分析の段階とそれぞれの具体的な作業内容

段階	ステップの内容
発見段階	1. 課題を設定する 2. 臨床家・研究者の認知地図を外在化・展開する 3. 課題環境を具体化する 4. 論理モデルを構築する 5. 実証的課題分析 6. 論理モデルと実証モデルを統合する 7. 理論的分析——モデルを説明する
検証段階	8. モデルの構成要素の必要性を検証する 9. 効果を測定する

（注）Greenberg & Newman（1996, p.436）を筆者が訳した。

発見段階では，論理分析（rational analysis）と実証分析（empirical analysis）という2つの分析を繰り返す。論理分析とは，臨床家・研究者が，臨床経験や理論的知識をもとに培ってきた自身の変容に関する経験則を変容のプロセスモデルとして図式化して表す作業を中心とする。実証分析は，実際の面接のトランスクリプトをもとにモデルを作成し，その構成要素を量的な方法を用いて検討するための測定と観察の方法を明らかにする段階である。検証段階では，研究者の臨床仮説とトランスクリプトをもとに作成したプロセスモデルの構成要素がすべて必要かどうかを量的な方法を用いて検証し，その課題が含まれる心理療法全体の効果を調べる段階である。

　課題分析を行う研究者は「臨床家・研究者」である。出発点は，臨床家としての関心であり，研究としての系統性，厳密さをもってその仮説をモデルへと高めていく。常に臨床家としての経験や直感，そして心理療法理論に関する知識を用いて，対象とする現象が臨床的な意義を保つ形で捉えられているか確認するとともに，研究者としての客観性や厳密な仮説検証の手続きを行う。この二面性を常に維持し，研究プロセスにおいて最大限に使っていくのが，課題分析における「臨床家・研究者」の立場である。

　課題分析は，研究を行うためのひとつの方法手続きであるだけでなく，研究者がある問題に対して長期的に研究プログラムを立てるための指針を示している。したがって，1つの研究論文で論理段階と検証段階の2つに含まれる全段階の作業を行うのではなく，発見段階の一部のみを扱うのが一般的である。

3-3　発見段階

ステップ1　課題を設定する

　課題分析は，臨床家・研究者が面接プロセスにおいて頻繁に扱われる感情・認知の問題を選ぶところからはじまる。グリーンバーグは，意志決定における葛藤（何を大学で専攻しようか迷って気持ちが落ち着かない），自己批判による葛藤（自分はだめな人間だと，自分自身のことを責めて落ち込む）などといったクライエントの問題を取り上げて課題分析をスタートした。どちらにも感情と認知の特徴を示す要素がある。はじめの例では，「何を大学で専攻しようか迷って」という認知的状態と，「気持ちが落ち着かない」という感情の状態がある。次の例では，「自分はだめな人間だ」という認知的評価（および自分を蔑むという行為）と「落ち込む」という感情反応である。課題分析において対象とする「感情・認知の問題」とは，心理療法においてクライエントが頻繁

に提示する悩みの形態であり，うつや不安障害といった特定の心理障害ではない。

臨床家・研究者は，「洞察に至るプロセス」「カタルシスのプロセス」など，介入を1つの課題として取り上げるところからスタートすることもあるだろう。そのとき，感情・認知の問題からではなく，「その一連の介入をはじめることが適切であると知らせるクライエントの発言や状態はどのようなものか」と自問し，この「感情と認知の問題」へと至る。たとえば，洞察に至るプロセスでは，クライエントが「なぜこんなふうに感じてしまうのだろうか」などと，ある状況に対する感情反応に関して自問し，その原因や理由が分からず困惑を感じることを問題として選ぶこともできる。

「課題の設定」は，研究者がこれからどんな研究プログラムに取り組むのかということに影響する重要なステップである。課題分析において扱うべきクライエントの問題は，臨床的に意義がある問題でなければならない。しかし，初心の臨床家，または訓練生だからといって自身がもっている臨床的な問題意識が浅く，課題分析のような臨床研究ができないと悲観視することはない。初心者のもつ悩みや関心も，他の同程度の経験レベルの臨床家にとって役立つ。また，フレッシュな問題意識をもっているからこそ気づくことができる課題もある。もし，自身がもっている問題意識に関して自信がなければ，研究スーパーバイザーや臨床家にフィードバックを求めるとよい。

次に，まれにしか起こらない出来事ではなく，ある程度頻繁に起こり，異なるクライエントにおいてもみられると予想される出来事を選ぶ。研究をはじめる上で少なくとも3つの例があるとよい（Greenberg, 2007）。それらの出来事を細かく見直すので，トランスクリプトだけでなく，録音テープ，または録画テープが必要である。クライエントのノンバーバルな行動（ジェスチャー，表情など）や非言語的手がかり（声の大きさ，抑揚）は，クライエントの感情的状態を伝える大切な情報源であり，これらが多ければ多いほど，クライエントとセラピストのやりとりの意味についての誤解を防ぎ，より完全なデータとなる。プロセスノートなどセラピストによる出来事の記述だけでは実際に何が起こったのか分からないために課題分析のモデルを発展させていくには十分ではないが，初期のモデル作りの段階では役立つはずである。

最後に，その問題をクライエントが呈していること，またはそれに悩まされていることが，研究者によって想定されるだけでなく，行動の指標（クライエントの発話の内容，あるいは非言語的な指標）によって同定できるとよい。指標の例として，ゲシュタルト療法の空の椅子との対話を挙げる。この課題では，

クライエントは，過去の出来事から尾を引く不快な感情を，その感情が向けられるべき人物が空の椅子に座っていることを想像して表す。そして，感情の表出を完了させ，その人物に対して持ち続けていた葛藤を解決する（詳しくは，Greenberg et al., 1993 を参照）。未完了の体験があることを示すクライエントの指標としてグリーンバーグが出発点に使ったのは，以下の4つの指標である。

1. 傷つきや恨みなどといった，長引く未解決の気持ちがみられる。
2. その気持ちは，親や結婚相手など発達上重要な他者に対して向けられている。
3. その気持ちは，面接中にある程度体験されている（介入を受ける準備度を示す指標でもある）。
4. その気持ちは，十分に表されておらず，表現が途中で遮られているか，抑えられていることを示す指標がある。

次に，実際にこの指標がみられる具体例を挙げてみよう。40歳の男性が，かなり昔にあった自分の母親との出来事について語っている場面である。

Cl1：ええ，1つその例を覚えています。私が不満を言ったときのことです。うーん，そんなに大きな不満を言ったわけでもなかった。私が母に対してこういうことをやっているんだって説明しようとしたんですが，逆に母が私のことを壁際まで詰め寄ってきてんです。しかも，私の部屋にわざわざ入ってきてですよ。それで私は「自分の部屋なんだからここから出て行ってほしい」と母に告げました。それに「もうたくさんだ」「もういやだ」と言ったかもしれません。そうすると母は笑みを浮かべて「いいじゃない，やっと自分の意見を主張できたのね」って言ったんです。
Th1：ぐさっときた。
Cl2：「こんなひどいことをするなんて，お母さんは正気じゃないって」ってそのときに思いました。「詰め寄るのはやめてくれ，そうされるのはいやだ，って言ったじゃないか，でもあんたはそうやって私に迫ってくるんだ。ただ私がどんな反応するのかみたいというだけの理由で迫ってくるなんてお母さんの心は病んでいるよ。病んでいるから自分の行動が止められないんだろ！『だめだ，だめだ，もっと痛めつけないとおまえは分からない』って心の中で考えているんだろ。それであたかも私にナイフを突き刺して，私が苦痛で叫ぶまでぐいぐいと突き刺してくるようにね。」

Th2：あなたは今はっきりと怒りを感じていますね。それこそが，あなたがお母さんに言いたかったことですね。

Cl3：そのときにそう言えたらよかった。でも自分の中にずっとしまっておいて，その気持ちを自分に向けてしまったようです。

　この場面では，上の4つの指標がみられる。まず，1は，文脈から想像できるが，Cl1とCl3に現れている。「ずっとしまっておいた」怒りである。2は，母親に対する感情であることから確認できる。3は，話し方からクライエントがかなり興奮しており，現在怒りの感情が起こっていることから確認される。4は，Cl3の発言から「そのときそう言えたらよかった」「ずっとしまっておいた」という表現から確認できる。このように，問題があることを示す指標が複数あることによって，その問題の全体像と性質がより明確に示される。

　問題の指標を設定するとき，トランスクリプトには明確にみられずかなりの推測を必要とする指標を作ってしまうこともある。逆に，誰がみてもすぐに分かるような指標を作ろうとすると非常に表面的になってしまい，問題の本質がつかめなくなってしまう。そのため，指標は「一般的な臨床家」が同定できる程度の推測を必要とすることが多い。グリーンバーグは，客観的な指標として使えるようにするために，このステップで問題の指標が含まれる3つの例と異なる指標（たとえば，空の椅子とは異なる技法である2つの椅子の対話の「自己批判による自己分離」の指標）が含まれた場面と比較し，その違いを見分けられるかチェックすることを勧めている。そうすることによって問題指標がより具体的で特定的になる。

ステップ2　臨床家・研究者の認知地図を外在化・展開する

　このステップでは，臨床家・研究者が自身の暗黙の理論的前提を外在化し，変化がどのように起こるのかという自身の考え方や仮説を明るみに出し，それがどんな理論的枠組みをもっているのかということを明確にする。たとえば，行動療法の視点から眺めていれば，ある刺激に対してどんな反応をするのかという刺激-反応の組み合わせに注目するかもしれない。アタッチメントの視点から眺めれば，セラピストの発話に対してクライエントがどのような感情反応をもってどのような相互作用パターンに入りやすいかなどといったことに注目するだろう。また，異なる理論アプローチの心理療法の根底には，共通する治療的要因が働いていると考える共通因子の視点であれば，感情表出，作業同盟の確立プロセスなど，1つの理論に限定されないが，実証的研究においてその重要性を指摘されている概念を通して面接プロセスの現象を眺めるだろう。こ

のような理論的前提を明確にすることで，次のステップで作成する初期モデルに何を加えなければいけないのかということが判断しやすくなる。

グリーンバーグが，未完了の体験の研究において表したこのような前提は，① 未解決の気持ちは，個人の知覚に影響を与え，対人的葛藤の原因になることが多い，② 感情は，適応的にも非適応的にもなりうる，③ 感情は，欲求との関係で，ある（外的・内的）出来事が評価されることによって起こる，④ 感情を中断したり，回避するのは，未完了の体験を解決するプロセスにおいて問題である。⑤ 感情の覚醒，表出，感情を手放し，完了することは，問題を引き起こした感情を解決するのに大切である，という5点である（Greenberg, 2007）。これらの5点は，ゲシュタルト療法の感情の性質とその役割に関する理論的仮説を簡潔にまとめたものである。

ステップ3　課題環境を具体化する

このステップではクライエントが行う課題の文脈を具体化する。課題の文脈とは，問題解決を促進するのに適したセラピストの介入の流れである。もし異なるセラピストの介入の仕方をある程度一定にして，対象とするクライエントの課題への取り組みが最も促進されるような均質的な状況を設定すれば，変容のプロセスが最も明確に表れると考えられる。逆に，もし異なるセラピストが異なる理論や仮説に基づいて介入をしていたら，課題の流れなどがかなり多様になり，一定の流れが捉えにくいだろう。そのために，介入のステップを具体的に示した介入マニュアルを作成し，そのやり方に基づいてデータを集めるのが理想的である。このように，具体的に介入の指針を示すことはそれ自体臨床的価値があるだろう。

このような介入マニュアルを用いて同様の介入を行ってデータを集めるのが困難な状況もある。入手可能なデータは，すでに録音ずみの面接だったり，異なる理論アプローチに基づいて行われた面接場面を対象とすることもある。そのため，このステップは必須ではないが，データ採集を促進し課題のステップをみつけやすくしてくれることは確かである。

介入マニュアルの作成はそれ自体がひとつの研究と言える。未完了の体験に対する介入マニュアルを作成するために，グリーンバーグらは，熟練したゲシュタルトアプローチの臨床家に自らが行った空の椅子の対話の場面の録音テープを振り返ってもらい，どのようにしてクライエントの変容プロセスを促進しているのか解説してもらって細かな側面まで具体的に記述した。

この段階において，同じ感情・認知の問題をクライエントが提示したときに，

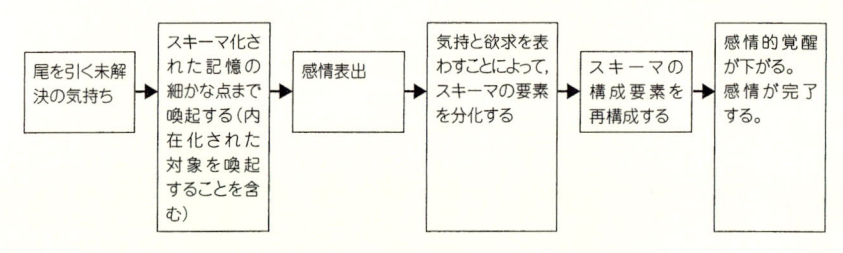

```
[尾を引く未解決の気持ち] → [スキーマ化された記憶の細かな点まで喚起する（内在化された対象を喚起することを含む）] → [感情表出] → [気持と欲求を表わすことによって，スキーマの要素を分化する] → [スキーマの構成要素を再構成する] → [感情的覚醒が下がる。感情が完了する。]
```

図8-1 空の椅子の対話の論理モデル（初期モデル）

他の介入が行われた例と効果の比較をすることも役立つ。たとえば，未完了の体験に対する空の椅子との対話は，同じ未完了の体験の指標（上に挙げた4つの指標）が現れたときに，共感的反応のみで介入したときと問題の解決度において比較された。解決度は，体験過程スケールの6段階（1から7段階まである）に達した発言があるかどうかということから判断された。このように，異なる介入方法と比較し，実証データを加えて判断することによって，課題の輪郭をより明確にすることができる。

ステップ4 論理モデルを構築する

論理モデル（rational model）は，臨床家・研究者がクライエントの課題遂行において，解決に必要なステップを，それが起こる順番に並べたものである。臨床家・研究者は，「どうやってクライエントは，この課題を解決するのだろうか」という疑問を自分自身に向かって投げかける。図8-1に，空の椅子の対話の論理モデル（初期モデル）を示した。かなり簡単なパス図である。まず，クライエントは，長く尾を引く，終わらない気持ちを表す。次に，空の椅子に重要な他者が座っていることを想像し，その人物に正面から向かうことで，その人物に関わるスキーマにとどめられた記憶を喚起する。そして，さらにその人物に対してそれまで表すことができなかった感情を表し，満たされなかった欲求を言葉にする。次に，それらの感情や欲求をより分化し，具体化していく。最終的には，新たな自己と他者スキーマが作られ，覚醒されていた感情が静まり課題が完了する。

論理モデルはいくつかの異なる情報源をもとにして作成する。まず，自身の臨床経験である。クライエントがこのような感情と認知の問題を訴えたとき，どのような順序で問題を解決したかということについて考え，その重要なステップを抜き出してみる。もし，自身のクライエントがこのような問題を提示したら，どうやってクライエントを問題解決に導くのか考えてみるのもよい。他

の臨床家に質問したり，臨床文献にあたるのも役立つ。

ステップ5　実証的課題分析

　実証的課題分析では，質的分析と内容分析の手法を用いて面接において課題が扱われている場面のトランスクリプトから課題遂行のモデルの構成要素を明らかにし，それらを量的に測定する方法をみつける。この段階では，まずデータとなる課題のトランスクリプトを選ぶところからはじめる。サンプリング方法は，「純金サンプリング（pure gold sampling）」と名付けられており，研究者がその課題の理想的な例を選び出し，最も「純粋」な課題のプロセスからモデルを構成する。「純粋」で「理想的」な課題であれば，その最も本質的な要素が抜き出しやすい。ここでは無作為抽出のようなサンプルの一般性は重要ではない。なぜなら，モデルの一般性を検証する段階には至っておらず，ここではモデルを作ることに焦点が当てられているからである。

　このステップのモデル作成の作業は，「質的」研究のコード化とカテゴリー生成の作業に近い。このステップでは，複数の異なる作業を行う大きいステップであるため，その具体的な手続きを表8-2にまとめた。未解決の例のデータが集まらないために，これらすべての手続きを行うことが必ずしも可能ではないかもしれない。その場合，段階8までを完了し，実証モデルとすることもある。

　この段階で使う課題のデータは，課題のはじまりを示すクライエントの問題のプロセス指標から，課題が完了したことを示す解決のプロセス指標まで，すべて含まれているものが望ましい。また，解決に至った3つの例を使うことによって，ある程度のバリエーションを調べる。可能であれば，3つの失敗例，つまり課題に取りかかりながら最終的な解決段階に到達できなかった例と比較することによって成功する課題とそうでない課題の違いについて検討し，成功例の構成要素を浮き彫りにする。この段階は，2人の分析者が関わる。課題分析では，最終的に臨床家によって同定可能な課題の指標を確立することが目的であるので，2人の分析者がそれらの指標を同じように同定できるのか，ということを確かめながら進めるとよい。

　段階6の課題の要素であるカテゴリーをデータから発見するプロセスは，一般的に質的研究において行うカテゴリーの生成プロセスと似ている。臨床家・研究者が仮説，先入観，さきほど作成した初期モデルから離れて，実際の面接データ（トランスクリプト）を見直し，そこに表されるクライエントの言動からモデルを作成する。ただし，一般的な質的分析では，カテゴリーとはインタ

表8-2 ステップ5の手続き ── 実証的課題分析を行うために

段階	作業内容
1	トランスクリプトを精読し，出来事（課題）のはじめと終わりを定める。
2	指標を定める。 　a. 課題の終わりの5分から10分ほどの場面を振り返り，どの時点で解決が起こったのか探す。 　b. 解決の状態の特徴を描写したリストを作る。特徴の描写は，この時点ではあまり具体的でなく，より全体的で漠然としているかもしれない。 　c. 解決せずに終わった状態の例を比較して，解決した状態の特徴を明るみに出す。このときに，臨床家・研究者ひとりではなく，他の経験豊富な臨床家の意見を求める。 　d. 解決の状態の指標としてすでに信頼性が確立されている既存の尺度を使い，解決した状態と解決していない状態が区別できるか確かめる（未完了の体験の解決を示す指標として，グリーンバーグらは，当初臨床家の判断に頼っていたが，その後体験過程スケールの第6段階に達したかどうかを基準として使った）。
3	その課題の録音テープを聴きながら，または録音ビデオを観ながら，トランスクリプトを同じ心理プロセス，または作業が行われているいくつかの「単位」に分けていく。ここでいう「単位」とはグラウンデッドセオリー法の意味の単位（Rennie, 1994）と同じで，クライエントが同じ取り組み方（感情の表し方，認知的操作，行動）をしている部分が1つの単位となる。
4	1つずつの単位の中で関連の薄い要素，中心的でない要素を「脱線部分」として除外する。こうすることによって分析作業がやりやすくなる。（たとえば，父親との未完了の体験の課題の最中において，クライエントが将来の計画などについて話しはじめた部分は，「脱線部分」として印がつけられ，分析から除外された。）
5	クライエントの状態が生産的，または臨床的に重要なやり方で変化した時点をみつける。これらの変容を理解するための準拠点として使う。臨床家・研究者は，「この場面での感情表出にはどんな意義があったのだろうか」というふうに，自問し，その場面での作業を明らかにする。
6	課題遂行プロセスの構成要素，またはステップをパス図にして表す。構成要素とは，ステップ3においてクライエントの作業の特徴を抜き出して作られる「カテゴリー」である。
7	次のケースを分析する。はじめのケースとの共通点をみつける。
8	3つめのケースを分析する。3つのケースに共通する点をみつける。
9	解決しなかったケースを分析する。未解決の課題遂行の構成要素を抜き出す。
10	次の未解決ケースを分析し，共通点を抜き出す。
11	解決した課題遂行の構成要素と未解決の課題遂行の構成要素を比較する。
12	課題遂行の不可欠な構成要素（ステップ）を定める。3つのケースすべてにおいてみられた構成要素を最終的なモデルに含める。
13	新たなパス図を作成する。これは，解決に達した3ケース，そして未解決の3ケースとの比較によって導かれたモデルであり，「実証モデル」と呼ばれる。必須の構成要素だけでなく，予備的段階も図に入れて示す。

(注) Greenberg (2007, p.20) を筆者が訳し，一部改訂した。

ビューから得られた発話の根底にある意味を抜き出すことによって得られる抽象的な概念を指すが，課題分析においては観察可能な行動指標とその行動によって示されるクライエントの認知・感情的操作の形態がカテゴリーとされる。

　認知・感情的操作の形態とは，クライエントの発言の内容やノンバーバルな指標から読み取れる観察可能なクライエントの体験状態である。たとえば，図8-3のモデルのステップである「特定の感情の強い表出」というのは，クライエントの感情の状態および表出に関する描写であり，クライエントの語りの内容と，悲しみの表出を示すノンバーバルな行動（抑えていない強い感情表出）など，複数の指標をもつステップである。ここには提示していないが，他の例を挙げると2つの椅子の対話におけるはじめのステップの「自己を批判する」というのは，認知的な状態であり，「自分はなんでこんなにへたくそなんだ」「私はばかなことをしてしまった」など，自分を責めることを示す発言によって示される（Greenberg et al., 1993）。また，他者との関係や相互作用のパターンについては「拒否的」（例「そばに寄らないでほしい」）などという描写も加えることができる。

　課題における一つひとつのステップ（図8-2および図8-3の箱で表される部分）は，課題解決のためになくてはならない要素である。それは，方程式を解く過程に必要な操作に似ている（Greenberg, 2007）。たとえば，ある方程式を解くときに足したり，引いたり，かけたり，割ったりということができなければならない。また，最初に方程式のある部分から計算しなければ正答にたどりつくことができない。課題分析のステップは，このようなクライエントが取り組まなければならない感情と認知の作業であり，ボックスによって表される。課題分析においてこれらの作業が順番に並べられるが，それは必ずしも方程式を解くように一定方向に進むわけではなく，あるステップが繰り返されたり，ループを作るようにいくつかのステップが何度も繰り返されたりすることもある。重要なのは，必要とされるステップが，すべて挙げられており，おおよその流れを捉えていることである。

　次に，各ステップを量的に測定するやり方を定義する。課題分析ではモデルを作成するだけでなく，それを信頼性がある手続きによって測定して，その妥当性と一般化可能性を検討することをモデル開発の一部とする。測定の仕方についてはモデル作成のはじめから「このステップは，どのような尺度を組み合わせて用いることによって最も適切に測定できるだろうか」と考える。各ステップを，尺度を用いて測定することは単に「測定」「量化」の問題にとどまらない。尺度によって評定可能であるということは，それぞれのステップの定義

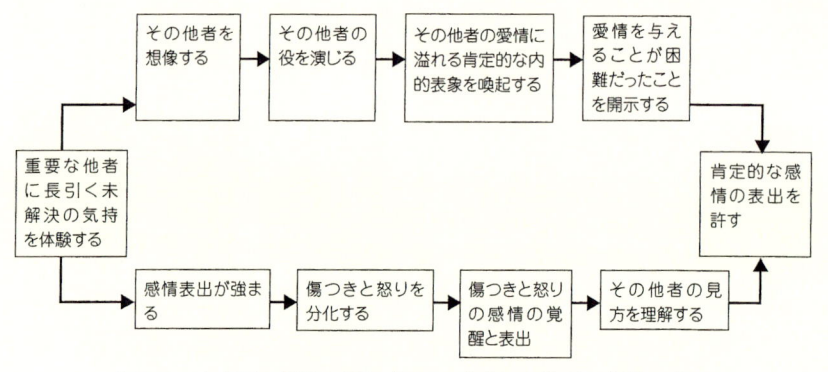

```
重要な他者     →  その他者を  → その他者の → その他者の愛情に → 愛情を与え
に長引く未        想像する      役を演じる    溢れる肯定的な内   ることが困
解決の気持                                   的表象を喚起する    難だったこと
を体験する                                                       を開示する
   ↓                                                                 ↓
  感情表出が強  → 傷つきと怒りを → 傷つきと怒り → その他者の見  → 肯定的な感
  まる             分化する         の感情の覚      方を理解する     情の表出を
                                    醒と表出                         許す
```

図8-2　未完了の体験の解決プロセスを表した論理-実証モデル

や同定の仕方がより具体的で客観的になり，臨床的にも有用になることを意味する。

　臨床家・研究者は，「このステップを測定するにはどうしたらよいだろう」「どんな尺度がすでに存在し，どんな尺度を作らなければいけないだろうか」と自問する。先述のように既存の尺度を用いることの利点は多いが，必ずしもすべての現象に対して尺度が存在しているわけではない。グリーンバーグとマルコルム (Greenberg & Malcolm, 2002) は，欲求表現の評定尺度を開発した。これは，欲求や必要を表現することがエモーション・フォーカスト・セラピーにおいて重要なクライエントの行動とみなされているからである。クライエントの発言が，欲求の表現としてカウントされるには，以下の4つの条件を満たすことが必要であると定義された。①「私が必要としているのは」「私が求めているのは」「…だったらいいなあ」「…なんて必要としていない」「…なんてほしくない」など，欲求の直接的な表現，またはそれが推察される表現がみられる，② 体験過程スケールの4段階以上の評定が与えられる，③ 社会行動の構造分析法尺度 (Benjamin, 1974) で2-1 (自己主張) または2-2 (オープンな自己開示) の評定が与えられる，④ マーレイの欲求リスト (Murray, 1938) のうち，承認-肯定，支持，安心感，なぐさめ，自立，侵害されないこと，などへの欲求と評定される。このステップでは，まだ評定尺度を使わず，どんな尺度が適切なのか選ぶ段階である。測定の方法は，はじめから完全なものとなるわけではなく，研究者がデータを集めていく上で，必要な尺度を加えたり，あまり重要ではないものを削除することによって，より洗練されたものとなっていく。

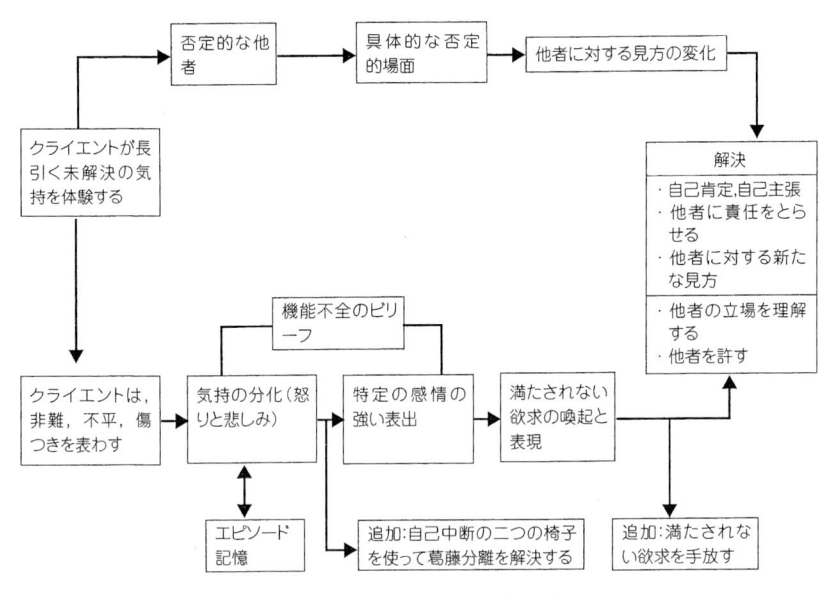

図8-3　未完了の体験の最終モデル

ステップ6　論理モデルと実証モデルを統合する

　3つの課題のトランスクリプトから得たモデルにさらにデータを加えることによって最終モデルを統合するのが，第6ステップである。この段階において必要とされる課題の数は多くても12ケースぐらいである（Greenberg, 2007）。ケースを加えてもモデルに変更を加える必要がなくなる「飽和点」に達したら，この段階は完了する。図8-2には，3つのケースから生成したモデルを提示し，その次の図8-3には，飽和に達した最終的なモデルを提示した。図8-2を例としてこのようなモデルによって表されるプロセスを説明しよう。クライエントの未完了の体験の解決には，2つの体験の流れがあることがこのモデルに示されている。ひとつは，重要な他者に対して自身の気持ちを表現する流れであり，もうひとつは，その他者を演じることからはじまる。まず，クライエントが，重要な他者に対して長い間続く嫌な感情を表すところから空の椅子との対話がはじまる。自己の椅子に座り，重要な他者に向かって強い気持ちを表す。するとその気持ちが傷つき感情と怒りに分化されていき，感情体験がより強められ，傷つけられたことに対する怒りの表出へと発展していく。これと並行してクライエントは，重要な他者を想像して，自分を傷つけた悪いイメージの他者を演じるが，対話が進むにつれてより肯定的な側面を演じるようになる。自己の椅

子から表される怒りや傷つきの感情，そして，欲求の直接的な表現を受けて，この重要な他者は，クライエントに十分な慈しみを与えることができなかった内的な困難について開示する。すると自己は，より肯定的にこの他者をみるようになる。最終的に，この他者の見方を理解しようと努め，愛情を表したり，この他者を許すことによって未完了の体験の課題が完了する。

　最初にグリーンバーグが自身の臨床仮説から作成した初期モデル，そして前ステップにおいて作成された実証モデル，そしてこのステップで作成された論理 - 実証モデルの3つのパス図を比較すると，モデルの発展が分かるだろう。初期モデルでは，1つの体験の流れしか描かれていなかったが，実証モデルと論理 - 実証モデルでは，自己と重要な他者という2つの体験の流れが分けられ，より具体的なステップが設けられている。さて，図8-2の実証モデルと飽和に達した図8-3のモデルを比較してみよう。自己の体験の椅子での作業は，図8-3に示される論理 - 実証モデルではかなり分化されている。実証モデルでは，感情の表出が他者の理解へとつながるという4段階が明らかにされたが，最終の論理 - 実証モデルでは，感情の表出だけでなく，特定のエピソード，または出来事に関する記憶を喚起し，機能不全のビリーフに到達することが加えられた。また，怒りと悲しみを分化し，より強い特定の感情を表す段階へ入る前に，感情を表すことに対する葛藤が起こり，そのために強い感情を表すことが中断されるというステップも付け加えられた。これは，すべてのケースにみられるわけではないが，いくつかのケースにおいて出現する「追加段階」である。また，満たされなかった欲求を喚起して，それを表現することも新たに加えられた。最も発展があったのは，解決段階の描写である。実証モデルでは，肯定的な感情の表出と重要な他者を許すことが解決段階の作業とされたが，論理 - 実証モデルでは，自己肯定，自己主張，重要な他者に問題の責任を帰するという作業のほかに，その他者に関する新たな見方が出現し，他者の立場を理解し許す，というより分化された解決の特徴が明確化された。

ステップ7　理論的分析 ── モデルを説明する

　課題分析において明らかにされるのは，クライエントが課題遂行プロセスでどんなステップを経るのかということである。この分析ステップでは，クライエントの変化がどのように起こるのかというメカニズムを理論的に説明することを目的とする。課題分析によって明らかにされたステップの特徴は，すべて記述的であるので，それらを説明的・因果的なものへと高める。つまり，「このような状態として観察される」に「なぜそれが表れるのか，なぜそれが重要

であるのか」という説明を加えるのである。グリーンバーグらは，未完了の体験の説明を「感情表出を繰り返し，感情体験を賦活することによって機能不全の感情スキームを喚起し，感情スキームの変容を促進するプロセス」と説明している（Greenberg et al., 1993）。

3-4　検証段階

　検証段階の最終的な目標は，発見段階において作成したモデルが，心理療法全体の効果を予測できるかどうかということを調べることである。この段階には2つの作業がある。1つは，モデルの検証であり，モデルの構成要素である1つずつのステップが解決した課題遂行と未解決の課題遂行で異なっているか2つの群を比較することによって検討する。次に，これが最終段階であるが，解決した課題の要素（ステップ）と，心理療法の最終的な成果との関係を検討することである。これには，より大規模な効果研究が必要とされる。

ステップ8　モデルの構成要素の必要性を検証する

　この段階では，モデルの一つひとつの要素が解決に必要であるのかどうかということを確かめるために，解決した課題遂行とそうでない課題遂行の例を比較検討する。あるステップ（構成要素）が，成功した課題遂行とそうでない課題遂行の両方に含まれるからといって成功に必要でないという意味ではないが，特に何が両者を分ける構成要素であるのか，ということについて仮説を設定し，その検証を行う。そのやり方は，大きく分けて2つの段階に分けられる。まず，データ収集と実験の設定である。評定者が，未完了の体験の指標をもとに，課題がはじまった場面を同定し，「未完了の体験」の課題の例を集める。複数のセラピストが同様の介入を行っている場合は，データが比較的集まりやすい。もし空の椅子が行われたらセラピストに連絡してもらい，その面接テープを聴き直すという態勢を整えることが最も効率的である。集めた課題は，その課題においてクライエントが解決に達したかどうかという基準に従って，「解決群」と「未解決群」の2つのグループに分ける。

　次に，別の2人以上の評定者に一つひとつの課題が解決に達したという分類については伝えずに，モデルの1つか2つの構成要素（ステップ）が含まれたトランスクリプトを面接の録音テープとともに読んでもらい，その中にそれぞれのステップに必要とされる要素が同定できるかどうか評定してもらう。もともとグリーンバーグは，一つひとつのステップに3から4の評定尺度の基準を

表8-3　解決度評定尺度（短縮版）── 未完了の体験

1. クライエントは，重要な他者を非難，不満を述べ，傷つきや切望を表す。
2. クライエントはその他者と接触し未解決の気持ちを表す。それは多くの場合恨みや傷つきである。
3. 不平は根底にある気持ちへと分化され，ふつう悲しみや怒りなどの関連する感情が高い覚醒をもって体験され表される。
4. クライエントは満たされない欲求が妥当であると体験し，それを積極的に主張する。
5. クライエントはその他者を新たなやり方で理解してみるようになる。それはより肯定的な見方か，その重要な他者が問題をもち，それほど威力をもっていないという見方である。
6. クライエントは自己を肯定し他者を許すか責任をとらせ，未解決の気持ちを手放す。

（注）グリーンバーグ他（2006, p.285）から転写。

設け，それらの評定尺度の使い方について詳しいが，研究の仮説について知らない評定者にその場面の評定をしてもらう，という非常に厳密であり，労力がかかる手続きを踏んでいた（Greenberg, 1984）。この場合，評定者はこれらの尺度の使い方に詳しくなければならず，いくつかの尺度は訓練を要した。ひとりの評定者が異なる尺度を用いて同じ場面を評定すると客観性が保たれないために，評定者の数も多く必要になってしまった。

次章で解説するクラークの意味創造の出来事に関する研究（Clarke, 1996）では，このような複雑な測定は行われていない。一つひとつの段階の最も重要な要素を観察可能な特徴から簡潔に描写し，与えられたトランスクリプトにその要素が含まれるかどうかチェックしてもらう。また，グリーンバーグらは，解決の度合いを測定する解決度評定尺度（Degree of resolution rating scale: DRS）を開発し（表8-3），この段階の作業をより簡易化している（Greenberg et al., 1993）。解決評定尺度は，課題の終わりの5分から10分の場面の録音テープとトランスクリプトからクライエントの問題の解決度を評定する尺度であり，10問程度の項目に「はい」か「いいえ」で答えるものである。

ステップ9　効果を測定する

課題分析の最終ステップは，最終的な心理治療の効果に課題の解決度が関係しているのか調べることを目的とする。未完了の体験に対する空の椅子との対話では，クライエントが，問題感情を解決できた度合い，またはある構成要素（ステップ）が欠けているかどうかということによって，心理療法全体として

の効果がどれくらい異なるのかということを調べた。グリーンバーグは，課題分析を開発してから15年経って，このような効果研究を行うところまでやっとたどりついたと回顧している（Greenberg, 2007）。効果研究を行うには，かなりの時間と労力を要するが，面接における変容のプロセスと最終的な効果の関係を検証することは，臨床家・研究者にとって最も興味深いことのひとつである。

　このステップの例としては，グリーンバーグとマルコルム（Greenberg & Malcolm, 2002）によって実施された研究がある。彼らは，未解決の対人関係の問題と幼少期に受けた虐待とかかわる問題をもつクライエント26人における未完了の体験の解決度と治療効果の関係を調べた。面接において未完了の体験に対する空の椅子との対話を行い，それまでに満たされなかった対人的欲求を重要な他者に対して表し，他者像に変化が起こったクライエントは，症状の苦痛度，対人行動パターン，未完了の体験の解決度などといったさまざまな効果を示す指標において，そうでないクライエントよりも終結時においてより大きな改善をみせていた。また，上に挙げた空の椅子との対話における具体的な構成要素がみられるかどうかということのほうが，さまざまな心理療法において治療効果との安定した相関をみせることが知られている作業同盟の高さよりもより説明力のある予測因子となっていた。加えて，感情覚醒の高さが，解決者と未解決者のあいだで有意に異なっていた。

　グリーンバーグとペダーセン（Greenberg & Pedersen, 2001）は，解決度評定尺度（DRS）によって未完了の体験に対する空の椅子との対話と自己批判による分離に対する2つの椅子の対話の解決度を，うつに対する短期エモーション・フォーカスト・セラピーにおいて調べた。効果は，終結時と18ヶ月後のフォローアップの2回測定された。その結果，この2つの課題の解決度が高いクライエントは，終結時，フォローアップ時においてうつの改善を維持していただけでなく，終結からフォローアップ時までにうつが再発することが有意に少なかった。

4　まとめ

　1つの課題遂行のプロセスを明らかにする課題分析の研究が，終結時における改善だけでなくフォローアップ時においても効果を維持できるような介入法

の発展に結びついたのは，この課題分析という研究プログラムの非常に大きな貢献である。臨床家がもっている面接プロセスとクライエントの変容プロセスに関する知識を外在化し，トランスクリプトを細かく見直す作業と，もう一方で実証的データを集めて，客観的な検証によって臨床家の目からみた現象に実証的支持を与える課題分析は，プロセス研究の方法として非常に画期的である。

学習を深めるための参考文献

Patterns of change: Intensive analysis of psychotherapy process.
Rice, L.N., & Greenberg, L.S. (Eds.). (1984). New York, NY: Guilford.
Research strategies.
Greenberg, L. S. (1986). In L. S. Greenberg & W. M. Pinsof (Eds.), *The psychotherapeutic process: A research handbook* (pp.707-734). New York: Guilford Press.

　課題分析について最も詳しく解説が加えられている。また，重要な出来事に焦点を当てたイベントアプローチの他の研究法も解説されている。プロセス研究が大きな発展を迎えた時期に，異なる研究者が非常に似た問題意識をもって研究法を開発していたことが分かる。

Comprehensive process analysis of insight events in cognitive-behavioral and psychodynamic-interpersonal psychotherapies.
Elliott, R., Shapiro, D. A., Firth-Cozens, J., Stiles, W. B., Hardy, G. E., Llewelyn, S. P., & Margison, F. R. (1994). *Journal of Counseling Psychology, 41*, 449-463.

　クライエントの視点から重要な出来事を抜き出し，クライエント，セラピスト，評定者の3つの視点から検討する，包括的プロセス分析法による認知行動療法と対人的精神力動療法における洞察場面の比較である。課題分析と比較することによって出来事に焦点を当てる研究法の理解が深まる。

第9章

課題分析の例
―― 意味創造の課題 ――

1 はじめに

　本章では，簡易化された分析方法を用いたクラークによる意味創造（creation of meaning）の課題分析を紹介したい。意味創造とは，クライエントに強い感情が喚起されたときに，クライエントが面接中の「いまここで」の感情体験を言葉にすることによって，その感情と関わる体験の意味を生み出す作業であり，体験の「フェルトセンス（身体的な感覚）」に合った言語的象徴を創り出すプロセスを指す（Clarke, 1991）。意味創造は，感情を論理的，または理性的に分析することではない。クライエントがそのとき覚醒された気持ちを感じとり，その根底にある核となるビリーフ（自己概念，価値観，ニーズなど）を言葉で表すプロセスであり，感情の認知と関わる。意味創造の課題は，体験療法だけでなく，さまざまな理論アプローチの心理療法においても共通してみられる課題であり，心理療法におけるクライエントの変容プロセスの基本的な一形態であるとクラークは考えた（Clarke, 1989, 1991）。以下に紹介するのは，1991年に発表された論理‐実証モデルと1996年の論文に発表された解決例と未解決例の量的比較の研究である。先だって1989年にも意味創造の課題の研究論文を発表しているが，紙面に限りがあるため，本章には，そのあとに行われた2件の研究についてのみふれる。

> **重要概念**
>
> **意味創造**　クライエントの強い感情が喚起されたときに，面接中の「いまここで」の感情体験を言葉にすることによって，その感情と関わる体験の意味を生み出す作業。異なる心理療法アプローチに共通するクライエントの変容プロセス。
>
> **初期モデル**　臨床家・研究者が，これまでの臨床経験から達したクライ

> エントのある面接場面における変容プロセスの段階をパス図にしたもの。初期モデルを明らかにするのが課題分析における第一の研究ステップである。
>
> **論理-実証モデル**　臨床家・研究者が，面接トランスクリプトから課題の構成要素を抜き出すことによって作成されたクライエントの変容プロセスのモデル。

2　意味創造の課題の課題遂行モデル

「意味創造の課題遂行モデル」(Clarke, 1991) では，クラークが作成した初期モデルと論理実証分析によって導かれた論理 - 実証モデルが提示されている。論理 - 実証モデルが導かれた手続きに関しては簡単に概略が示されているが，基本的に前章に詳述した発見ステップの1が行われたと考えてよい。ここでは，初期モデルと論理 - 実証モデルを比較し，トランスクリプトとの対応をみていきたい。そうすることによって読者は，トランスクリプトにみられるやりとりが，どのように論理 - 実証モデルのパス図に表されるのか分かる。

2-1　初期モデル

クラークは6つのステップからなる初期論理モデルを作成した(図9-1)。意味創造の課題がはじまることを示すプロセス指標として，① 強い感情の覚醒（陽性感情でも陰性感情でも可），② それまで温めてきたビリーフの妥当性が疑われる，または揺るがされることを示す指標がある，③ 混乱，驚き，理解の欠如などを示す指標がみられる，という3つが必要だと考えた。図9-1のモデルを説明すると，意味創造の課題は，クライ

感情の覚醒
↓
感情に注意を向ける
↕
象徴をもとめる
↕
適切な象徴化ができる
↕
調整・統合が起こる
↕
感情的安堵が得られる

図9-1　意味創造の課題の初期論理モデル

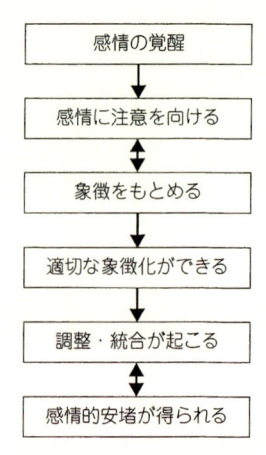

エントが，ある特定の場面で何か嫌な感情をもった，不快に感じたが，なぜそう感じたのか分からないと発言するところからはじまる。次に，クライエントはその感情に注意を向けて，それを表すための象徴（言葉）を探す。その体験を表すために適切な単語，メタファー，イメージといった表現が見つかると，今度は，その体験を調整・統合するステップへと入る。このステップでは，ビリーフと感情体験を見直し，ビリーフを修正するか，感情を引き起こした状況の意味を理解できるようになる。クライエントが納得できるビリーフの修正が行われると，ため息，陽性感情の表出など，感情的な安堵感を体験したことを示す指標が見られる。

　意味の創造を援助する介入として，① メタファー，比喩を使う，② さまざまな気持ちを言葉や象徴に集約する，③ さまざまな考えや気持ちのあいだにつながりを作り出す，④ ビリーフと感情体験のあいだのズレを言葉によって表す，⑤ そのズレに対する感情反応を言葉によって表す，という5つのアプローチがあると考えた。

2-2　論理 − 実証モデル

　次にクラークは，実際のトランスクリプトを見直すことによって図9-2に示した論理 − 実証モデルにたどりついた。このモデルが実際にどのようなやりとりと対応するのか，1991年の論文に公表されたトランスクリプトを使って示したい。以下のトランスクリプトは，部分的に省略されているが，分かりやすいように通しの番号を入れておいた。図9-2にみられるように，初期モデルはかなり修正され，大きく，特定段階，探索段階，修正段階という3つの段階へと分けられた。

2-3　特定段階

　第1段階は，意味の創造課題を開始するために必要な条件がそろっていることが確認される段階であり，4つのステップが含まれる。まず，クライエントの感情が覚醒されていることを示すノンバーバルな指標があり，クライエントが，自身が感じていることがしっくりこない，ぼんやりとしている，混乱を感じることを示す発言をする。クライエントは，そのしっくりこない感情反応を言葉で表し，自分のビリーフが直面化されたことについてふれる。

```
特定段階
  ┌─────────┐          ┌──────────────┐
  │ 感情覚醒 │◄────────►│ 感情のもやもや│
  └─────────┘          │ または混乱    │
        │              └──────────────┘
        ▼
  ┌──────────────────────┐
  │ 矛盾した体験を言い表わす発言 │
  └──────────────────────┘
        │
  ┌──────────────┐   ┌──────────────┐
  │ 疑問に付された│   │ 矛盾した体験への│
  │ ビリーフの象徴化│  │ 正確な感情反応  │
  └──────────────┘   └──────────────┘
```

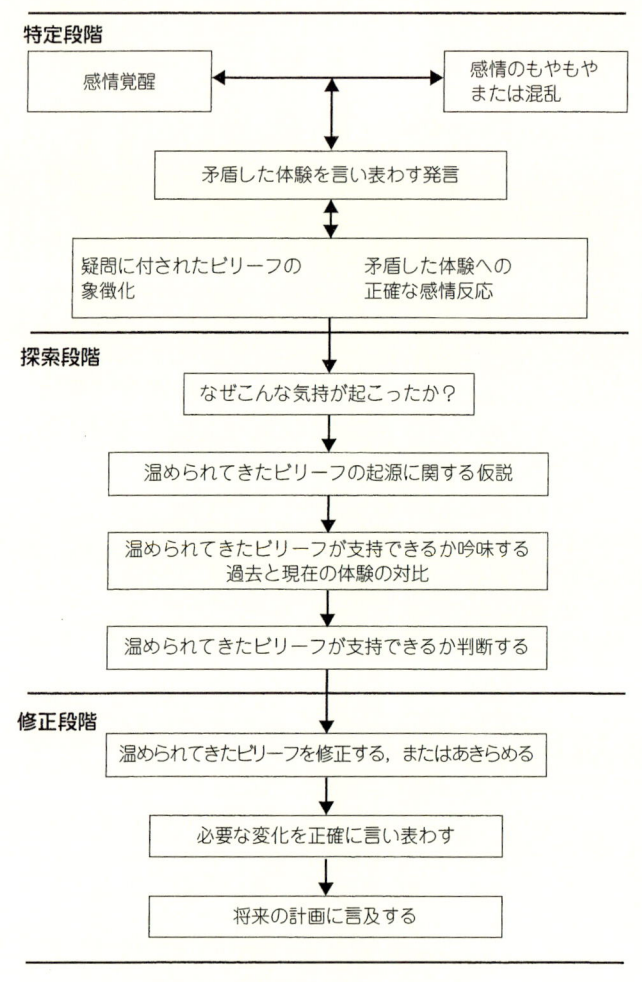

探索段階

```
  ┌──────────────────────┐
  │ なぜこんな気持が起こったか？│
  └──────────────────────┘
        │
  ┌──────────────────────────┐
  │ 温められてきたビリーフの起源に関する仮説 │
  └──────────────────────────┘
        │
  ┌──────────────────────────────┐
  │ 温められてきたビリーフが支持できるか吟味する│
  │     過去と現在の体験の対比           │
  └──────────────────────────────┘
        │
  ┌──────────────────────────────┐
  │ 温められてきたビリーフが支持できるか判断する │
  └──────────────────────────────┘
```

修正段階

```
  ┌──────────────────────────────┐
  │ 温められてきたビリーフを修正する，またはあきらめる │
  └──────────────────────────────┘
        │
  ┌──────────────────────┐
  │ 必要な変化を正確に言い表わす │
  └──────────────────────┘
        │
  ┌──────────────────┐
  │ 将来の計画に言及する │
  └──────────────────┘
```

図9-2　意味創造の論理−実証モデル

2-4　特定段階の実際例

感情の覚醒と混乱

　以下の場面は，クライエントがフォーカシングを試したときのものであり，クライエントが身体に感じることを描写しているときに起こった発言である。

　Cl1：私はある体験からまだ立ち直っていません。ずっとそのことについて考

えていました。そのことにまだとても悩まされています。そのことについて頻繁に考えてしまうし，そのことが頭に浮かんでくれば嫌な気持ちがします。

　クライエントは，ここで自身の中に不快な感情があり，それについていまここで考えても「嫌な気持ち」がすると報告しており，その気持ちが面接のその時点において覚醒されていると分かる。

矛盾した体験 ── 疑問に付されたビリーフの象徴化とズレに対する正確な感情反応

　以下の場面では，腑に落ちない体験が語られる。その中で，ビリーフが言葉によって表され，感情体験とビリーフが一致しないことが認識され，より分化された感情反応が起こっている。

> Cl2：去年私は，病院のある部の所長になりました。その部にはしばらく属していたのですが，前所長が病気になり，私がその方の代わりに選ばれたのです。私にとっては，それがリーダーとしての失敗体験となってしまいました。ミーティングになると攻撃的な3人が大人しいメンバーに襲いかかるというようなひどい事態に陥ってしまったのです。手に負えない状況で，自分がリーダーシップをとれるような状態ではありませんでした。ミーティングを終えると，私が感じるのは，ただ…（長い沈黙）。
> Th2：完全に参ってしまった。
> Cl3：ええ，がっくりです。自分が良いリーダーになれると思っていた。
> Th3：乱暴な目覚め，たたき起こされたという感じですか。この体験は。
> Cl4：とても乱暴に。
> Th4：あなたが予測したり，想定していなかったような自分自身の姿を目の当たりにした。とても苦痛だった。そこでみた自分の姿は，それまでの自分と違っていた。
> Cl5：そうです。病院の連中は，私の良さを分かってくれているし，受け入れてくれていた。私のことを必要としていたし，肯定的な評価をしてくれていたと思っていたから，そこで起こったことが苦痛だったし，そのために気持ちが混乱した。その3人のおかげで，…私は拒絶されたと感じた。
> Th5：完全に拒絶された。自分が部外者で，同時に自分は，大した人間じゃないって。
> Cl6：そうです。

Th6：大きなズレがあった。
Cl7：だめでした…だめだった…
Th7：一体どういうことなんだろうって…
Cl8：自分は誰なんだってね。そうです。本当の自分ってどっちなんだろうって。
Th8：その連中が思っているほど自分はひどいんだろうか…それとも，自分は，本当は良いリーダーなんだろうか…2つがあまりにもかけ離れていて…あなたは困惑した。
Cl9：自己イメージが根底から揺さぶられた。自分という人間が，自分がこうであると思っていた性質が…その体験から回復したとは言えません。
Th9：まだ，生々しく残っている…まだ，その火種が燃えている…侮辱，苦痛，攻撃，体験したことがすべてそこに。
Cl10：自分がちっぽけだと感じた。自分がメンバーといると，その連中が怒りを向けてこちらに突進してくる。私は身動きもとれずそこにただじっと座っていて，自分の身体がとても小さくなっていくようだった。
Th10：その場面で自分がどんどん小さくなって，圧倒されて，踏みにじられて，しぼんでいった。立ち向かおうとしたが，倒れてしまった，跪いてそのまま倒れ込んだ。そして，もとの自分には戻れない…

クライエントは，自身が「良いリーダーである」というビリーフをもっていた。しかし，ミーティングにおいて他のメンバーが彼女に向けた言動から，そして自分がその状況をうまく扱えなかったことから感情的に混乱した。矛盾した体験を言い表す発言は，Cl5「病院の連中は，私の良さを分かってくれているし，受け入れてくれていた。私のことを必要としていたし，肯定的な評価をしてくれていたと思っていたから…苦痛だったし，そのために気持ちが混乱した。」に最もよく表されている。また，セラピストの反射，Th4「あなたが予測したり，想定していなかったような自分自身の姿を目の当たりにした。とても苦痛だった。そこでみた自分の姿は，それまでの自分と違っていた。」がそれを非常に的確にまとめている。そして最後の，Cl10「そこにただじっと座っていて，自分の身体がとても小さくなっていくようだった。」という発言にみられるように，困惑から「小さくなった」と自身の感情反応をより分化して，体験に合ったメタファーを与えている。

2-5 探索段階

探索段階ではクライエントが，なぜこのような感情が起こってきたのか探索

し，そのような感情反応の元となっているビリーフを見直す作業を行う。ビリーフの起源，そしてそれが過去のどのような体験と関係し，現在のどのような体験に影響を与えているのか，そして，そのビリーフを評価し，それが妥当であるか考える。探索段階は，まず，「なぜそのように感じているのか，そしてビリーフがどこから起こってきたのか」ということを探るところからはじまる。

なぜそのように感じているのか，ビリーフがどこから起こってきたのか
Cl11：自分が誰ってことが分からなくなって···自分だと思っていた自分がただの仮面だっていうことなのかって···なんでこんなに自分はがっくりしたんだろう，なんで自分はこんな悲惨な状況に入り込んだんだろう。
Th11：そんなに愕然とするなんて今までの自分は何だったんだろう。
Cl12：自分の核になる部分にふれられたような。
Th12：ええ，なんで私はこんなに崩れてしまったんだろうかって。そんなことでこれほどまでに崩れるなんて自分はたいして強い人間じゃなかったんだろうか。でも，もう一方で，自分はそんなたいして強い人間じゃないって感じてしまうほどひどいことが起こったのを防ぐには力が及ばなかったのは仕方がないとも感じる。そのような体験がこれからも続くわけじゃない，とも思える。自分は，それに立ち向かうことができる経験豊富な人間なんだ，新しい自分がこの場面から脱出できるんだとも思える。

ここではクライエントが自身の感情反応の起源に関して問いかけているのをセラピストが反射し，その探索を促進している。
　次に，クライエントが温めてきたビリーフが支持できるか評価し，過去の体験と現在の体験を比較している場面を挙げる。クライエントは，過去に自分が良いリーダーとして評価されたときの体験について語り，先日の出来事と比較している。

Cl13：そのとき，他の人から「あなたの能力は評価している，あなたは，人を扱うのがうまい，あなたはよくやっている」と言われました。自分では自分に能力があるって信じています。いいリーダーだったとも。病院でもしっかりやってきたって。うまくいかないのは，その攻撃的な3人だけで，そのグループに限ってのことなんです。
Th13：その3人のせいで自分が崩れてしまったのはなんでだろう。自分にはスキルがなかったのか，それとも，自分ができる人間でなかったから···なんでこんなにまで自分ががっくりしているのかまだ分からない。
Cl14：···拒絶されたって感じます。拒絶（声が小さくなる）。

Th14：拒絶，彼ら3人に拒絶されたあと，あなたは，がっくりした。
Cl15：受け入れられなかった…必要ともされていなかったし，求められてもいなかった。
Th15：自分がしっかりした人間だって感じられるためには，受け入れられることが必要なんですね。彼らが受け入れてくれないから，あなたはがっくりした。自分が取るに足らぬ人間だって。あなたにとって受容されるかどうかってことが大切なんですね。
Cl16：受け入れられることに関係しているんでしょう。拒絶されるって感じること，私が敏感な部分です。拒絶されると私は…
Th16：あなたにとってそのようにあしらわれることは，ただ，相手にされないってことだけじゃなくて，排除されて，自分が取るに足らない人間になったことのように感じる。あなたがやっていることの評価となるんですね。あなたの自己価値の問題になっている。

　クライエントは，リーダーとしてうまく機能できなかった体験が特異な体験であり，過去には一度もなく，その3人のメンバーと一緒にいるときに限られていたと気づき，拒絶された，受け入れられなかった，と体験によりぴったりとした言葉をあてている。そして，自分のビリーフと関わる自分自身の特徴である「敏感な部分」にふれている。

温めていたビリーフが支持できるか判断する
　　　Cl7：自分は，役立たずになってしまった ── もしかしたら，自分のせいかな。本当はそうじゃないのに，そのときは自分が役立たずだって感じた。

　ここでは，クライエントは，ひとりの人間としての自分自身の価値に対するビリーフが揺り動かされたことを認識している。「本当はそうじゃないのに」というところから，彼女がそのビリーフを維持すると決めたと分かる。そして，「もしかしたら，自分のせいかな。」と言っていることから，そのビリーフに反する行動をとったことを認め，もう一方で，「そのときは自分が役立たずだって感じた。」という発言から，自身の行動から起こった体験を受け入れようとしていることが分かる。

2-6　修正段階

　修正段階では，温められてきたビリーフを修正し，必要とされる行動の変化

を同定し，将来の計画を立てる。以下は「温めてきたビリーフを変える」と「必要とされる行動の変化を正確に同定する」という2つのステップがみられるトランスクリプトの一部である。

>Cl18：それは私が扱わなければいけない問題です。なぜそれに負けたのかって。なぜその3人に力を譲ってしまい，自分がその力を行使できなかったのかって。自分には言いたいことを主張する力が欠けている，自分には権威があるんだって思いこんでいた。でも，ミーティングに行くときは，足ががたがた震えるんです。怖くて，何か間違ったことを言ってしまうのではないかってね。
>Th18：トラウマになっているんですね。
>Cl19：もう完全に圧倒されてしまう。

クライエントは，「自分が扱わなければいけない問題です」とそれに向かっていく意志をみせ，そして「自己主張する力」が足りず，リーダーとしての行動をとらずに，リーダーとしての権威を当たり前のことだと考えていたと自身の問題を指摘している。そして，今後変えたい自分の行動を挙げ，「足ががたがた震える」，など失敗に対する恐怖がそこにあると同定している。このように変えたい行動を同定するのが，修正段階のステップのひとつである。

次に，将来の計画を述べる部分である。

>Cl20：今は大学院に通っているんですが，周囲の人たちは，とてもポジティブです。このような環境にいることで，自分自身を見つめ直して，成長して，スキルを身につけることができたらいいなあ。学びたい。自分の中にある才能を使えるようになりたい。リーダーとして失敗した体験は自分を見つめて，自分に直面する体験になりました。スキルを学びたいし，アサーションが私にとって必要なことだと思います。そして自己受容です。

クライエントは将来の計画と希望を表している。これは，自分自身の感情体験を見直してその意味を理解したことの結果として起こっていると想像できる。自分が良いリーダーであるというビリーフを捨てず，自分自身にリーダーとして足りない部分，つまりアサーションのスキルを学ぶことによって，よりリーダーとして自分自身の力を伸ばしたいという意志の表明へと発展している。

この例において意味創造がクライエントの「しっくりこない」「不快な感情体験」の報告からどのようにして展開されるのか，おおよその流れがつかめたはずである。四角で表されている課題のステップは，必ずしもクライエントの発言内容から直に読み取れるわけではなく，クライエントがその時点においてどのような認知・感情的作業または操作を行っているのかという臨床的視点から眺めてはじめて浮かび上がる。

3　意味創造の出来事における変容プロセス
　　――意味創造課題の実証分析

　1996年に発表された論文では，図9-2に示されたモデルの実証分析が行われた（Clarke, 1996）。この研究の目的は，クライエントとセラピストの評定から新たな意味が創造されたと判断された意味創造の出来事と失敗した意味創造の出来事を比較し，その2つを区別できる特徴があるかどうか調べることであった。セラピストのどんな介入が意味の創造プロセスを効果的に促進したのかということを検討しているが，ここではその部分を省略した。
　具体的な仮説は，「疑問に付された，温められていたビリーフを象徴化する」「挑戦への感情的反応を象徴化する」「温められたビリーフの起源の仮説について考える」「温められたビリーフを評価し決断を下す」は，成功する意味創造の出来事にみられる構成要素であると考えた。次に，「なぜこの気持ちなのか」「必要な変化を明確に表す発言」「ビリーフの修正，または排除」は，成功した出来事と失敗した出来事で変わりがない，という仮説を立てた。これらの仮説は，論理 - 実証モデルを作成する中で立てられた臨床仮説である。クラークは，論理 - 実証モデルを抽出する過程において，はじめに挙げた4つの構成要素が意味創造を成功させる上での欠くことができないステップであると感じた。クライエントがいくら感情体験を探索しても，その根底にある，温められてきたビリーフが同定できないとき，新たな意味が作られることはなかった。そして，クライエントが自分のビリーフがどんなところから起こっているのかという起源を想定する仮説を立てなければ，ビリーフを十分に見直すという作業ができなかった。温められたビリーフを見直すことがない場合，クライエントが将来のために立てる計画は，「誤った解決法」であるようにみえたというのが，クラークの臨床的経験であり，それが本研究で検証された。

3-1 方法

　5人のクライエント一人ひとりから，成功した意味創造の出来事を2つ，失敗した意味創造の出来事を2つ，合計20の出来事を抜き出した。課題分析には，かなりの労力が必要とされるために，サンプルはこのように比較的小さい。

　クライエントは，個人開業のセラピストに心理療法を受けはじめて4週間から10週間のクライエント5名であり，それぞれのセラピストから参加協力を受けた。5人とも主要な診断として人格障害をもっており，機能の全体的評価（GAF）は60を超えていた。平均年齢は，38.5歳であり，女性3名と男性2名が含まれていた。課題分析では，クライエントの特徴の類似性または均質性よりも変容プロセスの均質性のほうが重視される。

　セラピストは，博士課程後期修了後，平均7.3年の臨床経験をもった計3名（女性2名，男性1名）であった。3名とも「折衷的」アプローチをとり，意味創造の出来事の指標と意味の象徴化を促進する介入についての指導を受けた。訓練では，意味創造のモデルについて説明を受けたあと，10の出来事の事例の録音テープを聴いた。そして1週間後に意味創造を含んだ4つの場面と含んでいない4つの場面の録音テープをランダムな順番で聴き，正しく意味創造の出来事を聞き分けられるかテストされた。全員とも4つの例のうち，少なくとも3つは正しく同定できた。

　セラピストとクライエントの毎回の面接はすべて録音された。セラピストが無理に意味創造の出来事へとクライエントを導くのではなく，自然にその指標が現れるように支持的にかかわるようにセラピストは指示を受けた。20例が集められるまでに約3ヶ月を要した。

　クライエントとセラピストは面接終了後に簡単な質問紙に答えた。セラピストは，意味創造の課題のはじまりを示すクライエントの問題指標に関して「クライエントは，温めていたビリーフの正当性を問題とした」「クライエントは感情的に覚醒され，そのことに混乱を覚えた」という2つの質問に，「1 そのとおりだと思う」から「5 全くそうでない」という5件法で答えた。そして，残りの3項目は，クライエントの問題の解決度に関するもので「クライエントは，何か新しいことを発見した」「クライエントには，面接中に変化が起こった」などの項目が含まれた。クライエントの質問紙には，「私はこの面接で何か新しいことを発見した」「この面接で私には何か変化が起こった」などの5項目が含まれた。

成功した出来事と成功しなかった出来事の同定

意味創造の出来事において、クライエントが新たな意味に到達したかどうかということを判断するために、上に挙げたセラピストとクライエントの面接後の評定が使われた。クライエントが答えた5つの質問のうち、3つ以上の項目で肯定的な評定が与えられており、セラピストが回答した3つの項目において、肯定的な評定が与えられたときに（つまり5件法の中間よりも高い評定平均が得られたとき）、その出来事ははじめて成功と見なされた。そして、クライエントとセラピストがともに否定的な見方をしている場合、成功しなかった出来事としてカウントされた。クライエントとセラピストの評定が一致しない場合、研究から除外された。1人のクライエントからは合計4つ（成功2つ、失敗2つ）抽出され、1人のクライエントにおいて、成功した課題のあいだで特徴が一致しているのか調べることによって少ないサンプルを使いながらも、追試的検証を行うことができた。出来事は、ある一定の面接回などからとられたわけではなく、どちらが早い回の面接からとられたかということで2つのグループに分けられた。成功した10の出来事のうち、7つでは、課題は、面接のはじめに指標が現れてからそのまま面接の終わりまで続いた。1つのケースでは、出来事は20分ほどで終わった。失敗した出来事は、成功した出来事と対応させた時間のテープを抜粋して評定の条件を同じにそろえた。

出来事の構成要素の評定

意味創造の出来事の構成要素をみつけるように訓練を受けた2名の評定者は、意味の創造課題のトランスクリプトと録音テープを渡され、そこに構成要素（たとえば、感情の覚醒）があるかどうか2名で一緒にテープを聴き、話し合った。2名がある部分のやりとりをその構成要素として同定したとき、最もその構成要素をはっきりと表している2分間に印をつけた。このようにして10の構成要素の有無を見直し、このプロセスを20の出来事すべてに対して行った。

このようにして作られた2分ずつの面接のやりとりを、今度は異なる評定者に渡し、その部分に構成要素がみられるかどうか（はい、いいえ）で評定させた。2分ずつのやりとりの順序は無作為に並べ替えられ、どのやりとりが成功または失敗した意味創造の課題から来ているのか評定者に分からないようにした。これは、評定の客観性を維持するためであった。データ分析には、フィッシャーの正確確率検定（Fisher's exact test）を用いた。一つひとつの構成要素が

みられるかみられないか（はい，いいえ）と成功と失敗の出来事の交差を調べるためであった。

3-2　結　果

表 9-1 にフィッシャーの正確確率検定の結果を提示した。仮説において成功した意味創造の出来事と失敗した出来事で異なるのは，② 温めてきたビリーフの象徴化，③ そのことに対する感情的反応の象徴化，⑤ 温めてきたビリーフの起源に関する仮説，⑥ 温めてきたビリーフが妥当かどうか評価する，の 4 つの基準であった。④ なぜこの気持ちが起こったか探索する，と修正段階にある ⑧ ビリーフの修正または削除，⑨ 必要とされる変化を明確に発言する，⑩ 将来に関する言及，では成功群と失敗群で違いがないと予測されたが，実際に有意な差は見つからなかった（統計的には，両群が同じであると予測することは，望ましくない）。

3-3　考　察

意味創造の出来事の成功は，クライエントが，温めてきたビリーフの起源についての仮説を立て，それが妥当かどうかということを見直す作業にかかっていることが本研究によって示唆された。問題が解決に至っていない課題場面において，クライエントは，自身の感情的反応を再体験したあと，なぜその出来事が起こり，そう感じたのかということについて探索し，温めてきたビリーフを同定し，それを修正したり，それを諦めたりするが，ビリーフの起源を同定し，見直すというステップを踏んでいなかった。

失敗した出来事でのクライエントの作業は，認知療法の認知再構成法に取り組むクライエントの作業と似ていた。認知再構成法では，クライエントが温めてきたビリーフの妥当性を論理的に見直し，それを修正するが，感情的覚醒は特に重要とされず，ビリーフの起源についての探索は必要とはされない。成功していた意味創造の出来事では，体験的に感情を喚起し，その感情と関わるビリーフについて見直し，その起源を見定めていくことを必要としていた。クラークは本研究が，きわめて少ないサンプルの検証であるが，それでも成功する意味創造の出来事とそうでない出来事を区別できたことが重要な貢献であると指摘している。

表9-1 フィッシャーの正確確率検定

番号	構成要素とその出現	成功1	失敗1	p	成功2	失敗2	p
1a	感情の覚醒と混乱			1.00			1.00
	はい	5	5		5	5	
	いいえ	0	0		0	0	
1b	矛盾する体験を示す発言			1.00			1.00
	はい	5	5		5	5	
	いいえ	0	0		0	0	
2	温めてきたビリーフが問題視されたことの象徴化			.01*			.05*
	はい	5	1		5	3	
	いいえ	0	4		0	2	
3	その問題視されたことに対する感情反応の象徴化			.01*			.02*
	はい	5	0		4	1	
	いいえ	0	5		1	4	
4	探索：なぜこんな気持ちになったか			1.00			.95
	はい	3	3		4	3	
	いいえ	2	2		1	2	
5	温めてきたビリーフの起源に関する仮説			.01*			.01*
	はい	5	1		5	0	
	いいえ	0	4		0	5	
6	温めてきたビリーフの妥当性についての評価			.02*			.02*
	はい	4	1		4	1	
	いいえ	1	4		1	4	
7	温めてきたビリーフか感情反応に対する判断			.32			.95
	はい	5	3		4	3	
	いいえ	0	2		1	2	
8	ビリーフの修正か消去			.95			1.00
	はい	4	3		3	3	
	いいえ	1	2		2	2	
9	必要な変化に関する具体的な発言			1.00			.95
	はい	2	2		3	4	
	いいえ	3	3		2	1	
10	将来に対する言及			1.00			.95
	はい	4	5		3	4	
	いいえ	1	0		2	1	

（注）Clarke（1996, p.468）を筆者が訳出した。構成要素の1aと1bは，課題開始の指標である。成功1＝成功した課題1；失敗1＝解決に至らなかった課題1；成功2＝成功した課題2；失敗2＝解決に至らなかった課題2．これら4つにあてはまる出来事の数が示される．P≦.05.

3-4 コメント

　課題分析の特徴とその心理療法プロセスの理解への貢献をグリーンバーグは，以下の5点にまとめている。① クライエントが問題解決に取り組む実際の面接場面を観察することによって面接プロセスを検討する。② クライエントがある認知・感情とかかわる問題の解決へと向かう瞬時ごとの変化を細かに記述し理解する。③ ある現象を眺めるときに必ず1つの特定の見方をとって観察を行うことを論理分析として明確化する。④ 分析には発見（記述）と測定法の開発の両方が含まれ，臨床的妥当性を維持し厳密な測定を促進する。⑤ 理論的に推測し，仮説を立てることとそれに基づいて観察することを繰り返すことによって，漸次的にモデルを修正していく（Greenberg, 2007）。

　課題分析を行うためには，臨床家・研究者が，その分析に適した面接場面を集めることが必要とされるが，現象によってはそれほど簡単に集まらない。グリーンバーグは，クライエントが激しく泣く出来事に関心をもっていたが，その場面の例が数年かかって6つ集まったときは，とてもうれしかったと回顧している（1999）。

　発見段階の作業は，研究者が面接のトランスクリプトにみられるクライエントの発話の内容を分類・分析することが求められ，質的研究の一種と考えられる。しかし，現象学的分析やグラウンデッドセオリー法，そして，プロセス研究において広く使われている合議制質的研究（CQR, Hill et al., 1997）といくつか異なる点がある。まず，グラウンデッドセオリー法などの質的研究法では，参加者の主観的体験の意味を理解することを目的とする。そのため，クライエントの発言からその意味を推測し，より根底にある概念・カテゴリーに到達しようと試みる。記述的なコードからより深層にある抽象度の高い意味の分析カテゴリーを生成するため，カテゴリーが階層的な構造となる。もう一方で，課題分析において行う質的分析は，カテゴリーを生成することを目的としているが，観察可能な行動指標（発言内容，ノンバーバルの行動）の抽出を目的としており，カテゴリーは階層的ではなく，より明確で客観的に評定可能な指標である。このため，質的研究において一般的に生成されるカテゴリーと比較して，課題分析において生成されるカテゴリー（またはステップにおけるクライエントの状態を示す記述）の抽象度は低い。

　次に課題分析が，グラウンデッドセオリー法やCQRと異なるのは，質的分析を研究全体の中の1ステップとみなしており，最終的に量的な測定を行い，

その効果を検証することを重要視している，という点である。また，質的分析では必ずしもカテゴリーをパス図のように並べて表すことはしないが，課題分析ではクライエントの重要なステップを図式化し，それらが起こりやすい順序に並べる。このようにパターンを示すことによって，次のステップに進むためにはどんな条件をクリアしなければならないのかということが検証できるようになる。

　グラウンデッドセオリー法やCQRと比較して課題分析を使った研究は少なく，多くはグリーンバーグと彼の共同研究者（多くは彼の学生であった）によって行われている。グラウンデッドセオリー法やCQRは，面接終了後，または過去に参加した面接についてのインタビューをもとにしているのに対して，課題分析では面接のやりとりを直接分析する。インタビューを行う場合，面接における体験はある程度意味が通った語りへと変換されており，重要な部分とそうでない部分がすでに整理されている。もう一方で，面接での実際のやりとりは，重要なやりとりとそうでないやりとりが明確に分かれているわけではない。一つひとつのやりとりの意味を考え，それを観察可能な形でまとめるのは高度な臨床的作業である。

　また，分析作業における理論の位置づけも，これらの研究法が使われてきた頻度に影響している。グラウンデッドセオリー法やCQRでは，まず研究者の理論的な立場や仮説から離れてデータに表れる意味に注目する。そのため，研究者の仮説や先入観などを書き出すが，それらができるだけデータ分析に影響しないようにする。グラウンデッドセオリー法によって生成される理論は，主にデータから導かれる。当然，研究者の臨床経験や研究者としての経験も影響があるが，理論的な分析は中心にはない。

　グリーンバーグは，課題としてそのはじまりと終わりが比較的明確に定義しやすいゲシュタルト療法の椅子の技法を中心に扱ってきた。しかし，精神力動療法など，あるテーマが異なる面接において繰り返し扱われることに介入の治療的効果があると考えられる場合などは，課題のはじまりと終わりの定義，または何を課題という1つのまとまりとするのかなど難しい。一方，認知療法では介入が具体的にステップごとに定義されているために，課題を定義しやすい。しかし，認知行動療法では，面接中に行う認知修正法などといった技法だけでなく，面接においてクライエントに課されるホームワークも変容を起こすための重要な作業となっているためか，課題分析を用いる研究はほとんどない。また，認知行動療法の研究では，介入マニュアルが使われるために，プロセス研究よりも大規模な効果研究が中心となっている。

4 まとめ

　課題分析を用いた研究の数は多くない。もう一方で，ヒルによって開発されたCQRは，異なる研究者によって用いられ，かなり幅広い現象に応用されている。課題分析がこのように比較的数少ない研究者，しかもグリーンバーグと直接関係する研究者のみによって使われてきたのは，課題分析のプロセスがかなり込み入っており，トランスクリプトを厳密な目で見つめるプロセスには時間と労力が必要とされることと関係している。また，CQRは，理論的な仮説が明確でない出発点から研究をはじめることができるが，課題分析は，理論モデルを明確にすることが要求される。

　課題分析を用いるには，論理モデルを作成し，数が少なくともそれと対応するトランスクリプトを集めるとよいだろう。時間がかかる地道な作業であるが，クライエントの変容プロセスとそれを最適に促進する介入をモデル化するためのとても優れた方法である。課題の例を集めるためには，一人ひとりの臨床家・研究者がばらばらに課題の作成を行うのではなく，協力してモデルを作り，データを共有するとよいだろう。グループスーパービジョンのように定期的にデータをもち寄って，クライエントが何らかの成果を上げた場面のテープを一緒に聴き，その場面において何が起こっているのか話し合うという活動は，臨床活動と研究の懸け橋となるだろう。

📖 学習を深めるための参考文献

Therapeutic alliance rupture as a therapy event for empirical investigation.
Safran, J. D., McMain, S., Crocker, P., & Murray, P.（1990）. *Psychotherapy: Theory, Research, and Practice, 27*, 154-165.

The resolution of ruptures in the therapeutic alliance.
Safran, J. D., & Muran, C.（1996）. *Journal of Consulting and Clinical Psychology, 64*, 447-458.

　作業同盟の亀裂が起こったときの修復プロセスを課題分析法を用いて検討した研究である。作業同盟の亀裂の修復のための介入は，理論アプローチを超えて広く応用ができる。課題分析の好例であり，1996年の論文は，厳密な量的検証の仕

方を知ることができる。

Task Analysis in family therapy: Reaching the clinician.
Bradley, B., & Johnson, S.(2005). In D. Sprenkle and F. Piercy (Eds.). *Research methods in family therapy* (2nd Ed.). New York, NY: The Guilford Press.

Toward a mini-theory of the blamer softening event: Tracking the moment-by-moment process.
Bradley, B. & Furrow, J.L.(2004). *Journal of Marital and Family Therapy*, Vol.30, No.2, 233-246.

　家族療法の研究において課題分析を用いるやり方について論じている。2004年の論文ではカップル療法において、相手を責める姿勢が和らぐのを促進する介入のステップを研究するのに課題分析を適用している。

第 10 章

終わりに
—— プロセス研究を発展させるために ——

1　はじめに

　これまで日本においてプロセス研究は非常に少なかった。今後，臨床家や大学・大学院で学ぶ学生がプロセス研究に関心をもち，さまざまな研究を発展させていくためには，その方法の学習だけでなく，臨床活動と研究活動に対する姿勢の変化が必要になるだろう。プロセス研究や効果研究が盛んに行われてきた北アメリカでも，多くの臨床家がプロセス研究に対して懐疑的な態度をとってきた。本章では，臨床家がプロセス研究に取り組むことを阻む障壁について解説し，今後臨床家がプロセス研究を行う上で重要な 4 つの姿勢の次元をまとめた。

重要概念

研究活動と臨床実践の分離　　臨床心理学および心理療法では，伝統的に研究と臨床活動が切り離され，臨床家の研究活動への参加，研究から得られた知見の実践への応用が行われてこなかった。

プロセス研究者の姿勢　　プロセス研究を広め，発展させるために研究者がとる姿勢。理論やモデルを創造・生成していることへの気づき，データを共有するオープンさ，自身の臨床仮説をより客観的に検証しようとする厳密さ，クライエントのプライバシーを守り，心理療法の質を向上しようとする倫理的責任の自覚の 4 つが重要である。

---

2 プロセス研究の障壁

プロセス研究を発展させるためには，まず私たち臨床家がもつプロセス研究に対する誤解と先入観を理解することが大切である。

2-1 臨床家の科学嫌い

北米において 1986 年に行われた臨床家を対象とした調査によると (Morrow-Bradley & Elliott, 1986)，臨床家は，心理療法理論アプローチを開発した「大家」の著作や臨床ケースをもとにした文献に最も強い関心を示すが，科学的研究から得られた知見を実践に役立つ情報であるとあまり考えていなかった。また，博士課程後期を修了したあと，研究を行わなくなる臨床家が非常に多い (Gelso, 1979)。この傾向は，イギリスでも同じだった (Dryden, 1996)。臨床家の多くは，研究活動をしない，関心をもたないというだけでなく，研究に対して否定的な見方をもつ (Watkins & Schneider, 1991)。研究から得られた知見は，「単純」であり，人の行動や体験を数値に表すために，人間性が歪められ，人間の理解を促進するどころか，本質を理解しそこねると考える臨床家も少なくない。しかし，すべての科学的研究が「量的」な方法を用いるわけではない。本書でみてきたように，臨床家が普段クライエントと接するときにとる姿勢を崩さずに，もう一方でより系統的にデータ採集と分析を行う「質的方法」も，科学的研究の一部である。

2-2 個人的探求としての臨床学習

臨床家の多くは，面接の詳しい内容に関しては，それほど他の臨床家と話し合うことなく，臨床活動とは自分自身の中で答えを出し，消化するべき個人的探求であると思いこんでいる。心理療法において重視されているのは，個人の内面の探索であり，「臨床の知」とは，個人の学習から起こり，それは，実践現場への深い関わりによって経験的に得られると仮定されることが多い。臨床家としてのコンピタンスの向上は，臨床家個人に任されており，一度資格を取得すると，そのあとは，臨床家が，それぞれ経験を積み，新たな知識を吸収す

ると期待される。研究活動を行うことが臨床的コンピタンスをつけるために役立つということはあまり考えられてこなかった。

2-3 理論アプローチの問題

科学的研究に対する批判的な態度とは裏腹に，自身のとるアプローチに対して無批判的である臨床家は多い。ほとんどの臨床家は，「精神分析学派」とか「ユング学派」「人間性学派」などと自身の理論的立場を限定している。理論的立場は，クライエントに対する介入の仕方を定めるだけでなく，臨床家個人の職業的な交流の範囲も定める。理論アプローチに，個々の臨床家のアイデンティティと自身の同僚，先輩，師に対する尊敬が入り込むために，臨床家は自身の理論に対して無批判的になるが，他学派からの自身の理論アプローチに対する批判を個人的な批判として受け取る傾向が強い。また，科学的研究は，理論アプローチ間の対話を可能にする共通言語であるが，自身のアプローチの効果や妥当性を支持する根拠に対して関心を示しても，それらを疑問視する研究知見に十分に注意を向けることは少ない。

2-4 理論概念の曖昧さ

科学的研究の発展を困難にしたひとつの原因は，心理療法の理論概念の複雑さと曖昧さである。科学哲学者のカール・ポッパー（Carl Popper）は，科学の前進は，研究者が自身の理論仮説に対する最も厳格な検証をし，その仮説が誤っていることが示されたときに起こると考えた。そして，精神分析やマルクス主義は，理論の一部，または概念が間違っていることを証明できないため，科学的理論とは呼べないと考えた（Dumont, 1993）。

精神分析，クライエント中心療法の概念は，どれをとっても簡単に言い表すことが難しいだろう。むしろ，多くの概念は，厳密さや明確さではなく，私たちの感情を突き動かし，考えさせる言葉の力によってその意義が支えられている。概念の曖昧さと複雑さは，それらの妥当性や性質を明らかにする研究を行うことを難しくする。また，それらについて検証を行っても，その結果が理論自体にあまり影響力をもたない。概念の曖昧さのために，研究において用いられた「操作定義」が単純であり，その概念の複雑さを十分に捉えていない，という反論によって，どんな研究結果も簡単に片付けられてしまう（Mahrer, 1988）。

2-5 研究活動と臨床実践の分離

　臨床心理学専攻の大学院において，学生が行うキャリア選択は，「臨床家」対「研究者・指導者」という二者択一である。多くの学生は，前者をとる。科学的研究に対する関心は，大学院入学後早くも薄れはじめる。修士課程の2年次になると，修士論文の作成に頭を悩ませ，研究をすることは臨床家としての訓練の一部であるというよりは，卒業要件を満たすためというふうに考えるようである。修士課程2年間のカリキュラムの内容も，主に「臨床家」の育成を目指した内容になっており，研究方法に関する授業は圧倒的に少ない。

　研究者を選ぶ学生は少数派である。彼らは臨床にはあまり関心がないか，対人的なスキルがあまり優れていないという否定的な見方もあるようだ。研究すること，論文を投稿することは，業績のためであり，アカデミックな世界において「出世」のために行われるのだという，研究に対して極端に悲観的な意見を耳にすることも少なくない。臨床家の中には，研究が心理療法の実践とは別の人たちによって，別の世界で行われる活動であり，臨床実践とは関係がないという見方が広く共有されている。

3　プロセス研究の姿勢

　このように心理療法研究に対する無関心，抵抗，幻滅，誤解が臨床家や心理療法を学ぶ学生の中にある。また心理療法が「意味」の世界を強調し，「単純さ」よりも「複雑さ」や「多義性」に関心を向けてきたことも研究を発展させる上での障壁となってきたことは間違いない。それでは，どのような姿勢を臨床家がとることによってプロセス研究を発展させることができるだろうか。

3-1　創造と生成

　心理療法には，一生かかっても読み切れないほどの文献が蓄積されている。多くは経験豊富な大家とされる臨床家によって書かれている。そうなると，より一般的な臨床家は，ある一定の概念や手続きをマスターして，実施・施行（implementation）することが自身の役割であると感じるだろう。もう一方で，

プロセス研究の姿勢は，創造と生成と言い表すことができる。どんなに多くの文献が蓄積されようとも，臨床家として自身も知の作り手であり，臨床活動においてさまざまな現象を発見し新しい手法や介入法を作っているのだという立場である。このような考え方は，一人ひとりのクライエントの特異性を重視する事例研究の立場や，一人ひとりのクライエントにあった介入を模索する技法折衷アプローチにも共通する。

臨床家は，あらかじめ定められた手続きをただ実施しているという考えは，臨床心理学という学問の構成に対する見方とも関係している。知を生成するのは，一部の限られた理論家であり，大多数の実践家たちはそれらに従い実行するという意味で，より従属的な立場にあるという見方である。実践は基礎科学の応用でありそれに従属するという見方は，心理療法および臨床心理学だけでなく，心理学全般において大きな影響力を持ち続けた（Peterson, 1995）。もう一方で，プロセス研究は，臨床家が自らの臨床活動の中で発見し，そして自身の仮説を検証するという点において，一人ひとりの臨床家を分野の作り手であるとみなすのである。

3-2 共　有

心理療法は個人的な営みである。個々の臨床家の作業は，学会や臨床現場において行われる「事例検討会」で発表されるが，その準備はひとりの作業が多い。ケースに関する指導もスーパーバイザーとの密室の作業が多い。もう一方で，プロセス研究では，自身が担当したクライエントとの記録が自分の手元を離れて，他の研究者の目にさらされる。自分の行った面接のテープやトランスクリプトが分析の対象となり，研究チームのメンバーによって何度も読み返され，一つひとつの発話が吟味され，尺度を使って評定が与えられることもある。当然，自分の仕事を批判されたり，至らぬところが曝露されるというような不安も起こる。

もし個々の臨床家が自分の仕事を自身のうちにとどめておき，他の臨床家と共有しなければ，他の臨床家から学ぶ機会は少なくなるし，その臨床家自身の学習や成長も妨げられてしまう。また，面接室の中で行われることが，常にセラピストというフィルターを通した偏った見方からしか伝えられることがなくなってしまう。第三者の目で見て，実際に何が起こっているのか，そしてクライエントはどのように感じているのか知ることは，心理療法プロセスについての理解を深めるために重要である。

データをプロセス研究に提供することは，自身の面接を異なる角度から見直すきっかけともなり，密室で行われる心理面接の貴重なデータを提供するという意味において心理療法の分野を先に進ませるための大きな貢献にもなる。データを提供する寛大で開かれた姿勢は，プロセスを発展させるために欠かせない。そして，個々の臨床家がそれぞれ孤立している状況を変えるために役立つ。臨床家の開かれた姿勢を支えるのは，他のプロセス研究者の温かさ，思いやり，配慮であろう。研究には常に評価的な見方がついてまわる。面接には少なからず失敗もあるだろう。それらに対して，批判的になったり，恥の意識を刺激せず，プロセス研究者全体が受容的な姿勢を維持すれば，より生産的な議論が可能になる。

3-3　厳密さ

　プロセス研究者に期待される姿勢のひとつは，厳密さ（rigor）である。それは，自身のもつ理論仮説や普段ははっきりと言葉に表すことがない介入理論を，厳密に検証しようという姿勢である。たとえば，クライエントがグリーフワークにおいて悲しみや怒りなどの感情をできるだけ強く表出するのがよいと考える臨床家がいたとしよう。この臨床家は過去に担当したクライエントとの作業において，強い感情を表すということが役立ったという経験からこのような考えをもつに至ったのだろう。しかし，このような臨床経験を臨床知見として発展させるためには，その経験をより明確に，具体的に言い表す必要がある。たとえば，クライエントが感情を表すのを促進する介入はどのような順序で行われ，どのような条件（治療関係，話す内容，表出される感情の強さや種類）が満たされるときに，最もうまくいくのか，またどんなときにうまくいかないのか，など，自身の考えをより精密化していくことによって，臨床経験を他の臨床家も活用できる介入のモデルへと発展できる。クライエントが強い感情を表出することが重要であっても，それに先だって，クライエントがセラピストとの面接を十分に安全であると感じていなければ，感情表出の効果が得られないかもしれない。または，別離に関わる悲しみよりも，あとに残されたことや，見捨てられたことに関わる怒りなどの感情を表すことも必要かもしれない。自身の臨床仮説を精緻化し，その重要な部分とそうでない部分を見分け，他の臨床家にとっても使うことができるような知見へと変えていくためには，厳密な検証を行うことが必要である。

3-4　倫理的責任の自覚

　クライエントのプライバシーを尊重し，個人情報が漏れたり，クライエントの尊厳が守られないようなやり方でデータが使われることを阻止するのは，臨床家の最も重要な倫理的義務である。もう一方で，臨床心理学の知見を高め，クライエントに対する援助が最も安全で有効になるように，常に研究活動を進めていくのも臨床家の倫理的義務の一つである。研究のためにデータを提供することは，クライエントが研究の対象として第三者である研究者の目に「曝される」ことを許すという意味において，臨床家としてクライエントを十分に「守る」という義務を果たしていないような感覚を作り出すかもしれない。しかし，もう一方で，ケースを研究へと提供することによって心理療法全体の発展のために貴重なデータを与えていることを忘れるべきではない。

　プロセス研究がより盛んに行われてきた北アメリカにおいても，臨床家がプロセス研究に参加しない最も大きな理由は，面接のテープを提供したりすれば，クライエントのプライバシーが侵害されるかもしれないという疑念であった（Vachon et al., 1995）。プロセス研究では，面接の内容が文字化され，複数の研究者がその面接テープを聴いたりするため，いつどのようにして情報が漏れてしまうのか分からないというのも，もっともな心配である。しかし，心理面接のデータがプロセス研究において実際にどのように使われているのか，ということを理解するなら不安が下がるだろう。プロセス研究者は，データの扱い，特に個人情報の扱いに関して非常に厳密なルールを作り，そのために時間を割いて訓練などを行う。

4　まとめ

　本章では，プロセス研究が発展するために臨床家が見直す研究活動に対する先入観や思いこみ，そしてプロセス研究の4つの姿勢を挙げた。本書に解説した研究方法と実際の研究例を参考にして読者がプロセス研究に関心をもち，研究を計画・実施するだけでなく，プロセス研究の視点から自らの臨床活動を見直してさらに臨床力を高めていくことを願っている。

📖 学習を深めるための参考文献

Reconciling empirical knowledge and clinical experience: The art and science of psychotherapy.
Soldz, S., & McCullough, L.(Eds.).(1999). Washington, DC: American Psychological Association.

Psychotherapy research and practice: Bridging the gap.
Talley, P. F., Strupp, H. H., & Butler, S. F.(Eds.).(1994). New York: Basic Books.

　心理療法の研究において研究と実践のあいだにあいた大きな溝をどのように埋めたらよいのか、ということについてプロセス研究と効果研究の最前線で活躍する研究者がそれぞれの意見を述べている。臨床的妥当性を高めるための方策だけでなく、たくさんのプロセス研究のアイデアを得ることができるだろう。どちらも精神力動療法アプローチ、人間性（ヒューマニスティック）アプローチ、認知行動アプローチなど、幅広い理論学派の研究者の意見を知ることができる。

Lessons from programmatic research in therapeutic psychology.
Hoshmand, L. T., & Martin, J.(1995). New York: Teachers College Press.

　プロセス研究に長年携わってきた臨床家・研究者が自らの研究者としての発展を自叙伝風にまとめたもの。研究活動が臨床家としての成長と臨床的コンピテンスの向上にどのように役立っているのか、また臨床活動においてもつ疑問を、どうやって研究へと発展させているのかということを学ぶことができる。

引用文献

Asay, T. P., & Lambert, M. J. (1999). The empirical case for the common factors in therapy: Quantitative findings. In M. A. Hubble, B. L. Duncan, & S. D. Miller (Eds.), *The heart and soul of change: What works in therapy* (pp.23-55). Washington, DC: American Psychological Association.

Barker, C., Pistrang, N., & Elliott, R. (1994). *Research methods in clinical and counselling psychology*. New York: Wiley.

Bedi, R. P., Davis, M. D., & Williams, M. (2005). Critical incidents in the formation of the therapeutic alliance from the client's perspective. *Psychotherapy: Theory, Research, Practice, Training, 42*, 311-323.

Benjamin, L. S. (1974). Structural analysis of social behavior. *Psychological Review, 81*, 392-425.

Bergin, A. E. (1971). The evaluation of therapeutic outcomes. In A. E. Bergin & S. L. Garfield (Eds.), *Handbook of psychotherapy and behavior change* (pp.217-270). New York: Wiley.

Bohart, A., O'Hara, M., & Leitner, L. M. (1998). Empirically violated treatments: Disenfranchisement of humanistic and other psychotherapies. *Psychotherapy Research, 8*, 141-157.

Bordin, E. S. (1979). The generalizability of the psychoanalytic concept of the working alliance. *Psychotherapy: Theory, Research & Practice, 16*, 252-260.

Boutri, A., Mertika, A., & Stalikas, A. (2005). *The concept of broadening in psychotherapy: A Delphi Poll Approach*. Paper presented at the Annual Meeting of The Society of Psychotherapy Research, Montreal, Canada.

Clarke, K. M. (1989). Creation of meaning: An emotional processing task in psychotherapy. *Psychotherapy: Theory, Research, and Practice, 26*, 139-148.

Clarke, K. M. (1991). A performance model of the creation of meaning event. *Psychotherapy: Theory, Research, Practice, Training, 28*, 395-401.

Clarke, K. M. (1996). Change processes in a creation of meaning event. *Journal of Consulting and Clinical Psychology, 64*, 465-470.

Dawes, R. M. (1994). *House of cards: Psychology and psychotherapy built on myth*. New York: Free Press.

Dey, I. (1999). *Grounding grounded theory: Guidelines for qualitative inquiry*. New York: Academic Press.

Dryden, W. (Ed.). (1996). *Research in counselling and psychotherapy: Practical applications.* Thousand Oaks, CA: Sage.

Dumont, F. (1993). Inferential heuristics in clinical problem formulation: Selective review of their strengths and weaknesses. *Professional Psychology: Research & Practice, 24*, 196-205.

Elkin, I., Ainbinder, A., Park, S., & Yamaguchi, J. (2006). Positive aspects of patients' state: A measure for assessing outcome and predicting follow-up of treatment for depression. *Psychotherapy Research, 16*, 547-561.

Elkin, I., Shea, M. T., Watkins, J. T., Imber, S. D., & et al. (1989). National Institute of Mental Health Treatment of Depression Collaborative Research Program: General effectiveness of treatments . *Archives of General Psychiatry, 46*, 971-982.

Elliott, R. (1984). A discovery-oriented approach to significant events in psychotherapy: Interpersonal process recall and comprehensive process analysis. In L. Rice & L. Greenberg (Eds.), *Patterns of change: Intensive analysis of psychotherapeutic process* (pp.249-286). New York: Guilford.

Elliott, R. (1985). Helpful and nonhelpful events in brief counseling interviews: An empirical taxonomy. *Journal of Counseling Psychology, 32*, 307-322.

Elliott, R. (1988). Editor's Introduction: A Guide to the Empirically Supported Treatments Controversy. *Psychotherapy Research, 8*, 115-125.

Elliott, R. (1991). Five dimensions of therapy process. *Psychotherapy Research, 1*, 92-103.

Elliott, R. (2002). Hermeneutic single-case efficacy design. *Psychotherapy Research, 12*, 1-21.

Elliott, R. & Anderson, C. (1994). Simplicity and complexity in psychotherapy research. In R. L. Russell, (Ed.), *Reassessing psychotherapy research* (pp.65-113). New York: Guilford.

Elliott, R., Hill, C.E., Stiles, W. B., Friedlander, M.L., Mahrer, A., & Margison, F. (1987). Primary therapist response modes: A comparison of six rating systems. *Journal of Consulting and Clinical Psychology, 55*, 218-223.

Elliott, R., & Shapiro, D. A. (1988). Brief structured recall: A more efficient method for studying significant therapy events. *British Journal of Medical Psychology, 61*, 141-153.

Elliott, R., Shapiro, D. A., Firth-Cozens, J., Stiles, W. B., Hardy, G. E., Llewelyn, S. P., & Margison, F. R. (1994). Comprehensive process analysis of insight events in cognitive-behavioral and psychodynamic-interpersonal psychotherapies. *Journal of Counseling Psychology, 41*, 449-463.

Elliott, R., & Wexler, M. M. (1994). Measuring the impact of sessions in process experiential therapy of depression: The Session Impacts Scale. *Journal of Counseling*

Psychology, *41*, 166-174.
Eysenck, H. J. (1952). The effects of psychotherapy: An evaluation. *Journal of Consulting Psychology, 16*, 319-324.
Fishman, D. B. (1999). *The case for pragmatic psychology*. New York: New York University Press.
Fitzpatrick, M., Stalikas, A., & Iwakabe, S. (2005). Perspective divergence in the working alliance. *Psychotherapy Research, 15*, 69-80.
Flanagan, J. C. (1954). The critical incident technique. *Psychological Bulletin, 51*, 327-358.
Frank, J. D., & Frank, J. B. (1991). *Persuasion and healing: A comparative study of psychotherapy* (3rd. Ed.). Baltimore: Johns Hopkins University Press.［フランク，J.D. & フランク，J.B./杉原保史（訳）（2007）．『説得と治療——心理療法の共通要因』金剛出版．］
Fredrickson, B. L. (1998). What good are positive emotions? *Review of General Psychology, 2*, 300-319.
Friedlander, M. L. (1982). Counseling discourse as a speech event: Revision and extension of the Hill Counselor Verbal Response Category System. *Journal of Counseling Psychology, 29*, 425-429.
Frontman, K. C., & Kunkel, M. A. (1994). A grounded theory of counselors' construal of success in the initial session. *Journal of Counseling Psychology, 41*, 492-499.
Geller, J. D., Norcross, J. C., & Orlinsky, D. E. (Eds.). (2005). *The psychotherapist's own psychotherapy: Patient and clinician perspectives*. New York: Oxford.
Gelso, C. J. (1979). Research in counseling: Methodological and professional issues. *Counseling Psychologist, 8*, 7-35.
Goldfried, M. R., & Wolfe, B. E. (1998). Toward a more clinically valid approach to therapy research. *Journal of Consulting and Clinical Psychology, 66*, 143-150.
Goldfried, M. R., Greenberg, L., & Marmar, C. (1990). Individual psychotherapy: Process and outcome. In M. R. Rosenzweig & L. W. Porter (Eds.), *Annual review of psychology* (Vol.41, pp.659-688). Palo Alto, CA: Annual Reviews.
Gray, L. A., Ladany, N., Walker, J. A., & Ancis, J. R. (2001). Psychotherapy trainees' experience of counterproductive events in supervision. *Journal of Counseling Psychology, 48*, 371-383.
Greenberg, L. (1984). Task analysis: The general approach. In L. Rice & L. Greenberg (Eds.), *Patterns of change: Intensive analysis of psychotherapeutic process* (pp.124-148). New York: Guilford Press.
Greenberg, L. (1986a). Change process research. *Journal of Consulting and Clinical Psychology. Special Issue: Psychotherapy Research, 54*, 4-9.

Greenberg, L. S. (1986b). Research strategies. In L. S. Greenberg & W. M. Pinsof (Eds.), *The psychotherapeutic process: A research handbook* (pp.707-734). New York: Guilford.

Greenberg, L. S. (1991). Research on the process of change. *Psychotherapy Research, 1,* 3-16.

Greenberg, L. (1999). Ideal psychotherapy research: A study of significant change processes. *Journal of Clinical Psychology, 55,* 1467-1480.

Greenberg, L. S. (2007). A guide to conducting a task analysis of psychotherapeutic change, *Psychotherapy, 17,* 15-30.

Greenberg, L. S., & Forester, F. S. (1996). Task analysis exemplified: The process of resolving unfinished business. *Journal of Consulting and Clinical Psychology, 64,* 439-446.

Greenberg, L. S., & Malcolm, W. (2002). Resolving unfinished business: Relating process to outcome. *Journal of Consulting & Clinical Psychology, 70,* 406-416.

Greenberg, L. S., & Newman, F. L. (1996). An approach to psychotherapy change process research: Introduction to the special section. *Journal of Consulting and Clinical Psychology, 64,* 435-438.

Greenberg, L., & Pedersen, R. (2001, November). *Relating the degree of resolution of in-session self criticism and dependence to outcome and follow-up in the treatment of depression.* Paper presented at conference of the North American Chapter of The Society for Psychotherapy Research, Puerto Vallarta, Mexico.

Greenberg, L. S., Rice, L. N., & Elliott, R. (1993). *Facilitating emotional change: The moment-by-moment process.* New York: Guilford. [グリーンバーグ, L.S.他／岩壁茂 (訳) (2006). 『感情に働きかける面接技法 —— 心理療法の統合的アプローチ』誠信書房.]

Grunebaum, H. (1986). Harmful psychotherapy experience. *American Journal of Psychotherapy, 40,* 165-176.

Hayes, J. A., McCracken, J. E., McClanahan, M. K., Hill, C. E., Harp, J. S., & Carozzoni, P. (1998). Therapist perspectives on countertransference: Qualitative data in search of a theory. *Journal of Counseling Psychology, 45,* 468-482.

Hayes, S. C., Barlow, D. H., & Nelson-Gray, R. O. (1999). *The scientist practitioner: Research and accountability in the age of managed care.* Boston: Allyn & Bacon.

Henkelman, J., & Paulson, B. (2006). The client as expert: Researching hindering experiences in counselling. *Counselling Psychology Quarterly, 19,* 139-150.

Heppner, P. P., Kivlighan, D. M., & Wampold, B. E. (1999) : *Research design in counseling* (2nd. Ed.). Belmont, CA: Wadsworth.

Heatherington, L., Friedlander, M. L., & Greenberg, L. (2005). Change process research in couple and family therapy: Methodological challenges and opportunities. *Journal of*

Family Psychology, 19, 18-27.

Hill, C. E. (1986). An overview of the Hill counselor and client verbal response modes category systems. In L. S. Greenberg, & W. M. Pinsof (Eds.), *The psychotherapeutic process: A research handbook.* (pp.131-159). New York: Guilford.

Hill, C. E. (1990). A review of exploratory in-session process research. *Journal of Consulting and Clinical Psychology, 58*, 288-294.

Hill, C. E., & Corbett, M. M. (1993). A perspective on the history of process and outcome research in counseling psychology. *Journal of Counseling Psychology, 40*, 3-24.

Hill, C. E., Corbett, M. M., Kanitz, B., Rios, P., Lightsey, R., & Gomez, M. (1992a). Client behavior in counseling and therapy sessions: Development of a pantheoretical measure. *Journal of Counseling Psychology, 39*, 539-549.

Hill, C. E., Kellems, I. S., Kolchakian, M. R., Wonnell, T. L., Davis, T. L., & Nakayama, E. Y. (2003). The therapist experience of being the target of hostile versus suspected-unasserted client anger: Factors associated with resolution. *Psychotherapy Research, 13*, 475-491.

Hill, C. E., & Lambert, M. J. (2004). Methodological issues in studying psychotherapy processes and outcomes. In M. J. Lambert (Ed.), *Bergin and Garfield's Handbook of Psychotherapy and Behavior Change* (pp. 84-135). New York: John Wiley & Sons.

Hill, C. E., Nutt-Williams, E., Heaton, K. J., Thompson, B. J., & Rhodes, R. H. (1996). Therapist retrospective recall impasses in long-term psychotherapy: A qualitative analysis. *Journal of Counseling Psychology, 43*, 207-217.

Hill, C. E., & O'Grady, K. E. (1985). List of therapist intentions illustrated in a case study and with therapists of varying theoretical orientations. *Journal of Counseling Psychology, 35*, 222-233.

Hill, C. E., Thompson, B. J., & Corbett, M. M. (1992b). The impact of therapist ability to perceive displayed and hidden client reactions on immediate outcome in first sessions of brief therapy. *Psychotherapy Research, 2*, 143-155.

Hill, C. E., Thompson, B. J., Cogar, M. C., & Denman, D. W. (1993). Beneath the surface of long-term therapy: Therapist and client report of their own and each other's covert processes. *Journal of Counseling Psychology, 40*, 278-287.

Hill, C. E., Thompson, B. J., & Williams, E. N. (1997). A guide to conducting consensual qualitative research. *The Counseling Psychologist, 25*, 517-572.

Horvath, A. O., & Greenberg, L. S. (1989). Development and validation of the Working Alliance Inventory. *Journal of Consulting and Clinical Psychology, 36*, 223-233.

Horvath, A. O., Marx, R. W., & Kamann, A. M. (1990). Thinking about thinking in therapy: An examination of clients' understanding of their therapists' intentions. *Journal of Consulting and Clinical Psychology, 58*, 614-621.

Horvath, A. O., & Symonds, B. D. (1991). Relation between working alliance and outcome in psychotherapy: A meta-analysis. *Journal of Consulting and Clinical Psychology, 38*, 139-149.

Hoshmand, L. T. (1991). Clinical inquiry as scientific training. *Counseling Psychologist, 19*, 431-453.

岩壁茂 (2004). クライエントの初回面接の体験 —— 札幌学院大学心理臨床センターにおける実践的研究の取り組み. 札幌学院大学心理臨床センター紀要, *4*, p.1-16.

岩壁茂 (2004). 効果研究. 下山晴彦 (編)『臨床心理学の新しいかたち』(pp.180-202) 誠信書房.

岩壁茂 (2007).『心理療法・失敗例の臨床研究 —— その予防と治療関係の立て直し方』金剛出版.

Iwakabe, S., & Stalikas, A. (1995). *Development and validation of the Strength of Feeling Scale: A method for assessing client emotional process in psychotherapy.* Paper presented at the Fourth European Congress of Psychology, Athens, Greece.

Joyce, A. S., Duncan, S. C., & Piper, W. E. (1995). Task analysis of "working" responses to dynamic interpretation in short-term individual psychotherapy. *Psychotherapy Research, 5*, 49-62.

Kagan, N. (1980). Influencing human interaction: 18 years with IPR. In A. K. Hess (Ed.), *Psychotherapy supervision: Theory, research, and practice.* Chichester: Wiley.

葛西真記子 (2006). セラピスト訓練における治療同盟、面接評価、応答意図に関する実証的研究. 心理臨床学研究, *24*, 87-98.

Kazantzis, N. L., & L'Abate, L. (2006). *Handbook of homework assignments in psychotherapy.* New York: Springer.

Kelly, E.. L., & Goldberg, L. R. (1959). Correlates of later performance and specialization in psychology: A follow-up study of the trainees assessed in the VA Selection research project. *Psychological Monographs, 73*. (No.12; Whole No.482).

Kiesler, D. J. (1966). Some myths of psychotherapy research and the search for a paradigm. *Psychological Bulletin, 65*, 110-136.

Kiesler, D. J., Mathieu, P. L., & Klein, M. H. (1967). Patient experiencing level and interaction-chronograph variables in therapy interview segments. *Journal of Consulting Psychology, 31*, 224.

木下康仁 (2003).『グラウンデッド・セオリー・アプローチの実践 —— 質的研究への誘い』弘文堂.

Klein, M. H., Mathieu-Coughlin, P. L., & Kiesler, D. J. (1986). The experiencing scales. In L. S. Greenberg & W. M. Pinsof (Eds.), *The psychotherapeutic process: A research handbook* (pp.21-71). New York: Guilford.

Klein, M. J., & Elliott, R. (2006). Client accounts of personal change in process-experiential psychotherapy: A methodologically pluralistic approach. *Psychotherapy Research, 16*, 91-105.

Lambert, M. J. (2004). (Ed.), *Bergin and Garfield's handbook of psychotherapy and behavior change* (5th Ed.). New York: Wiley.

Lambert, M. J. (2007). Presidential address: What we have learned from a decade of research aiming at improving psychotherapy outcome in routine care. *Psychotherapy Research, 17*, 1-14.

Lambert, M. J., & Hill, C. E. (1994). Assessing psychotherapy outcomes and processes. In A. E. Bergin, & S. L. Garfield (Eds.), *Handbook of psychotherapy and behavior change* (4th ed.). (pp.72-113). Oxford, England: Wiley.

Lepper, G., & Riding, N. (2006). *Researching the psychotherapy process: A practical guide to transcript-based methods*. London: Palgrave.

Levitt, H. M. (2001a). Clients' experiences of obstructive silence: Integrating conscious reports and analytic theories. *Journal of Contemporary Psychotherapy, 31*, 221-244.

Levitt, H. M. (2001b). Sounds of silence in psychotherapy: The categorization of clients' pauses. *Psychotherapy Research, 11*, 295-309.

Levitt, H. M. (2002). The unsaid in the psychotherapy narrative: Voicing the unvoiced. *Counselling Psychology Quarterly, 15*, 333-350.

Levitt, H., Butler, M., & Hill, T. (2006). What clients find helpful in psychotherapy: Developing principles for facilitating moment-to-moment change. *Journal of Counseling Psychology, 53*, 314-324.

Llewelyn, S. P. (1988). Psychological therapy as viewed by clients and therapists. *British Journal of Clinical Psychology, 27*, 223-237.

Luborsky, L. (1954). A note on Eysenck's article "the effect of psychotherapy: An evaluation." *British Journal of Psychology, 45*, 129-131.

Luborsky, L., Barber, J. P., Siqueland, L., Johnson, S., Najavits, L. M., Frank, A., & Daley, D. (1986). The Revised Helping Alliance Questionnaire (Haq-Ii). *Journal of Psychotherapy Practice and Research, 5*, 260-271.

Luborsky, L., & Crits-Christoph, P. (1997). *Understanding transference: The Core Conflictual Relationship Theme method* (2nd ed.). Washington, DC: American Psychological Association.

Luborsky, L., Singer, J., & Luborsky, L. (1975). Comparative studies of psychotherapy. *Archives of General Psychiatry, 32*, 995-1008.

Mackrill, T. (2007, June). *How clients make therapy work by triangulating knowledge*. Paper presented at the annual international meeting of the Society for Psychotherapy Research, Madison, Wisconsin.

Mahrer, A. R. (1986). *Therapeutic experiencing: The process of change*. New York:

Norton.

Mahrer, A. R. (1988). Discovery-oriented psychotherapy research: Rationale, aims, and methods. *American Psychologist, 43*, 694-702.

Marmar, C. R. (1990). Psychotherapy process research: Progress, dilemmas, and future directions. *Journal of Consulting and Clinical Psychology, 58*, 265-272.

Martin, D. J., Garske, J. P., & Davis, M. K. (2000). Relation of the therapeutic alliance with outcome and other variables: A meta-analytic review. *Journal of Counseling and Clinical Psychology, 68*, 438-450.

Mayer, J., & Timms, N. (1970). *The client speaks: Working-class impressions of casework*. London: Routledge and Kegan Paul.

McLeod, J. (1990). The client experience of counselling: A review of the research literature. In D. Mearns & W. Dryden (Eds.), *Experiences of counselling in action* (pp.1-19). London: Sage.

McLeod, J. (1997). *Qualitative research in counseling and psychotherapy*. London: Sage.［マクレオッド，J.／下山晴彦（監修）／谷口明子・原田杏子（訳）(2007).『臨床実践のための質的研究法入門』金剛出版.］

Morrow-Bradley, C., & Elliott, R. (1986). The utilization of psychotherapy research by practicing psychotherapists. *American Psychologist, 41*, 188-197.

Murray, H. (1938). *Explorations in personality*. New York: Oxford University press.

Nelson, M. L., & Friedlander, M. L. (2001). A close look at conflictual supervisory relationships: The trainee's perspective. *Journal of Counseling Psychology, 48*, 384-395.

能智正博（編著）(2006).『「語り」と出会う —— 質的研究の新たな展開に向けて』ミネルヴァ書房.

能智正博・川野健治（編）(2007).『はじめての質的研究法 臨床・社会編 —— 事例から学ぶ』東京図書.

Orlinsky, D. E., & Russell, R. L. (1994). Tradition and change in psychotherapy research: Notes on the fourth generation. In R. L. Russell (Ed.), *Reassessing psychotherapy research* (pp.185-214). New York: Guilford.

Orlinsky, D. E., Ronnestad, M. H., & Willutzki, U. (2004). Fifty years of psychotherapy process-outcome research: Continuity. In M. J. Lambert (Ed.), *Bergin and Garfield's handbook of psychotherapy and behavior change* (5th Ed.) (pp.307-390). New York: Wiley.

Pascual-Leone, J. (1984). Attentional, dialectic and mental effort: Towards an organismic theory of life stages. In M. L. Commons, F. A. Richards, & G. Armon (Eds.), *Beyond formal operations: Late adolescence and adult cognitive development* (pp.182-215) New York: Praeger.

Patton, M. J. (1982). A methodological preface to research on counseling. *Counseling*

Psychologist, 10, 23-26.

Paul, G. L. (1967). Strategy of outcome research in psychotherapy. *Journal of Consulting Psychology, 31*, 109-118.

Paulson, B., Truscott, D., & Stuart, J. (1999). Clients' perceptions of helpful experiences in counseling. *Journal of Counseling Psychology, 46*, 317-324.

Peterson, D. R. (1995). The reflective educator. *American Psychologist, 50*, 975-983.

Peterson, D. R. (1997). *Educating professional psychologists: History and guiding conception.* Washington, DC: American Psychological Association.

Rennie, D. L. (1992). Qualitative analysis of the client's experience of psychotherapy: The unfolding of reflexivity. In S. Toukmanian & D. Rennie (Eds.), *Psychotherapy process research: Paradigmatic and narrative approaches* (pp.211-233). Newbury Park, CA: Sage.

Rennie, D. L. (1994a). Clients' accounts of resistance in counselling: A qualitative analysis. *Canadian Journal of Counselling, 28*, 43-57.

Rennie, D. L. (1994b). Storytelling in psychotherapy: The client's subjective experience. *Psychotherapy: Theory, Research, Practice, Training, 31*, 234-243.

Rennie, D. L. (1994c). Clients' deference in psychotherapy. *Journal of Counseling Psychology, 41*, 427-437.

Rennie, D. L., Phillips, J. R., & Quartaro, G. K. (1988). Grounded theory: A promising approach to conceptualization in psychology? *Canadian Psychology, 29*, 139-150.

Rhodes, R. H., Hill, C. E., Thompson, B. J., & Elliott, R. (1994). Client retrospective recall of resolved and unresolved misunderstanding events. *Journal of Counseling Psychology, 41*, 473-483.

Rice, L. N., & Greenberg, L. S. (1984a). Task analysis of the resolution of problematic reactions. In L. N. Rice & L. S. Greenberg (Eds.), *Patterns of change: Intensive analysis of psychotherapy process* (pp.29-66). New York: Guilford.

Rice, L. N., & Greenberg, L. (Eds.). (1984b). *Patterns of change: Intensive analysis of psychotherapy process.* New York: Guilford.

Rice, L. N., & Kerr, G. P. (1986). Measures of client and therapist vocal quality. In L. S. Greenberg & W. M. Pinsof (Eds.), *The psychotherapeutic process: A research handbook* (pp.73-105). New York: Guilford.

Safran, J. D., & Muran, J. C. (1996). The resolution of ruptures in the therapeutic alliance. *Journal of Consulting & Clinical Psychology, 64*, 447-458.

Safran, J. D., & Muran, J. C. (2000). *Negotiating the therapeutic alliance: A relational treatmguide.* New York: Guilford.

Safran, J. D., Crocker, P., McMain, S., & Murray, P. (1990). The therapeutic alliance rupture as a therapy event for empirical investigation. *Psychotherapy: Theory, Research*

and Practice, 27, 154-165.
西條剛央（2007）．『ライブ講義・質的研究とは何か　SCQRM ベーシック編 —— 研究の着想からデータ収集、分析、モデル構築まで』新曜社．
下山晴彦（1997）『臨床心理学研究の理論と実際 —— スチューデント・アパシー研究を例として』東京大学出版会．
Smith, M. L., & Glass, G. V. (1977). Meta-analysis of psychotherapy outcome studies. *American Psychologist, 32*, 752-760.
Smith, M. L., Glass, G. V., & Miller, T. I. (1980). *The benefits of psychotherapy*. Baltimore: The Johns Hopkins University Press.
Stalikas, A., & Fitzpatrick, M. (1995). Client good moments: An intensive analysis of a single session. *Canadian Journal of Counseling, 29*, 160-175.
Stiles, W. B. (1993). Quality control in qualitative research. *Clinical Psychology Review, 13*, 593-618.
Stiles, W. B. (1999). Signs and voices in psychotherapy. *Psychotherapy Research, 9*, 1-21.
Stiles, W. B. (2006). Assimilation and the process of outcome: Introduction to a special section. *Psychotherapy Research, 16*, 389-392.
Stiles, W. B. (2007). Theory-building case studies of counselling and psychotherapy. *Counselling and Psychotherapy Research, 7*, 122-127.
Stiles, W. B., Reynolds, S., Hardy, G. E., Rees, A., Barkham, M., & Shapiro, D. A. (1994). Evaluation and description of psychotherapy sessions by clients using the Session Evaluation Questionnaire and the Session Impacts Scale. *Journal of Counseling Psychology, 41*, 175-185.
Strupp, H. H. (1980a). Success and failure in time-limited psychotherapy: A systematic comparison of two cases: Comparison 2. *Archives of General Psychiatry, 37*, 708-716.
Strupp, H. H. (1980b). Success and failure in time-limited psychotherapy: A systematic comparison of two cases: Comparison 1. *Archives of General Psychiatry, 37*, 595-603.
Strupp, H. H. (1980c). Success and failure in time-limited psychotherapy: Further evidence (Comparison 4). *Archives of General Psychiatry, 37*, 947-954.
Suh, C. S., Strupp, H. H., & O'Malley, S. S. (1986). The Vanderbilt process measures: The Psychotherapy Process Scale (VPPS) and the Negative Indicators Scale (VNIS). In L. S. Greenberg & W. M. Pinsof (Eds.). *The psychotherapeutic process: A research handbook* (pp.285-323). New York: Guilford.
Talmon, M. (1990). *Single-session therapy: Maximizing the effect of the first (and often only) therapeutic encounter*. San Francisco, CA: Jossey-Bass.
Thompson, B. J., & Hill, C. E. (1991). Therapist perceptions of client reactions. *Journal of Counseling & Development, 69*, 261-265.
Toukmanian, S. G., & Rennie, D. L. (Eds.). (1992). *Psychotherapy process research:*

Paradigmatic and narrative approaches. Thousand Oaks, CA: Sage.

Trierweiler, S. J., & Stricker, G. (1998). *The scientific practice of professional psychology*. New York: Plenum.

Tryon, R. C. (1963). Psychology in flux. The academic-professional bipolarity. *American Psychologist, 18*, 134-143.

Vachon, D. O., Susman, M., Wynne, M. E., Birringer, J., Olshefsky, L., & Cox, K. (1995). Reasons therapists give for refusing to participate in psychotherapy process research. *Journal of Counseling Psychology, 42*, 380-382.

VandenBos, G. R., Frank-McNeil, J., Norcross, J. C., & Freedheim, D. K. (1993). *The anatomy of psychotherapy: Viewer's guide to the APA Psychotherapy Videotape Series*. Washington, DC: American Psychological Association.［ヴァンデンボス，G. R. 他／岩壁茂（訳・解説）（2003）．『心理療法の構造 —— アメリカ心理学会による 12 の理論の解説書』誠信書房．］

Wampold, B. E. (2001): *The great psychotherapy debate: Models, methods, and findings*. Mahwah, New Jersey: Lawrence Erlbaum Associates.

Watkins Jr., C. E., & Schneider, L. J. (1991). *Research in counseling*. Hillsdale, NJ: Lawrence Erlbaum Associates.

Watson, J. C., Goldman, R. N., & Greenberg, L. S. (2007). *Case studies in emotion-focused treatment of depression: A comparison of good and poor outcome*. Washington, DC: American Psychological Association.

Weiss, D. S., Marmar, C. R., & Horowitz, M. J. (1988). Do the ways in which psychotherapy process ratings are made make a difference?: The effects of mode of presentation, segment, and rating format on interrater reliability. *Psychotherapy: Theory, Research, Practice, Training, 25*, 44-50.

Wierzbicki, M., & Pekarik, G. (1993). A meta-analysis of psychotherapy dropout. *Professional Psychology: Research and Practice, 24*, 190-195.

Williams, D. C., & Levitt, H. M. (2007). Principles for facilitating agency in psychotherapy. *Psychotherapy Research, 17*, 66-82.

Willig, C. (2001) *Introducing qualitative research in psychology: adventures in theory and method*. Philadelphia: Open University Press.［ウィリッグ，C.／上淵寿・小松孝至・大家まゆみ（訳）（2003）．『心理学のための質的研究法入門 —— 創造的な探求に向けて』培風館．］

Worthn, V., & McNeil, B. W. (1996). A phenomenological investigation of "good" supervision events. *Journal of Counseling Psychology, 43*, 25-34.

やまだようこ（編著）（2007）．『質的心理学の方法 —— 語りをきく』新曜社．

人名索引

◆A
Asay, T. P.　122

◆B
Barker, C.　22
Bedi, R. P.　120, 150, 151, 164
Benjamin, L. S.　39, 186
Bergin, A. E.　8
Bohart, A.　15, 100
Boutri, A.　77
Brown, L.　101, 102

◆C
Clarke, K. M.　175, 193, 194, 206
Corbett, M. M.　7

◆D
Davison, G.　100, 102
Dawes, R. M.　5
Dey, I.　87
Dryden, W.　212
Dumont, F.　5, 213

◆E
Elkin, I.　13, 170
Elliott, R.　12, 15, 35, 36, 38, 40, 46, 93, 120, 130, 136, 174, 212
Eysenck, H. J.　7, 9

◆F
Fishman, D.　93
Fitzpatrick, M.　57
Flanagan, J. C.　150
Forester, F. S.　171
Frank, J. B.　7
Frank, J. D.　7

Fredrickson, B. L.　78
Freeman, A.　102
Freud, S.　4
Friedlander, M. L.　11, 120
Frontman, K. C.　79, 115

◆G
Geller, J. D.　130
Gelso, C. J.　212
Glass, G. V.　9, 10
Goldberg, L. R.　34
Goldfried, M. R.　7, 29, 102
Gray, L. A.　120
Greenberg, L. S.　4, 11, 35, 36, 39, 46, 56, 102, 171, 174-176, 178, 181, 185-187, 189-191, 207
Grunebaum, H.　112

◆H
Hayes, J. A.　80
Hayes, S. C.　22
Heatherington, L.　175
Henkelman, J.　124
Heppner, P. P.　22, 23
Hill, C. E.　1, 6, 7, 12, 31, 35, 36, 38, 41, 46, 80, 87, 103, 104, 106, 107, 109, 115, 116, 123, 124, 148, 173, 207
Horvath, A. O.　39, 46, 122, 124
Hoshmond, L. T.　22

◆I
岩壁茂（Iwakabe, S.）　iv, 25, 39, 59, 120, 164

◆J
Joyce, A. S.　175

231

◆ K

Kagan, N.　121
葛西真記子　61
川野健治
Kazantzis, N. L.　170
Kelly, E.. L.　34
Kerr, G. P.　39, 41
Kiesler, D. J.　9
Klein, M. H.　39
Klein, M. J.　15, 43
Kunkel, M. A.　79, 115

◆ L

L'Abate, L.　170
Lambert, M. J.　6, 19, 31, 35, 36, 122
Lepper, G.　58
Levitt, H. M.　78, 95, 96, 99-102, 120, 132, 135
Llewelyn, S. P.　40
Luborsky, L.　8, 10, 40, 61

◆ M

Mackrill, T.　169
Mahrer, A. R.　12, 29, 39, 174, 213
Malcolm, W.　186, 191
Margaret, L.　130
Marmar, C. R.　46
Martin, D. J.　122
McLeod, J.　iv, 120, 149
McNeill, B. W.　68, 120
Morrow-Bradley, C.　212
Muran, J. C.　175
Murray, H.　186

◆ N

Neimeyer, R. A.　102
Nelson, M. L.　120
Newman, F. L.　171, 176
能智正博　iv

◆ O

O'Grady, K. E.　46
Orlinsky, D. E.　7, 11, 13

◆ P

Pascual-Leone, J.　175
Patton, M. J.　6
Paul, G. L.　25
Paulson, B.　120, 124
Pedersen, R.　191
Pekarik, G.　125
Peterson, D. R.　34, 215
Polkinghorne, D.　98
Popper, C.　213

◆ R

Rennie, D. L.　15, 120, 126, 132, 136, 142, 164
Rhodes, R. H.　104, 120, 131
Rice, L. N.　11, 39, 41, 171, 174, 175
Riding, N.　58
Rogers, C. R.　4, 7, 121
Russell, R. L.　7

◆ S

Safran, J. D.　120, 124, 175
Schneider, L. J.　212
Shapiro, D. A.　136
下山晴彦　iv
Smith, M. L.　9, 10
Spence, D.　102
Stalikas, A.　39, 57
Stiles, W. B.　32, 39, 40, 61, 93
Stricker, G.　34
Strupp, H. H.　92
Stuart, J.　120
Suh, C. S.　39
Symonds, B. D.　122, 124

◆ T

Talmon, M.　120
Thompson, B. J.　124

Toukmanian, S. G.　142
Trierweiler, S. J.　34
Truscott, D.　120
Tryon, R. C.　34

◆V
VandenBos, G. R.　57

◆W
Wampold, B. E.　8
Watkins Jr., C. E.　212
Weiss, D. S.　47
Wexler, M. M.　40
Wierzbicki, M.　125
Williams, D. C.　78, 95, 96, 99-102
Wolfe, B. E.　29
Worthen, V.　68, 120

事項索引

◆あ行─────────
IPRインタビュー　135, 143
アーカイブデータ　58
アカウンタビリティー　21, 25
アクセシビリティー　134
アナログ研究　63
意味：
　──創造　193
　──の単位　45
インタビュー：
　──データ　60
　──のタイミング　141
　──・プロトコール　82
　──を行うタイミング　134
インタビューアーの臨床経験　166
　回顧式の──　156
　電話──　137
　半構造化──　158
引用文　167
ウォームアップ・クエスチョン　158
エモーション・フォーカスト・セラピー　175

◆か行─────────
解決度評定尺度　190
外的妥当性　27
介入：
　──マニュアル　13, 181
　──モデルの効果　123
科学的方法　21, 22
課題の設定　178
課題分析　171, 175
　実証的──　183
空の椅子との対話　175, 178
簡易構造化レビュー法　136
関係の強さ　31

監査者　108
感情・認知の問題　177
感情反応の起源　199
逆転移　77, 89
共通因子アプローチ　7
均一性の神話批判　9
クライエント：
　──の主体性　95
　──の生活　169
　──の追従　141
　──の反応カテゴリー分類法　124
グラウンデッドセオリー法　95, 97, 143, 159
「グロリアと3人のセラピスト」　57
系統性　23
ゲシュタルト療法　175
研究活動と臨床実践の分離　211
研究計画書　65
研究者‐協力者の作業同盟　128
研究プロセス　49
検証段階　177
厳密さ　216
効果研究　3, 6
効果量　10, 30
合議制質的研究法　87, 95, 107
誤解　113
　──された体験　131
個人的な関心　51

◆さ行─────────
作業同盟　119, 128, 150
三角関係　110, 112, 114
サンプル　165
試行カウンセリング　129
思考単位　45
自然治癒　7

質　41
実証的課題分析　183
実証的支持を得た心理療法　14
実証分析　177
実証モデル　187
質的研究の評価次元　32
失敗場面　82
執筆作業　66
質問紙　61
自由記述　60, 85, 104, 114
　　──の質問紙　137
終結したケース　57
重要事項法　141, 150
重要な出来事　46
重要な変化の出来事　12
主体性　96
守秘義務　90
純金サンプリング　183
焦点化　23
初回面接　79, 157
初期モデル　193
事例研究　4, 92
事例のメタ分析　59
真実性　24
信憑性　108
信頼性　31
説明責任　21
セラピストの視点　104
早期終結　125
創造と生成　215

◆た行
第一種の誤り　29
体験過程スケール　43
対人プロセス想起法（IPR）　119, 121, 135
第二種の誤り　29
他者性　24
妥当性　24, 26
注釈入りの文献目録　49, 66
治療外要因　122
治療関係　122
治療的行き詰まり　95, 103

追加段階　188
追従　142
追認偏向　5
出来事アプローチ　3, 174
テーマ・内容　40
デモンストレーション　56
デルファイポール　78, 86
転移　77
統計的結論妥当性　29
統制　23
ドードー鳥宣告　10, 119
トライアンギュレーション　86
トランスクリプト　72, 172
ドロップアウト　125

◆な行
内的妥当性　26
内容分析　87
認知・感情的操作の形態　185

◆は行
発見志向型研究　11
発見段階　177
発話順番　45
半構造化インタビュー　158
汎理論　42
汎理論評定尺度　11
フィッシャーの正確確率検定　204
２つの椅子の対話　172, 175
プラシーボ　122
プロセス：
　　──と成果の区別　6
　　──の種類　38
　　──の諸次元　35
　　──の諸側面　35, 38
　　──ノート　58
　　──を眺める視点　35, 36
　　変容──の均質性　203
プロセス研究　3, 6
　　──者の姿勢　211
　　──と効果研究の比較　14
　　──に対する誤解と先入観　212

事項索引 | 235

——の多様性　16
プロセス指標　171, 176, 194
プロセス尺度　31
分析の単位　35
文脈　29
——的情報　90

◆ま行
マイクロプロセス　44
未完了の体験　179
メタ分析　3, 9, 59

◆や行
有効性研究　13
陽性感情　77
欲求表現の評定尺度　186

◆ら行
リサーチクエスチョン　49, 50
理論アプローチ　42
理論概念　89
理論的妥当性　29
理論的飽和　141
臨床家・研究者　172, 177
臨床的関連性　15
臨床的経験則　76, 78
臨床的妥当性　15, 21, 27
倫理的配慮　70
論文執筆　66
論理実証主義　8, 22
論理‐実証モデル　188, 194, 195
論理分析　177
論理モデル　182, 187

著者紹介

岩壁　茂（いわかべ　しげる）

横浜出身。早稲田大学政治経済学部卒業。カナダMcGill大学大学院カウンセリング心理学専攻博士課程修了。心理学博士（Ph.D.）。2000年札幌学院大学人文学部専任講師。2004年3月よりお茶の水女子大学大学院人間文化研究科助教授，現在に至る（現　同大学大学院人間文化創成科学研究科准教授）。

専門分野は，心理療法のプロセス研究で，「人はどのように変わるのか」という変容プロセスに関する研究とプロセス研究に基づいた臨床指導を行っている。研究テーマは，セラピストの困難，心理療法における感情の変化，心理療法統合，臨床家の職業的成長と訓練である。

主な著書と訳書:『心理療法・失敗例の臨床研究 —— その予防と治療関係の立て直し方』(2007) 金剛出版，L. S. グリーンバーグほか（著）『感情に働きかける面接技法 —— 心理療法の統合的アプローチ』(2006) 誠信書房，G. R. ヴァンデンボスほか（編著）『心理療法の構造 —— アメリカ心理学会による12の理論の解説書』(2003) 誠信書房。

臨床心理学研究法　第2巻
プロセス研究の方法

初版第1刷発行　2008年 7月10日
初版第3刷発行　2021年10月10日

　　　著　者　　岩壁　茂
シリーズ編者　　下山晴彦
　　発行者　　塩浦　暲
　　発行所　　株式会社 新曜社
　　　　　　〒101-0051
　　　　　　東京都千代田区神田神保町3-9
　　　　　　電話　03(3264)4973 ㈹・FAX　03(3239)2958
　　　　　　E-mail: info@shin-yo-sha.co.jp
　　　　　　URL　http://www.shin-yo-sha.co.jp/
　　印刷・製本　　株式会社 栄 光

©Shigeru Iwakabe, 2008　Printed in Japan
ISBN978-4-7885-1121-7　C3011

臨床心理学研究法シリーズ（シリーズ編者　下山晴彦）

心理学の実践は，心理テストや心理療法だけでなく，医療や福祉，教育，生産の現場など，さまざまな領域においてますます求められるようになっている。その結果，実践的な心理学研究への関心が急速に高まっている。本シリーズは，そのような広い意味での臨床心理学の実践のための，日本ではじめての研究法シリーズとして企画された。代表的な評価・研究の方法について基礎から懇切に解説するとともに，研究の実例を豊富に示し，実際に即した知識やノウハウについても理解できる。臨床心理学をはじめとして，実践支援研究に携わる心理学全般の学生・研究者に活用していただければ幸いである。

- ★第1巻　**心理学の実践的研究法を学ぶ**
  下山晴彦・能智正博 編　　　Ａ5判 368頁／本体 3600円

- ★第2巻　**プロセス研究の方法**
  岩壁　茂 著　　　Ａ5判 252頁／本体 2800円

- 第3巻　**フィールドワークの方法**
  谷口明子 著

- ★第4巻　**アナログ研究の方法**
  杉浦義典 著　　　Ａ5判 288頁／本体 3300円

- ★第5巻　**調査研究の方法**
  石丸径一郎 著　　　Ａ5判 224頁／本体 2500円

- 第6巻　**一事例実験とメタ分析の方法**
  山田剛史 著

- ★第7巻　**プログラム評価研究の方法**
  安田節之・渡辺直登 著　　　Ａ5判 248頁／本体 2800円

- 第8巻　**生物学的研究の方法**（神経心理学研究の方法）
  松井三枝 著

★印は既刊

＊表示価格は消費税を含みません。

新曜社の関連書

SCQRM（スクラム）ベーシック編
ライブ講義・質的研究とは何か
研究の着想からデータ収集、分析、モデル構築まで
西條剛央
A5判264頁
本体2200円

SCQRM（スクラム）アドバンス編
ライブ講義・質的研究とは何か
研究発表から論文執筆、評価、新次元の研究法まで
西條剛央
A5判288頁
本体2400円

質的データ分析法
原理・方法・実践
佐藤郁哉
A5判224頁
本体2100円

フィールドワークの技法
問いを育てる、仮説をきたえる
佐藤郁哉
A5判400頁
本体2900円

現場と学問のふれあうところ
教育実践の現場から立ち上がる心理学
無藤　隆
四六判280頁
本体2300円

質的心理学の方法
語りをきく
やまだようこ編
A5判320頁
本体2600円

ワードマップ
グラウンデッド・セオリー・アプローチ
理論を生みだすまで
戈木クレイグヒル滋子
四六判200頁
本体1800円

ワードマップ
会話分析・ディスコース分析
ことばの織りなす世界を読み解く
鈴木聡志
四六判234頁
本体2000円

ワードマップ
フィールドワーク　増訂版
書を持って街へ出よう
佐藤郁哉
四六判320頁
本体2200円

＊表示価格は消費税を含みません。